高等学校"十一五"规划教材

量子物理学中的 常用算法与程序

井孝功　赵永芳　蒿凤有　编著

哈尔滨工业大学出版社

内容提要

本书简明扼要地讲述了计算物理的基础知识,并给出量子物理学中常用算法及相应的 FORTRAN 程序。本书既可作为计算物理的入门书,又可作为量子物理计算的工具书。

全书由 13 章组成,主要包括 FORTRAN 算法语言简介,代数公式,常用特殊函数,3j、6j 和 9j 符号,一元方程,线性代数,函数插值与微商,常微分方程,数值积分,本征问题,递推与迭代,蒙特卡罗方法,快速傅里叶变换等,同时还有与内容相对应的大小程序 82 个。

本书内容偏重于量子物理学,其中一些内容是作者与同事们在计算物理领域的研究成果。例如,矩阵元的计算,主值积分,薛定谔方程的辛算法,定态薛定谔方程的有限差分法,微扰论的递推形式,最陡下降法,透射系数的递推公式,$I-V$ 曲线等,这些新的算法都具有较高的实际应用价值。

图书在版编目(CIP)数据

量子物理学中的常用算法与程序/井孝功,赵永芳,蒿凤有编著.—哈尔滨:哈尔滨工业大学出版社,2009.12
 ISBN 978-7-5603-2981-9

Ⅰ.①量… Ⅱ.①井…②赵…③蒿… Ⅲ.①量子力学-算法理论②FORTRAN 语言-程序设计 Ⅳ.①O413.1②TP312

中国版本图书馆 CIP 数据核字(2009)第 232191 号

责任编辑	张秀华
封面设计	张孝东
出版发行	哈尔滨工业大学出版社
社　　址	哈尔滨市南岗区复华四道街 10 号　邮编 150006
传　　真	0451-86414749
网　　址	http://hitpress.hit.edu.cn
印　　刷	哈尔滨工业大学印刷厂
开　　本	787mm×960mm　1/16　印张 23　字数 410 千字
版　　次	2010 年 2 月第 1 版　2010 年 2 月第 1 次印刷
书　　号	ISBN 978-7-5603-2981-9
印　　数	1～2 000 册
定　　价	45.00 元

(如因印装质量问题影响阅读,我社负责调换)

前　言

　　传统的物理学分为理论物理与实验物理两大分支。理论物理是立足于全部物理实验的总和，以演绎归纳和逻辑推理方法揭示物质世界的基本规律，预见新现象，推动整个物理学乃至自然科学的发展。实验物理则以实验和观测为手段来发现新的物理现象，为理论物理提供找出新规律的素材，并检验理论物理推论的正确程度及适用范围等。

　　计算物理学起源于第二次世界大战中美国研制核武器工作的需要，随着电子计算机的出现和不断更新而迅速发展起来。由于计算物理学的性质、研究方法和所需要的设备与上述两大分支有着明显的差异，因而，逐渐形成了物理学的一个独立分支。计算物理学将物理学与计算数学有机地结合为一体，开辟了物理学的一个新的领域。它的特点是，以物理问题为出发点和归宿，一方面吸取专门从事计算方法研究者所建立的好方法，另一方面结合实际物理问题的需要，创造出富有特色的实用计算方法。计算物理学的出现使原来的理论物理和实验物理的研究现状大大改观，不仅使理论工作者从繁杂的解析推导的束缚中解放出来，而且使实验工作者的研究手段得到根本改革。在某种意义上说，计算物理学的研究方法及研究风格更接近于实验科学，有人称其为数值实验或纸上的实验物理学，是有一定道理的。

　　量子理论是 20 世纪两个最伟大的科学发现之一，理论计算与实验观测结果的一致性，充分反映出它的正确性。当前的热门学科(生命、材料和信息)的进一步发展都离不开量子理论。量子理论导出的公式可以加深理性认识，对公式的数值计算可以做到"心中有数"，从而增加对物理问题的感性认识。虽然国内也有一些计算物理方面的书籍问世，但偏重于量子物理学的尚属少见。本书是为具备大学物理与高等数学基础知识的读者编写的，对量子理论中的常用算法既介绍该算法的由来，又给出相应的计算程序。书中与量子力学相关的例题可以在作者编著的《量子力学》或《高等量子力学导论》中找到，在这个意义上讲，本书又是上述两本书的配套书。作者期望本书既可作为计算物理的入门教材，又能成为量子物理计算的工具书。

　　在诸多的算法语言中，FORTRAN 语言是一种特别适合理论计算的算法语言，书中的程序全部使用 FORTRAN 语言编制。为了方便读者使用，首先对

FORTRAN 语言做了简单概括的介绍,然后由浅入深地讲解了量子物理学中常用到的一些算法及相应的程序,其中包括,代数公式,常用特殊函数,3j、6j 和 9j 符号,一元方程,线性代数,函数插值与微商,常微分方程,数值积分,本征问题,递推与迭代,蒙特卡罗方法,快速傅里叶变换等内容,同时还有与内容相对应的大小程序 82 个。

在介绍这些算法时力求简洁适用,而不刻意追求数学形式上的完美,只是期望读者能掌握相关的基本方法和计算程序,更深入的讨论与研究留给读者经过一段实际应用后自行解决。对每种算法的介绍都包括数学上的演绎、计算公式、计算程序、程序的使用说明、例题和计算结果等几个部分。读者若能学以致用,在计算机上进行实际操作,将会收到立竿见影的效果。

书中的一些常见算法,取自参考文献中列出的一些相关的书籍,而一些全新的量子物理学的内容,例如,矩阵元的计算、主值积分、薛定谔方程的辛算法、定态薛定谔方程的有限差分法、微扰论的递推形式、最陡下降法、透射系数的递推公式、I-V 曲线等,都具有较高的实用价值,都是作者与吴式枢教授、姚玉洁教授、刘曼芬教授、赵国权教授、吴兆颜教授、吴连坳教授等人的研究成果。作者在此向他们表示诚挚的感谢。

由于作者水平有限,书中难免有不当之处,敬请读者批评指正。

如需要本书中的程序请登录哈尔滨工业大学出版社网站。

井孝功　赵永芳　蒿凤有

2009 年 3 月 14 日

目　　录

第 0 章　FORTRAN 语言简介 ··· 1
   0.1　FORTRAN 语言概述 ··· 1
   0.2　变量的类型 ··· 5
   0.3　程序的结构 ··· 9

第 1 章　代数公式 ·· 15
   1.1　排序与求和 ··· 15
   1.2　阶乘、排列与组合 ··· 23
   1.3　复数运算 ··· 28

第 2 章　常用特殊函数 ·· 42
   2.1　伽马函数与贝塔函数 ·· 42
   2.2　正交多项式 ··· 46
   2.3　贝塞尔函数 ··· 57

第 3 章　$3j$、$6j$ 和 $9j$ 符号 ·· 65
   3.1　CG 系数与 $3j$ 符号 ·· 65
   3.2　U 系数与 $6j$ 符号 ·· 69
   3.3　广义拉卡系数与 $9j$ 符号 ··· 73
   3.4　数值计算的验证功能 ·· 76

第 4 章　一元方程 ·· 82
   4.1　直接公式解法 ·· 82
   4.2　迭代法 ·· 93
   4.3　二分法 ·· 99
   4.4　牛顿法与弦截法 ··· 105

第 5 章　线性代数 ·· 110
   5.1　高斯消元法 ··· 110
   5.2　迭代法 ·· 117

5.3　追赶法 …… 124
　　5.4　矩阵求逆 …… 131
第6章　函数插值与微商 …… 136
　　6.1　拉格朗日插值公式 …… 136
　　6.2　差分、差商与数值微商 …… 140
　　6.3　牛顿插值公式 …… 144
　　6.4　厄米插值公式 …… 148
　　6.5　曲线拟合 …… 151
第7章　常微分方程 …… 158
　　7.1　常微分方程的初值问题 …… 158
　　7.2　薛定谔方程的辛算法 …… 169
　　7.3　常微分方程的边值问题 …… 175
　　7.4　有限元法 …… 182
第8章　数值积分 …… 189
　　8.1　辛普生求积公式 …… 189
　　8.2　龙贝格积分法 …… 196
　　8.3　二重积分 …… 200
　　8.4　主值积分 …… 204
　　8.5　积分转化为有限项求和 …… 208
第9章　本征问题 …… 221
　　9.1　乘幂法 …… 221
　　9.2　雅可比方法 …… 227
　　9.3　实对称矩阵的 QL 解法 …… 234
　　9.4　有限差分法 …… 245
第10章　递推与迭代 …… 250
　　10.1　无简并微扰论公式的递推形式 …… 250
　　10.2　简并微扰论公式的递推形式 …… 253
　　10.3　微扰论递推公式应用举例 …… 257
　　10.4　最陡下降法 …… 302
　　10.5　透射系数的理论计算 …… 311
　　10.6　$I-V$ 曲线 …… 325
第11章　蒙特卡罗方法 …… 330
　　11.1　蒙特卡罗方法的基本原理 …… 330

11.2 随机变量抽样值的产生 ··· 333
11.3 蒙特卡罗方法计算积分 ··· 335

第12章 快速傅里叶变换 ··· 339
12.1 傅里叶变换 ··· 339
12.2 快速傅里叶变换 ·· 344

程序一览表 ··· 353
参考文献 ··· 356

第0章　FORTRAN语言简介

复杂的数值计算通常是利用程序来完成的,而程序是用算法语言编制的,在诸多的算法语言中,虽然 FORTRAN 语言的功能不是最强大的,但是它特别适合于科学计算。本章将介绍 FORTRAN 语言的基本语句和程序的基本结构,使初学者能够顺畅地阅读程序,并可以自己编写一些简单的程序。

0.1　FORTRAN语言概述

0.1.1　计算机

在科学研究工作中,推导出理论公式之后,常常需要借助计算工具对公式进行数值计算。随着科学技术的不断进步与发展,计算工具从算盘、计算尺、手摇计算机逐步演变到电动计算机。20世纪40年代中期,电子管计算机的出现使理论计算实现程序化成为可能,它是计算工具变革的一个里程碑。后来,晶体管计算机、集成电路计算机、巨型计算机陆续出现,如今,计算机已经成为更新换代最快的产品。

现代的计算机主要由存储器、中央处理器和外围设备三个部分构成,存储器是存放指令和数据的地方,中央处理器(运算器)是执行程序指令的机器,外围设备是用于输入和输出数据的仪器。

随着计算机的不断更新换代,使其不断向大容量、高速度、小型化和智能化发展。计算机的内存迅速扩大且运算速度越来越快,它的功能也逐渐超出了人们最初的设想。除了本书将介绍的数值计算之外,还可以利用相应的软件进行公式的推导和数值模拟。特别是互联网的出现,计算机不仅仅只是服务于科学研究,还可以利用它来获取信息及传播信息,它已经成为人们生活中不可缺少的一部分。

0.1.2　算法

为了进行数值计算,必须事先选定正确的算法,所谓算法就是一步一步解决问题的过程。

正确的算法必须满足如下的条件：

(1) 算法是分步实现的；

(2) 每一步必须是一条可以执行的指令；

(3) 各步的顺序必须是确定的；

(4) 算法不能无休止地进行下去，即必须能结束。

为了加深对算法的理解，举一个通俗的例子。某人急于知道 $\sin 5° + \ln 4$ 的计算结果，却苦于手头没有计算工具，只好给家里打电话求助。不巧的是妻子不在家，而刚上小学的儿子又不会使用计算器，于是，他先让儿子找来计算器，然后，再让儿子按照如下的步骤进行操作

$$[\text{ON}] \rightarrow [5] \rightarrow [\sin] \rightarrow [+] \rightarrow [4] \rightarrow [\ln] \rightarrow [=]$$

最后，儿子告诉他的结果是 1.473 450 104。这里，父亲对儿子下达的一连串指令就是用自然语言表达的算法。

顾名思义，算法就是计算的方法，原则上它与所使用的语言无关，但是，在不同的语言环境中，它的表现形式可能会不同。

0.1.3 算法语言

如前所述，算法是由一系列指令构成的，为了确切地表述这些指令，则需要选定一种操作者和计算机都能理解的语言，这种能实现人－机对话的语言就是算法语言。在确定的算法语言环境下算法就是所谓的程序。程序是由一系列语句构成的，执行程序的过程通常是，按照语句的顺序由前到后逐条进行。

算法语言是为编制程序服务的，现有的算法语言种类很多，不同的算法语言重点服务的对象不同。最基本的算法语言是汇编语言，对于非计算机专业的人来说，它不便于掌握和使用。为了解决这个问题，人们陆续编制出一些高级算法语言的软件，从最早的 BASIC 语言到 FORTRAN 语言，直至目前流行的 C 语言等，从而使许多计算机领域的门外汉也能充分地享受计算机带来的方便。

尽管各种算法语言之间有千差万别，但是有一点是相同的，那就是，它们都是由语句构成的，不同算法语言允许使用的语句个数会有差别。

0.1.4 FORTRAN 语言

FORTRAN 是英文 Formulae Translation 的缩写，显然，FORTRAN 语言的原意是公式翻译语言。

FORTRAN 语言有如下特点：

(1) FORTRAN 语言特别适合于数值计算；

(2) 语句个数不多，且全部用相应的英文单词表示；

(3) 语句分为说明语句和执行语句两类,且说明语句在前;

(4) 其程序由一个主程序和若干个子程序与函数子程序构成,这种独立的块状结构使得程序的结构十分清晰。

为了使读者有一个初步的印象,下面给出一个最简单的 FORTRAN 程序。

```
      PROGRAM ABC
      A = 2.0 + 5.0*(3.0 - 0.5)
      B = 3.0 - 7.0/3.0
      C = A + B**2
      WRITE(*,1) A,B,C
1     FORMAT(3E15.7)
      STOP
      END
```

在上述程序中,所有的英文单词都是 FORTRAN 语言允许使用的语句用词。符号 + 与 − 即通常的加号与减号,∗ 为乘号,/ 为除号,∗∗ 表示幂次,赋值语句中的小括号( )与通常情况相同,它可以有多重,但必须配对使用,程序中不允许使用中括号和大括号。操作的次序与正常的数学运算相同。

上面程序的意思是,一个名字为 ABC 的主程序,按照如下的次序运行:

(1) 计算 2.0 + 5.0∗(3.0 − 0.5) 的数值,并将其赋予变量 A;

(2) 计算 3.0 − 7.0/3.0 的数值,并将其赋予变量 B;

(3) 计算 A + B∗∗2 的数值,并将其赋予变量 C;

(4) 将 A,B,C 中的数值按照语句标号 1 所设定的格式在屏幕上显示出来;

(5) STOP 表示主程序运行结束,END 表示退出计算程序。

0.1.5 程序的编制与运行

为了能够使用 FORTRAN 语言进行数值计算,必须事先在所用的计算机上安装 Fortran Power Station 软件,然后按下列基本步骤进行操作。

1.选择算法、编制程序

(1) 根据具体的问题选择适用的算法;

(2) 按照算法的主要步骤绘出程序的流程图(框图);

(3) 按照框图编制出相应的程序。

2.程序的键入、检查与运行

(1) 打开 Fortran Power Station 软件;

(2) 把已经写好的程序按规定键入计算机,按"Save all"键将文件名为 ABC

扩展名为 FOR 的文本文件 ABC.FOR 保存；

（3）按"Build"键,再按其中的"Build all"键,进行语法检查,如果有语法错误,则需要进行改正,直至无语法错误为止,形成扩展名为 EXE 的可执行文件 ABC.EXE；

（4）按"Build"键,再按"Execute abc.exe"键,执行计算。

对于前面给出的程序而言,屏幕上将显示如下结果

.1450000E + 02 .6666667E + 00 .1494444E + 02

应该特别说明的是,在键入编制好的程序时,前 5 个格是为语句标号准备的,语句标号可以选取 1 ~ 99999 中的任意一个正整数值,但是,在同一个程序块中,不能出现相同的语句标号。第 6 个格是为延续行的标号准备的,所谓延续行是指对上一行的延续,延续行的标号可以在 0 ~ 9 之间任意选择,也可以选为 * 。正常的语句应从第 7 个格开始键入。

如果在第一个格键入字母 C,则表示这一行为注释行,程序不执行 C 后面的语句。注释行中可以写任何内容,它只是程序编制者的一个说明或者备忘录,可以出现在程序的任意行。

在已经录入的程序中,正确的语句标号会自动变成红色,正确的语句用词会自动变成兰色,正确的注释行会自动变成绿色。

0.1.6 程序质量的判断

1.程序正确性的验证

对一个程序的基本要求是,计算结果惟一且准确无误。一个刚刚编制好的程序即使没有语法错误,也不一定能得到正确的计算结果,为了保证计算结果的可信性,必须对程序进行验算。

如果一个程序由若干个程序块构成,则首先需要对每一个子程序或函数子程序进行验算。若最后的计算结果仍然不对,则通常采用所谓"分区停电"的方法来处理。这个方法的基本思想是,在程序的适当位置将中间结果显示出来,若能判断它是对的,则问题出在程序的后半部分,接着在程序的后半部分重复上面的操作,直至找到错误为止；若中间结果是错的,则问题出在程序的前半部分,接着在程序的前半部分重复上面的操作,直至找到错误为止。

2.程序质量的判别标准

除了计算结果惟一且准确无误外,一个高质量的程序还要满足如下条件：

（1）占用的内存小和运算的时间短；

（2）结构清晰,易读；

（3）通用性好。

0.2 变量的类型

0.2.1 变量名

在 FORTRAN 语言中，数据是保存在变量中的，变量的名字是由程序编制者选定的，它可以由英文字母与数字的组合构成，字母与数字的总个数不要超过 6 个，并且，一定要以字母开始，例如，ABC，A24，B4A，HF56 等皆可作为变量名使用。

应该特别说明的是，英文字母用正体，大写字母与小写字母是没有区别的。如果直接用公式中的符号作为变量名，则会给程序的编制和阅读带来方便。但是，应该将公式中的大写与小写字母区别开来，例如，公式中的大写字母 B 可以在程序中改记为 DB，公式中的小写字母 b 可以在程序中改记为 XB，这样一来，既便于记忆又不容易混淆。变量名中不能出现下标，若要用一个变量标记公式中的 A_{24}，则可以将其记为 A24。另外，不要用后面将介绍的内部函数名作为变量名，例如，SIN，ABS，SQRT 等。

0.2.2 简单变量与数组

按照存放数据个数的多少，变量分为简单变量与数组两类。

1. 简单变量

简单变量只能存放一个数值，例如，I，AB，EPS 等。

2. 数组

数组可以存放多个数值，数组可以是一维、二维与三维的。若用到数组，则必须事先利用说明语句进行维数说明，例如

　　　　　DIMENSION A(8), J(5,7), B(4,4,4)

上述语句的意思是说，A(8) 表示 A 是一个可以容纳 8 个数的一维数组，J(5,7) 表示 J 是一个 5 行 7 列可以容纳 35 个数的二维数组，B 是一个可以容纳 64 个数的三维数组。

应该特别强调的是，出现在说明语句中的数组符号与可执行语句中的数组符号含意完全不同。例如，说明语句中的 A(8) 表示 A 是一个可以容纳 8 个数的一维数组，而可执行语句中的 A(8) 表示数组 A 的第 8 个元素的数值。

数组也可以利用公用块来说明，例如

　　　　　COMMON/AB/ C(3), A(2,2)

其中，两条斜线中的 AB 为公用块的名称。关于公用块的其他用途将在下一节中

介绍。

0.2.3 变量的类型

在 FORTRAN 语言中,不同类型的数据是用不同类型的变量来表示的。常用的变量可分为整型、实型、双精度型、复型和逻辑型几种。原则上,所用变量的类型都需要事先利用说明语句给予说明。

1. 整型

若不加特殊说明,则以 I,J,K,M,N,L 六个字母打头的变量表示整型数,称之为整型变量的隐式说明,例如,I = 2,MN = 100,LA = 5,K(1,2) = 9 等。若要用上述字母以外的字母来表示整型量,则必须对其事先说明,例如,如果用 DJ 表示整数,则必须在说明语句中加入

INTEGER DJ

两个整型量的四则运算结果仍然是整型量,例如,5/2 ≠ 2.5,而是 5/2 = 2。

不同计算机系统允许的 FORTRAN 整数最大值不同,以 VAX 机为例,可用的最大整数为 2147483647。详见表 0.1。

表 0.1 不同计算机系统允许的整数最大值和实数的有效位数以及实数的范围

计算机类型	整数最大值	实数有效位数	实数的范围
IBM360/370	2147483647	6	$10^{-77} \sim 10^{75}$
VAX	2147483647	7	$10^{-38} \sim 10^{38}$
CRAY - 1	2.8×10^{14}	13	$10^{-2465} \sim 10^{2465}$
CDC6000/7000	9.2×10^{18}	14	$10^{-293} \sim 10^{322}$
IBM PC(长城 0520)	32767	7	$10^{-38} \sim 10^{38}$

2. 实型

若不加特殊说明,则除了以 I,J,K,M,N,L 六个字母打头的变量以外,所有的变量都表示实型数,称之为实型量的隐式说明。实型量的表示方法有两种,一是直接表示法,例如,A = 1.0,B = 3.5 等;二是科学计数法,例如,P = 1.2 表示为 P = 1.2E0,Q = 1.05×10^{-8} 表示为 Q = 1.05E - 8 等。

不同计算机系统的 FORTRAN 实数有效位数及数域也不同,以 VAX 机为例,其有效位数为 7 位,实数域为 $10^{-38} \sim 10^{38}$。详见表 0.1。

3. 双精度型

为了提高计算精度,有时需要用到双精度变量。在使用双精度型变量之前

必须加以说明,说明的方式有两种,若只有少数几个双精度型变量,则可以分别具体说明,例如,A 与 B 为双精度型变量,只要在说明语句中加入

    DOUBLE PRECISION A,B

即可;若除了以 I,J,K,M,N,L 字母打头的变量以外,所有的变量都表示双精度型变量,则可以在说明语句中加入双精度变量的隐式说明,即

    IMPLICIT DOUBLE PRECISION (A – H,O – Z)

  由于,双精度变量与单精度变量运算后的结果的精度是单精度,所以通常选用第二种方式进行说明。

  双精度变量必须使用科学记数法,例如,A = 0.5 应该记为 A = 0.5D0,B = – 2.0 × 10^{-5} 记为 B = – 2.0D – 5。

  一般情况下,双精度变量的有效位数会比实型变量提高近一倍。

4. 复型

复型变量的说明类似于双精度变量,只不过用 COMPLEX 代替双精度型变量说明中的 DOUBLE PRECISION。

5. 逻辑型

若使用逻辑变量,则必须事先进行说明。例如,若 A 为逻辑变量,则必须在说明语句中加入

    LOGICAL A

它表示 A 为逻辑变量,它只可能取两个值,真或者假。若 A 为假,则 A = .FALSE.,若 A 为真,则 A = .TRUE.。

0.2.4 变量的赋值

要给一个变量赋值,可以采用如下三种方法。

1. 利用赋值语句赋值

例如,A = 8.0;I = 500;G = G + 0.2D – 8;B(1,2) = 5.0 * G;D = A * * 3/G + C – G 等,上述的每一个语句都是赋值语句。应该特别说明的是,虽然在赋值语句中用到了等号,但并不意味着左右两端相等,只是表示将等式右边的数值赋于等式左边的变量。应该注意的是,等式两端的数值类型应该是相同的。

2. 利用 DATA 语句赋值

DATA 语句也是一个可执行语句,应该放在说明语句之后。

对于实型简单变量 A 与 B,具体的写法为

    DATA A,B /2.5,3.6/

其作用相当于如下两个赋值语句

> A = 2.5
> B = 3.6

DATA 语句与赋值语句的差别是,在程序开始执行时,DATA 语句就将 2.5 和 3.6 分别赋予了变量 A 和 B,而赋值语句必须到执行它们时才能为相应的变量赋值。

利用 DATA 语句对 2×2 的整型数组 J 赋值,应该写成

> DATA J /1,2,3,4/

其作用相当于如下 4 个赋值语句

> J(1,1) = 1
> J(2,1) = 2
> J(1,2) = 3
> J(2,2) = 4

应该注意的是,赋值的次序是先列后行,与通常的理解不同。

3. 利用 READ 语句赋值

按照输入方式的不同,READ 语句分为屏幕输入和文件输入两种。

第一种输入方式是由屏幕输入。例如

> READ(*,5) A,B
> 5   FORMAT(2F15.7)

其中,READ 称为读语句,它后面括号中的 * 特指屏幕的通道号,5 为格式语句标号。FORMAT 称为格式语句,它后面括号中的 2F15.7 中的 2 表示输入两个实数,每一个实数占用 15 个字符,其中小数点后有 7 位数字。如果用科学记数法,则只要将 F 换成 E 即可。

当程序执行到上述 READ 语句时会停止运行,只有按语句标号为 5 的格式由屏幕输入变量 A 与 B 的数值后,程序才会继续运行。

第二种输入方式为文件输入。首先,在说明语句之后打开那个已经存有数据的文件,即

> OPEN(3, FILE = 'ABC.DAT')

其中,OPEN 称为打开文件语句,它后面括号中的 3 为通道号,'ABC.DAT' 表示该文件名为 ABC、扩展名为 DAT。然后利用下列读语句对变量赋值,例如

> READ(3,6) A,B
> 6   FORMAT(2F15.7)

上述语句表示,按语句标号为 6 的格式由存在通道号为 3 的数据文件 ABC.DAT 中读入变量 A 与 B 的数值。应该注意的是,读入时的变量的个数、顺序、类型和格式应该与数据文件中的完全一致。

总之，上述三种方法都能达到给变量赋值的目的。

0.2.5 数据的输出

1. 屏幕显示

屏幕显示的语句为

    WRITE(*,15) A,B,C
15 FORMAT(2X,'A,B,C = ',3F15.7)

在上述格式语句中，2X 表示空两个字符，'A,B,C = ' 表示将引号中的内容显示在屏幕上。另外，如果在格式语句中出现 /，则表示换行。

2. 记录文件

若将数据记录在名为 ABC、扩展名为 DAT 的数据文件上，也必须在程序的可执行语句的开始打开一个相应的文件，即

    OPEN(2,FILE = 'ABC.DAT')

其中，2 为设定的通道号。然后利用写语句将数据记录其上，即

    WRITE(2,17) A,B,C
17 FORMAT(2X,3F15.7)

如前所述，在读出上述数据时，文件名、通道号、数据的个数、顺序、类型与格式都应与写入时相同。

需要特别强调的是，计算机中数据的存取与通常意义下的存取不同，它遵循"取之不尽"和"后入为主"两条原则。例如，有如下一段程序

    A = 6.0
    B = 5.0 * A
    B = B − A

在执行 B = 5.0 * A 时，需要从变量 A 中取出数值 6.0，而在执行 B = B − A 时，还可以从变量 A 中取出数值 6.0，此即所谓"取之不尽"。严格地说，这里的"取"如果换成"拷贝"会更贴切。在执行 B = 5.0 * A 后，变量 B 中的数值为 30.0，在执行 B = B − A 后，变量 B 中的数值变成 24.0，如果这时输出变量 B 中的数值，则一定是 24.0，而不是原来的 30.0，此即所谓的"后入为主"。

0.3 程序的结构

一个用 FORTRAN 语言编制的程序是由一个主程序和若干个子程序、函数子程序构成的，其中的每一个程序称之为程序块，因此其具有块状结构。

0.3.1 内部函数、子程序和函数子程序

1. 内部函数

内部函数是 FORTRAN 语言本身给出的一些计算常用函数的子程序,可以直接在程序中调用。常用的内部函数列在表 0.2 中。

表 0.2 常用的内部函数

函数名	含义	应用例子	相当数学上的运算
ABS	求绝对值	ABS(A)	$\|a\|$
EXP	指数运算	EXP(X)	$\exp(x)$
SQRT	开方运算	SQRT(X)	$\sqrt{x}$
SIN	正弦值	SIN(X)	$\sin x$
COS	余弦值	COS(X)	$\cos x$
ASIN	反正弦	ASIN(A)	$\arcsin a$
ACOS	反余弦	ACOS(A)	$\arccos a$
TAN	正切	TAN(X)	$\tan x$
ATAN	反正切	ATAN(A)	$\arctan a$
LOG	自然对数	ALOG(A)	$\ln a$ 或 $\log_e a$
LOG10	常用对数	ALOG10(A)	$\log_{10} a$ 或 $\lg a$
INT	取整	INT(A)	$\mathrm{int}(a)$,取 a 的整数部分
MOD	求余	MOD(A1,A2)	$a - \mathrm{int}(a_1/a_2) * a_2$
SIGN	求符号	SIGN(A1,A2)	$\|a_1\| \, (a_2 \geq 0), -\|a_1\| \, (a_2 < 0)$
MAX	求最大值	MAX(A1,A2,A3)	$\max(a_1, a_2, a_3)$
MIN	求最小值	MIN(A1,A2,A3)	$\min(a_1, a_2, a_3)$
FLOAT	转换为实型	FLOAT(I)	$\mathrm{float}(i)$
INT	转换为整型	IFIX(A)	$\mathrm{ifix}(a)$
DBLE	转换为双精度型	DBLE(A)	$\mathrm{dble}(a)$

使用内部函数时,可以直接调用它,例如

$$A = \mathrm{SIN}(1.5) * \mathrm{EXP}(-2.0)$$

如果自变量为双精度型变量,则上述语句变成

$$A = \mathrm{DSIN}(1.5\mathrm{D}0) * \mathrm{DEXP}(-2.0\mathrm{D}0)$$

2. 函数子程序

有一些函数不属于内部函数的范围,但是,在程序中又要反复用到它。例如,计算 $F(x,y) = x + e^{-y}$,可以编制一个类似内部函数的函数子程序

    FUNCTION F(X,Y)
    F = X + EXP(-Y)
    RETURN
    END

其中,FUNCTION 是函数子程序语句,F 为函数名,括号中的 X 和 Y 称之为形式参数(哑元)。应该特别强调的是,在函数子程序中,一定要给函数名赋值。RETURN 表示返回到调用此函数子程序处,END 表示此函数子程序运行结束。

若上述函数子程序为双精度型,则应改写成

    DOUBLE PRECISION FUNCTION F(X,Y)
    IMPLICIT DOUBLE PRECISION (A-H,O-Z)
    F = X + DEXP(-Y)
    RETURN
    END

函数子程序的使用方法与内部函数是一样的,对其形式参数赋值后,可以在程序中用其函数名直接调用。例如

    A = F(5.D0,2.D0)

3. 子程序

所谓子程序是一个完成某些运算的程序。例如,计算 $c = e^{-a} \sin b$ 的程序

    SUBROUTINE GH(A,B,C)
    C = EXP(-A) * SIN(B)
    RETURN
    END

其中,SUBROUTINE 是子程序语句,GH 为子程序名,括号中的 A、B 和 C 为形式参数,且 A 和 B 为输入参数,C 为输出参数。

子程序与函数子程序的差别是,函数子程序可以由函数名及其参数直接给出函数值,而子程序在使用时必须对其进行调用。例如

    CALL GH(5.0,0.5,C)

此后,变量 C 中才具有正确的数值,其中 CALL 称为调用语句。

0.3.2 数据的传递

FORTRAN 程序具有块状结构,程序块之间是相互独立的,程序块之间数据

的传递需要通过公用块或者形式参数来完成。

1. 公用块传递

欲在两个程序块之间利用公用块来传递数据,首先,在两个程序块中建立相同的公用块;其次,在先调用的一个程序块中对公用块中的某个或某几个变量赋值;最后,在另一个程序块中相应的变量就具有相应的数值了。例如

```
      PROGRAM ABD
      COMMON/AB/A,B
      A = 2.5
      B = 4.5
      C = BB(0.5)/BB(1.5)
      WRITE( * ,1) C
1     FORMAT(2X,'C = ',E15.7)
      STOP
      END

      FUNCTION BB(X)
      COMMON/AB/A,B
      BB = EXP( - A) * SIN(B) + X
      RETURN
      END
```

计算结果为 C = .2956553E + 00

在上述程序中,变量 A 与 B 在主程序中赋值后,通过公用块 AB 传递到函数子程序 BB 中,此即数据的公用块传递。

2. 形式参数传递

若要利用形式参数完成数据在程序块之间的传递,首先,调用一个子程序,从而得到一个作为输出变量的参数,然后,将其作为输入变量再来调用另外一个子程序,这样就能实现数据在不同的程序块之间的传递。例如

```
      PROGRAM ABE
      X = 2.5
      CALL AA(X,Y)
      CALL BB(Y,Z)
      WRITE( * ,1) Z
1     FORMAT(2X,'Z = ',E15.7)
      STOP
```

```
        END
        SUBROUTINE AA(X,Y)
        Y = X**2
        RETURN
        END
        SUBROUTINE BB(Y,Z)
        Z = SIN(Y)
        RETURN
        END
```
计算结果为 Z = -.3317922E-01

0.3.3 改变程序走向的语句

对于正常的 FORTRAN 程序而言,它是按照语句的顺序由前到后逐句进行操作的。若要改变程序的走向,则可以使用转向语句、循环语句和条件语句,下面分别介绍之。

1. 转向语句

转向语句的作用是改变程序的执行顺序,它的基本格式为

```
        GOTO 8
```

例如

```
        GOTO 5
        A = 1.9
        B = 0.1
    5   CONTINUE
```

GOTO 5 的作用是跳过后面的两个赋值语句,直接执行标号为 5 的语句,而 CONTINUE 是一个空语句。

2. 循环语句

如果需要反复执行某一段程序,可以使用循环语句,它的基本格式是

```
        M = 0
        DO 7 N = 0,10,1
        M = M + 2*N + 1
    7   CONTINUE
```

上式的意思,N 从 0 开始按照步长为 1 反复执行 M = M + 2*N + 1 语句,一

直做到 N = 10。实际上,上述程序完成了如下的求和运算

$$m = \sum_{n=0}^{10}(2n+1)$$

这是编制程序时最常用到的,读者应该熟练掌握。

步长可以是非零的正负整数,当步长为 1 时,可以将其省略不写。

3. 条件语句

在程序中,若某个语句的执行是有条件的,则需要用到条件语句,它的基本格式是

    IF(K.EQ.L) GOTO 7

其中,EQ 表示等于,这个语句的意思是,如果 K 等于 L,则转去执行语句标号为 7 的语句,如果 K 不等于 L,则执行下一个语句。当 EQ 用 GT、NE、GE、LT、LE 来代替时,分别表示大于、不等于、不小于、小于及不大于。

条件语句也允许如下的形式

    IF(A) 10,20,30

它的意思是,当 A < 0.0 时,转去执行标号为 10 的语句,当 A = 0.0 时,转去执行标号为 20 的语句,当 A > 0.0 时,转去执行标号为 30 的语句。总之,条件语句可以改变程序的走向。

前面的求和也可以用条件语句来实现,其程序如下

```
        M = 0
        N = 0
5       M = M + 2*N + 1
        N = N + 1
        IF(N.LE.10) GOTO 5
```

最后,应该特别注意的是,一个程序应该至少有一个出口,即有结束的时候。如果一个程序永远不能结束,则称之为死循环,这是程序编制者最忌讳的事。为了避免这种情况的出现,应尽量少使用转向语句。

第1章 代数公式

本章介绍一些最基本的算法,其中包括求和、阶乘和复数运算等内容。这些算法看似简单,却是一些复杂算法的基础,后面的许多程序都会用到它们,所以对这些算法的理解与掌握是至关重要的。

1.1 排序与求和

1.1.1 求最小数与最大数

设有 n 个数 $A(1), A(2), \cdots, A(n)$,将其存放在一维数组 A 中,称 $A(1)$, $A(2), \cdots, A(n)$ 为数组元素,那么,如何求出数组 A 中的最小的数组元素呢?

解决这个问题的具体步骤是:首先,将第一个数组元素 $A(1)$ 送入 X,编号 1 送入 K_x,然后,从第二个数组元素 $A(2)$ 开始,依次逐个与 X 比较,若 $A(2)$ 小于 X,则将 $A(2)$ 再送入 X,编号 2 送入 K_x,否则,对 $A(3)$ 重复上述步骤,直至做到 $A(n)$ 为止,最后,X 即为数组 A 中的最小数,K_x 为相应最小数的编号。

以上过程即为求数组 A 中最小数及相应编号的基本思路,求最大数及相应编号的方法与其类似。

求最小数与最大数及其相应编号的子程序 QX 与 QD

```
      SUBROUTINE QX(N,A,KX,X)
      DIMENSION A(N)
      KX = 1
      X = A(1)
      DO 10 I = 2,N
      IF(A(I).GE.X) GOTO 10
      X = A(I)
      KX = I
10    CONTINUE
      RETURN
      END
```

```
        SUBROUTINE QD(N,A,KD,D)
        DIMENSION A(N)
        KD = 1
        D = A(1)
        DO 10 I = 2,N
        IF(A(I).LE.D) GOTO 10
        D = A(I)
        KD = I
10      CONTINUE
        RETURN
        END
```

使用说明

(1) 子程序语句

SUBROUTINE QX(N,A,KX,X)
SUBROUTINE QD(N,A,KD,D)

(2) 哑元说明

N	整变量,输入参数,数组元素个数。
A	N个元素的一维实数组,输入参数。
KX,KD	整变量,输出参数,分别为最小数与最大数对应的编号。
X,D	实变量,输出参数,分别为最小数与最大数。

例题 1.1 求 $A_1 = 2.0, A_2 = 1.0, A_3 = 4.0, A_4 = 3.0$ 中的最小数与最大数。

```
        PROGRAM TDX
        DIMENSION A(1000)
        OPEN(2,FILE = 'DT.DAT')
        WRITE(*,1)
1       FORMAT(2X,'N = ?')
        READ(*,2) N
2       FORMAT(I5)
        IF(N.EQ.0) GOTO 888
        DO 10 I = 1,N
        WRITE(*,3) I
3       FORMAT(2X,'A(',I4,') = ?')
```

```
          READ( * ,4) A(I)
4         FORMAT(F15.7)
10        CONTINUE
          WRITE( * ,7) (A(I),I = 1,N)
          WRITE(2,7) (A(I),I = 1,N)
7         FORMAT(2X,'A = ',2E15.7)
          CALL QX(N,A,KX,X)
          WRITE( * ,5) KX,X
          WRITE(2,5) KX,X
5         FORMAT(2X,'KX,X = ',I5,2X,E15.7)
          CALL QD(N,A,KD,D)
          WRITE( * ,6) KD,D
          WRITE(2,6) KD,D
6         FORMAT(2X,'KD,D = ',I5,2X,E15.7)
888       STOP
          END
```

计算结果

A =   .2000000E + 01   .1000000E + 01
A =   .4000000E + 01   .3000000E + 01
KX,X =   2   .1000000E + 01
KD,D =   3   .4000000E + 01

1.1.2 数组的重新排序

在量子力学的计算中,求解定态薛定谔方程可以得到一组无序排列的能量本征值,为了能够清楚地看出能级的结构,需要对能量本征值按照从小到大的次序重新排列,此即重新排序。

将数组 A 中的元素按从小到大的顺序重新排列的基本步骤是:首先,利用求最小数程序 QX 求出数组 A 中的最小数 X 及相应编号 K_x,并将 X 送入工作数组 B 的第一个单元 $B(1)$ 中。然后,将一个机器允许的非常大的数(例如, 1.0E30 +10.0)送入 $A(K_x)$,再利用求最小数的程序,求出数组 A 中的最小数 X(实际上是原数组 A 的次最小数)及相应的编号 K_x,将其送入 $B(2)$ 中,再将另一个非常大的数(例如, 1.0E30 + 20.0)送入 $A(K_x)$,重复上述步骤,直至得到 $B(n)$。最后,数组 B 中的数就是原数组 A 中的数按从小到大顺序重新排列的结果。将 B 中的数倒置,立即得到从大到小重新排列的结果。

数组元素重新排序的子程序 PX

```
      SUBROUTINE PX(N,A,B)
      DIMENSION A(N),B(N)
      DO 10 I = 1,N
      CALL QX(N,A,KX,X)
      B(I) = X
      A(KX) = 1.E30 + 10.0*I
10    CONTINUE
      DO 20 I = 1,N
      A(I) = B(N + 1 - I)
20    CONTINUE
      RETURN
      END
```

使用说明

(1) 子程序语句

SUBROUTINE PX(N,A,B)

(2) 哑元说明

N　　整变量,输入参数,数组 A 与 B 中元素的个数。

A　　N 个元素的一维实数组,开始时为输入参数,存放 N 个元素的值,结束时为输出参数,存放按从大到小顺序重排的结果。

B　　N 个元素的一维实数组,输出参数,存放按从小到大顺序重排的结果。

(3) 所调用的子程序

QX(N,A,KX,X)　　求最小数的子程序。

例题 1.2　将 $A_1 = 2.0, A_2 = 1.0, A_3 = 4.0, A_4 = 3.0$ 分别按从小到大与从大到小的顺序重排。

```
      PROGRAM TPX
      DIMENSION A(1000),B(1000)
      OPEN(2,FILE = 'DT.DAT')
      WRITE(*,1)
1     FORMAT(2X,'N = ?')
      READ(*,2) N
```

```
2       FORMAT(I5)
        IF(N.EQ.0) GOTO 888
        DO 10 I = 1,N
        WRITE( * ,3) I
3       FORMAT(2X,'A(',I4,') = ?')
        READ( * ,4) A(I)
4       FORMAT(F15.7)
10      CONTINUE
        WRITE( * ,7) (A(I),I = 1,N)
        WRITE(2,7) (A(I),I = 1,N)
7       FORMAT(2X,'A = ',4E13.7)
        CALL PX(N,A,B)
        WRITE( * ,5) (B(I),I = 1,N)
        WRITE(2,5) (B(I),I = 1,N)
5       FORMAT(2X,'X - D = ',4E13.7)
        WRITE( * ,6) (A(I),I = 1,N)
        WRITE(2,6) (A(I),I = 1,N)
6       FORMAT(2X,'D - X = ',4E13.7)
888     STOP
        END
```

计算结果

A =   .2000000E + 01 .1000000E + 01 .4000000E + 01 .3000000E + 01
X − D = .1000000E + 01 .2000000E + 01 .3000000E + 01 .4000000E + 01
D − X = .4000000E + 01 .3000000E + 01 .2000000E + 01 .1000000E + 01

1.1.3 求和与求平均值

数组 A 中 n 个元素的和 S 及其平均值 $\bar{A}$ 分别为

$$S = \sum_{i=1}^{n} A(i), \quad \bar{A} = S/n$$

数组元素的求和与求平均值的子程序 QH

```
        SUBROUTINE QH(N,A,H,P)
        DIMENSION A(N)
        H = 0.0
        DO 10 I = 1,N
```

```
10      H = H + A(I)
        P = H/(N*1.0)
        RETURN
        END
```

使用说明

(1) 子程序语句

SUBROUTINE QH(N,A,H,P)

(2) 哑元说明

N   整变量,输入参数,数组元素的个数。

A   N个元素的一维实数组,输入参数。

H,P   实变量,输出参数,分别为数组元素之和与平均值。

例题 1.3 求 $A_1 = 2.0, A_2 = 1.0, A_3 = 4.0, A_4 = 3.0$ 的和及平均值。

```
        PROGRAM TQH
        DIMENSION A(1000)
        OPEN(2,FILE = 'DT.DAT')
        WRITE(*,1)
1       FORMAT(2X,'N = ?')
        READ(*,2) N
2       FORMAT(I5)
        IF(N.EQ.0) GOTO 888
        DO 10 I = 1,N
        WRITE(*,3) I
3       FORMAT(2X,'A(',I4,') = ?')
        READ(*,4) A(I)
4       FORMAT(F15.7)
10      CONTINUE
        WRITE(*,5) (A(I),I = 1,N)
        WRITE(2,5) (A(I),I = 1,N)
5       FORMAT(2X,'A = ',4E13.7)
        CALL QH(N,A,H,P)
        WRITE(*,6) H,P
        WRITE(2,6) H,P
6       FORMAT(2X,'H,P = ',2E15.7)
```

```
888     STOP
        END
```

计算结果

```
A   =    .2000000E + 01  .1000000E + 01  .4000000E + 01  .3000000E + 01
H,P =    .1000000E + 02  .2500000E + 01
```

1.1.4 矩阵乘法

为了加深对求和的理解,作为它的一个具体应用,下面给出矩阵乘法的公式和程序。

在断续谱表象中,一个算符与一个方阵对应,一个波函数与一个列矩阵对应。两个算符之积和算符与波函数的作用就变成了矩阵乘法。

设有两个 $n \times n$ 的方阵 A、B 和一个 n 行的列矩阵 C,它们的矩阵元分别存放在数组 $A(n,n)$、$B(n,n)$ 和 $C(n)$ 中。它们之间的乘积 AB 与 AC 分别为一个方阵 D 和列矩阵 E,其矩阵元满足

$$D(i,j) = \sum_{k=1}^{n} A(i,k) B(k,j)$$

$$E(i) = \sum_{k=1}^{n} A(i,k) C(k)$$

计算方阵与列矩阵乘积的子程序 JZCF1

```
        SUBROUTINE JZCF1(N,A,B,C)
        IMPLICIT DOUBLE PRECISION(A - H,O - Z)
        DIMENSION A(N,N),B(N),C(N)
        DO 1 I = 1,N
        C(I) = 0.D0
        DO 2 J = 1,N
2       C(I) = C(I) + A(I,J) * B(J)
1       CONTINUE
        RETURN
        END
```

使用说明

(1) 子程序语句

SUBROUTINE JZCF1(N,A,B,C)

(2) 哑元说明

N   整变量,输入参数,数组中行与列的个数。

A	N×N 个元素的二维双精度数组,输入参数。
B	N 个元素的一维双精度数组,输入参数。
C	N 个元素的一维双精度数组,输出参数。

计算方阵与方阵乘积的子程序 JZCF2

```
      SUBROUTINE JZCF2(N,A,B,C)
      IMPLICIT DOUBLE PRECISION(A - H,O - Z)
      DIMENSION A(N,N),B(N,N),C(N,N)
      DO 1 I = 1,N
      DO 1 J = 1,N
      C(I,J) = 0.D0
      DO 2 K = 1,N
    2 C(I,J) = C(I,J) + A(I,K) * B(K,J)
    1 CONTINUE
      RETURN
      END
```

使用说明

(1) 子程序语句

SUBROUTINE JZCF2(N,A,B,C)

(2) 哑元说明

N	整变量,输入参数,数组中行与列的个数。
A,B	N×N 个元素的二维双精度数组,输入参数。
C	N×N 个元素的二维双精度数组,输出参数。

例题 1.4 已知矩阵 A,B,C 分别为

$$A = \begin{pmatrix} 1.0 & 0.1 & 0.2 \\ 0.1 & 2.0 & 0.3 \\ 0.2 & 0.3 & 3.0 \end{pmatrix}, \quad B = \begin{pmatrix} 3.0 & 0.3 & 0.2 \\ 0.3 & 2.0 & 0.1 \\ 0.2 & 0.1 & 1.0 \end{pmatrix}, \quad C = \begin{pmatrix} 1.0 \\ 2.0 \\ 3.0 \end{pmatrix}$$

计算 $E = AC$ 与 $D = AB$。

```
      PROGRAM TJZCF
      IMPLICIT DOUBLE PRECISION(A - H,O - Z)
      DIMENSION A(3,3),B(3,3),C(3),E(3),D(3,3)
      DATA A/1.D0,0.1D0,0.2D0,0.1D0,
     * 2.D0,0.3D0,0.2D0,0.3D0,3.D0/
      DATA B/3.D0,0.3D0,0.2D0,0.3D0,
```

```
*      2.D0,0.1D0,0.2D0,0.1D0,1.D0/
       DATA C/1.D0,2.D0,3.D0/
       OPEN(2,FILE = 'DT.DAT')
       CALL JZCF1(3,A,C,E)
       CALL JZCF2(3,A,B,D)
       WRITE( * ,1) E
       WRITE(2,1) E
1      FORMAT(2X,'E = ',3E13.7)
       WRITE( * ,2) D
       WRITE(2,2) D
2      FORMAT(2X,'D = ',3E13.7)
       STOP
       END
```

计算结果

E =   .1800000E + 01   .5000000E + 01   .9800000E + 01
D =   .3070000E + 01   .9600000E + 00   .1290000E + 01
D =   .5200000E + 00   .4060000E + 01   .9600000E + 00
D =   .4100000E + 00   .5200000E + 00   .3070000E + 01

注意,D 矩阵是按先列后行的次序输出的。

1.2 阶乘、排列与组合

1.2.1 阶乘与双阶乘

阶乘的定义为

$$n! = 1 \times 2 \times 3 \times \cdots \times n, \quad 0! = 1$$

双阶乘的定义为

$$(2n)!! = 2^n n! = 2 \times 4 \times 6 \times \cdots \times 2n$$

$$(2n+1)!! = \frac{(2n+1)!}{2^n n!} = 1 \times 3 \times 5 \times \cdots \times (2n+1)$$

对于数值较小的整数,它的阶乘与双阶乘很容易利用程序实现,但是,对于数值很大的整数则会出现问题,毛病出在计算机对整型数的大小有限制(见表0.1)。为了解决这个问题,首先将整型量化为双精度变量,然后求其阶乘的自然对数(以下简称对数)值,这样,阶乘之间乘与除的运算就变为其对数值的加与减的问题。最后对结果取 e 指数,则可得到阶乘之间的乘与除的运算结果。这种处理方法的另一个优点是,因为可以对将要用到的阶乘与双阶乘的对数值利用 SLNN 子程序一次算好,并分别存在 SLNF 与 SLNJ 数组中,从而避免了使用时的重复计算。

解决量子力学问题的关键是计算力学量算符在某个确定基底下的矩阵元,许多常用基底(例如,线谐振子、球谐振子与氢原子) 都与特殊函数相关,而特殊函数通常可以表示成一些阶乘和双阶乘运算的有限项求和(见第 2 章)。另外,矢量耦合系数(3j,6j 和 9j 符号) 也是一些阶乘运算的有限项之和(见第 3 章),因此,阶乘和双阶乘的计算是解决量子力学问题的重要基础之一。

计算阶乘与双阶乘的函数子程序 DJC 与 SJC

```fortran
      DOUBLE PRECISION FUNCTION DJC(N)
      IMPLICIT DOUBLE PRECISION(A - H,O - Z)
      COMMON/LNFJ/ SLNI(164),SLNF(164),SLNJ(164)
      DJC = DEXP(SLNF(N + 1))
      RETURN
      END

      DOUBLE PRECISION FUNCTION SJC(N)
      IMPLICIT DOUBLE PRECISION(A - H,O - Z)
      COMMON/LNFJ/ SLNI(164),SLNF(164),SLNJ(164)
      SJC = DEXP(SLNJ(N + 1))
      RETURN
      END

      SUBROUTINE SLNN
      IMPLICIT DOUBLE PRECISION(A - H,O - Z)
      COMMON/LNFJ/ SLNI(164),SLNF(164),SLNJ(164)
      DO 1 N = 2,164
    1 SLNI(N) = DLOG(DBLE(FLOAT(N - 1)))
      SLNI(1) = 0.D0
      FLN = 1.0D0
      DO 2 N = 2,164
      FLN = FLN * DBLE(FLOAT(N - 1))
    2 SLNF(N) = DLOG(FLN)
      SLNF(1) = 0.0D0
```

```
            FLN = 1.0D0
            DO 3 N = 1,163,2
            FLN = FLN * DBLE(FLOAT(N))
  3         SLNJ(N + 1) = DLOG(FLN)
            FLN = 1.0D0
            DO 4 N = 2,162,2
            FLN = FLN * DBLE(FLOAT(N))
  4         SLNJ(N + 1) = DLOG(FLN)
            SLNJ(1) = 0.0D0
            RETURN
            END
```

使用说明

(1) 子程序语句

DOUBLE PRECISION FUNCTION DJC(N)

DOUBLE PRECISION FUNCTION SJC(N)

(2) 哑元说明

N　　整变量,输入参数,阶乘或双阶乘中的 n。

(3) 公用块 LNFJ

SLNI　　存放整数 0 ~ 163 的对数值。

SLNF　　存放指数 0 ~ 163 的阶乘的对数值。

SLNJ　　存放指数 0 ~ 163 的双阶乘的对数值。

(4) 所调用的子程序

SLNN　　计算阶乘与双阶乘对数的子程序,需在主程序的开始调用(下同)。

例题 1.5　计算 10! 与 10!! 的值。

```
            PROGRAM TJC
            IMPLICIT DOUBLE PRECISION(A - H, O - Z)
            COMMON/LNFJ/ SLNI(164),SLNF(164),SLNJ(164)
            OPEN(2,FILE = 'DT.DAT')
            CALL SLNN
            WRITE( * ,1)
  1         FORMAT(2X,'N = ?')
            READ( * ,2) N
  2         FORMAT(I5)
```

```
        IF(N.LT.0) GOTO 888
        D = DJC(N)
        S = SJC(N)
        WRITE(*,5) N,D,S
        WRITE(2,5) N,D,S
5       FORMAT(2X,'N = ',I5,/,2X,'D,S = ',2E15.7)
888     STOP
        END
```

计算结果

N =   10
D,S =   .3628800E + 07   .3840000E + 04

1.2.2 排列

从 n 个不同的元素中,每次取出 $k \leqslant n$ 个不同的元素,按一定的顺序排成一列,称为选排列。其排列种数为

$$A_n^k = n(n-1)(n-2)\cdots(n-k+1) = \frac{n!}{(n-k)!}$$

特别是,当 $k = n$ 时,称为全排列,其排列种数为

$$P_n = A_n^n = n(n-1)(n-2)\cdots 3 \cdot 2 \cdot 1 = n!$$

计算选排列 A_n^k 的函数子程序 PL

```
        DOUBLE PRECISION FUNCTION PL(N,K)
        IMPLICIT DOUBLE PRECISION(A - H,O - Z)
        COMMON/LNFJ/ SLNI(164),SLNF(164),SLNJ(164)
        PL = DEXP(SLNF(N + 1) - SLNF(N - K + 1))
        RETURN
        END
```

使用说明

(1) 子程序语句

DOUBLE PRECISION FUNCTION PL(N,K)

(2) 哑元说明

N,K   整变量,输入参数,分别为 A_n^k 中的 n 与 k。

(3) 所调用的子程序

SLNN   计算阶乘与双阶乘对数的子程序。

例题 1.6 计算选排列 A_5^3。

```
        PROGRAM TPL
        IMPLICIT DOUBLE PRECISION(A - H,O - Z)
        COMMON/LNFJ/ SLNI(164),SLNF(164),SLNJ(164)
        OPEN(2,FILE = 'DT.DAT')
        CALL SLNN
        WRITE( * ,1)
1       FORMAT(2X,'N,K = ?')
        READ( * ,2) N,K
2       FORMAT(2I5)
        IF(N.LT.0.OR.N - K.LT.0) GOTO 888
        P = PL(N,K)
        WRITE( * ,5) N,K,P
        WRITE(2,5) N,K,P
5       FORMAT(2X,'N,K,P = ',2I5,2X,E15.7)
888     STOP
        END
```

计算结果

N,K,P =   5   3   .6000000E + 02

1.2.3 组合

从 n 个不同元素中，每次取 $k \leqslant n$ 个不同的元素，不管其顺序合并成一组，称之为组合。组合的种数为

$$C_n^k = \frac{A_n^k}{k!} = \frac{n!}{(n-k)!k!} \equiv \binom{n}{k}$$

组合的符号经常出现在特殊函数的计算公式中。

计算组合 C_n^k 的函数子程序 ZH

```
        DOUBLE PRECISION FUNCTION ZH(N,K)
        IMPLICIT DOUBLE PRECISION (A - H,O - Z)
        COMMON/LNFJ/ SLNI(164),SLNF(164),SLNJ(164)
        ZH = DEXP(SLNF(N + 1) - SLNF(N - K + 1) - SLNF(K + 1))
        RETURN
        END
```

使用说明

(1) 子程序语句
DOUBLE PRECISION FUNCTION ZH(N,K)
(2) 哑元说明
N,K　　整变量,输入参数,分别为 C_n^k 中的 n,k。
(3) 所调用的子程序
SLNN　计算阶乘与双阶乘对数的子程序。

例题 1.7　计算组合 C_5^3 的值。

```
        PROGRAM TZH
        IMPLICIT DOUBLE PRECISION (A - H,O - Z)
        COMMON/LNFJ/ SLNI(164),SLNF(164),SLNJ(164)
        OPEN(2,FILE = 'DT.DAT')
        CALL SLNN
        WRITE( * ,1)
1       FORMAT(2X,'N,K = ?')
        READ( * ,2) N,K
2       FORMAT(2I5)
        IF(N.LT.0.OR.K.LT.0.OR.N - K.LT.0) GOTO 888
        Z = ZH(N,K)
        WRITE( * ,5) N,K,Z
        WRITE(2,5) N,K,Z
5       FORMAT(2X,'N,K,Z = ',2I5,2X,E15.7)
888     STOP
        END
```

计算结果

N,K,Z =　　　5　　　3　　　.1000000E + 02

1.3　复数运算

在一维多阶梯位势的透射系数计算中,由于波数 k_i 可能取正实数或者纯虚数,通常将其视为复数,所以在相应的程序中将会遇到大量的复数运算。

本节给出一些计算复变量初等函数的常用程序,它们可以作为不具有复数运算功能的编译系统的一种补充。另外,下面介绍的一些防止溢出的措施对编写程序是有用处的。

1.3.1 复数的乘法

两个复数 $a+ib$ 与 $c+id$ 的积可以写成
$$(a+ib)(c+id) = (ac-bd)+i(ad+bc)$$

复数乘法的子程序 CPP

```
      SUBROUTINE CPP(A,B,C,D,E,F)
      IMPLICIT DOUBLE PRECISION (A - H,O - Z)
      E = A * C - B * D
      F = A * D + B * C
      RETURN
      END
```

使用说明

(1) 子程序语句
SUBROUTINE CPP (A,B,C,D,E,F)
(2) 哑元说明
A,B　　双精度变量,输入参数,分别为被乘数的实部和虚部。
C,D　　双精度变量,输入参数,分别为乘数的实部和虚部。
E,F　　双精度变量,输出参数,分别为积的实部和虚部。

例题 1.8　计算 $Z = (1.5+2.0i)(2.0+1.5i)$。

```
      PROGRAM TCPP
      IMPLICIT DOUBLE PRECISION(A - H,O - Z)
      OPEN(2,FILE = 'DT.DAT')
      WRITE( * ,1)
1     FORMAT(2X,'A,B,C,D = ?')
      READ( * ,2) A,B,C,D
2     FORMAT(4F15.7)
      CALL CPP(A,B,C,D,E,F)
      WRITE( * ,5) A,B,C,D,E,F
      WRITE(2,5) A,B,C,D,E,F
5     FORMAT(2X,'A,B = ',2E15.7,/,2X,
     * 'C,D = ',2E15.7,/,2X,'E,F = ',2E15.7)
      STOP
      END
```

计算结果

A,B =   .1500000E + 01   .2000000E + 01
C,D =   .2000000E + 01   .1500000E + 01
E,F =   .0000000E + 00   .6250000E + 01

1.3.2 复数的除法

两个复数 $a+ib$ 与 $c+id$ 的商可以写成

$$\frac{a+ib}{c+id}=\frac{(ac+bd)+i(bc-ad)}{c^2+d^2}=$$

$$\begin{cases}\dfrac{[a+b\cdot(d/c)]+i[b-a\cdot(d/c)]}{c+d\cdot(d/c)} & (|c|\geq|d|)\\[2ex]\dfrac{[a\cdot(c/d)+b]+i[b\cdot(c/d)-a]}{c\cdot(c/d)+d} & (|c|<|d|)\end{cases}$$

改写上述公式的目的是防止在直接计算 c^2 或者 d^2 时出现溢出。所谓溢出的意思是,当 c 或者 d 的数值很大时,c^2 或者 d^2 的数值超出计算机允许的范围,从而导致计算失败。

复数除法的子程序 CDD

```
      SUBROUTINE CDD(A,B,C,D,E,F,G)
      IMPLICIT DOUBLE PRECISION(A - H,O - Z)
      G = 0.0D0
      IF(C.NE.0.0D0) GOTO 30
      IF(D.NE.0.0D0) GOTO 30
      G = 0.7777777D100
      GOTO 50
30    IF(DABS(C).GE.DABS(D)) GOTO 40
      R = C/D
      H = R*C + D
      E = (R*A + B)/H
      F = (R*B - A)/H
      GOTO 50
40    R = D/C
      H = R*D + C
      E = (A + R*B)/H
      F = (B - R*A)/H
50    RETURN
```

END

使用说明

(1) 子程序语句

SUBROUTINE CDD (A,B,C,D,E,F,G)

(2) 哑元说明

A,B　　双精度变量,输入参数,分别为被除数的实部和虚部。

C,D　　双精度变量,输入参数,分别为除数的实部和虚部。

E,F　　双精度变量,输出参数,分别为商的实部和虚部。

G　　双精度变量,输出参数,当 G ≠ 0.D0 时,表示除数的实部和虚部均为零,不进行运算。

例题 1.9　计算 $Z = \dfrac{1.5 \times 10^{10} + 10^{20}i}{2 \times 10^{38} + 10^{30}i}$。

```
        PROGRAM TCDD
        IMPLICIT DOUBLE PRECISION(A - H,O - Z)
        OPEN(2,FILE = 'DT.DAT')
        WRITE( * ,1)
1       FORMAT(2X,'A,B,C,D = ?')
        READ( * ,2) A,B,C,D
2       FORMAT(4D15.7)
        CALL CDD(A,B,C,D,E,F,G)
        WRITE( * ,5) A,B,C,D,E,F,G
        WRITE(2,5) A,B,C,D,E,F,G
5       FORMAT(2X,'A,B = ',2E15.7,/,2X,'C,D = ',2E15.7,/,
     *  2X,'E,F = ',2E15.7,/,2X,'G = ',E15.7)
        STOP
        END
```

计算结果

A,B =　　　.1500000E + 11　　　.1000000E + 21

C,D =　　　.2000000E + 39　　　.1000000E + 31

E,F =　　　.2575000E − 26　　　.5000000E − 18

G =　　　.0000000E + 00

1.3.3　复数为 e 的指数

利用欧拉(Eular)公式,以复数 $Z = a + ib$ 为 e 的指数时可以写成

$$e^z = e^{a+ib} = e^a \cos b + ie^a \sin b$$

以复数为 e 的指数时的子程序 CEX

```
     SUBROUTINE CEX(A,B,C,D)
     IMPLICIT DOUBLE PRECISION(A - H,O - Z)
     C = DEXP(A)
     D = C * DSIN(B)
     C = C * DCOS(B)
     RETURN
     END
```

使用说明

(1) 子程序语句

SUBROUTINE CEX(A,B,C,D)

(2) 哑元说明

A,B　　双精度变量,输入参数,分别为自变量的实部和虚部。

C,D　　双精度变量,输出参数,分别为函数值的实部和虚部。

例题 1.10　　计算 $\exp(1 + 0.7853981634i)$。

```
     PROGRAM TCEX
     IMPLICIT DOUBLE PRECISION(A - H,O - Z)
     OPEN(2,FILE = 'DT.DAT')
     WRITE( * ,1)
1    FORMAT(2X,'A,B = ?')
     READ( * ,2) A,B
2    FORMAT(2F20.12)
     CALL CEX(A,B,C,D)
     WRITE( * ,5) A,B,C,D
     WRITE(2,5) A,B,C,D
5    FORMAT(2X,'A,B = ',2E17.10,/,2X,'C,D = ',2E17.10)
     STOP
     END
```

计算结果

A,B =　　　　.1000000000E + 01　　　.7853981634E + 00

C,D =　　　　.1922115514E + 01　　　.1922115514E + 01

1.3.4 复数的绝对值

复数 Z 的绝对值为

$$|Z| = \sqrt{a^2 + b^2} = \begin{cases} |a|\sqrt{1+(b/a)^2} & (|a| > |b|) \\ |b|\sqrt{1+(a/b)^2} & (|a| \leq |b|) \end{cases}$$

复数的绝对值的函数子程序 CAB

```
      DOUBLE PRECISION FUNCTION CAB(A,B)
      IMPLICIT DOUBLE PRECISION (A-H,O-Z)
      X = DABS(A)
      Y = DABS(B)
      IF(X.EQ.0.D0) GOTO 40
      IF(Y.EQ.0.D0) GOTO 50
      IF(X.GT.Y) GOTO 30
      CAB = Y * DSQRT(1.D0 + (X/Y)**2)
      GOTO 60
30    CAB = X * DSQRT(1.D0 + (Y/X)**2)
      GOTO 60
40    CAB = Y
      GOTO 60
50    CAB = X
60    RETURN
      END
```

使用说明

(1) 子程序语句

DOUBLE PRECISION FUNCTION CAB(A,B)

(2) 哑元说明

A,B　　双精度变量,输入参数,分别为复数的实部和虚部。

例题 1.11　　计算 $|0.1264 \times 10^{39} + 0.1548 \times 10^{39} i|$。

```
      PROGRAM TCAB
      IMPLICIT DOUBLE PRECISION(A-H,O-Z)
      OPEN(2,FILE = 'DT.DAT')
      WRITE(*,1)
```

```
1       FORMAT(2X,'A,B = ?')
        READ( * ,2) A,B
2       FORMAT(2D20.12)
        Z = CAB(A,B)
        WRITE( * ,5) A,B,Z
        WRITE(2,5) A,B,Z
5       FORMAT(2X,'A,B = ',2E17.10,/,2X,'Z = ',E17.10)
        STOP
        END
```

计算结果

A,B =   .1264000000E + 39   .1548000000E + 39
Z =   .1998499437E + 39

1.3.5 复数的平方根

复数 Z 的平方根可以写成

$$\sqrt{Z} = \sqrt{a + ib} = x + iy$$

其中 x、y 均为实数。将等式左右两端平方,然后比较两端的实部与虚部,得到

$$\begin{cases} x^2 - y^2 = a \\ 2xy = b \end{cases}$$

解之有

$$x = \pm\sqrt{[a + \sqrt{a^2 + b^2}]/2}$$

$$y = \pm\sqrt{[-a + \sqrt{a^2 + b^2}]/2}$$

当 $b > 0$ 时,x、y 同号;当 $b < 0$ 时,x、y 异号。若规定恒取 $x \geq 0$ 的一组数,则有

$$x = \sqrt{[a + \sqrt{a^2 + b^2}]/2}, \quad y = \frac{b}{2x}$$

为避免有效数字损失及防止当 $|b|$ 接近于零时产生的溢出,规定

$$x = \sqrt{[|a| + \sqrt{a^2 + b^2}]/2}, \quad y = \frac{b}{2x} \quad (a \geq 0)$$

$$y = \sqrt{[|a| + \sqrt{a^2 + b^2}]/2}, \quad x = \frac{b}{2y} \quad (a < 0)$$

复数的平方根的子程序 CSQ

```
        SUBROUTINE CSQ(A,B,X,Y)
        IMPLICIT DOUBLE PRECISION(A - H,O - Z)
```

```
        IF(A.NE.0.D0) GOTO 30
        IF(B.NE.0.D0) GOTO 30
        X = 0.D0
        Y = 0.D0
        GOTO 50
30      X = DSQRT((DABS(A) + CAB(A,B)) * 0.5D0)
        Y = X
        IF(A.GE.0.D0) GOTO 40
        IF(B.LT.0.D0) Y = - Y
        X = B/(Y + Y)
        GOTO 50
40      Y = B/(X + X)
50      RETURN
        END
```

使用说明

(1) 子程序语句

SUBROUTINE CSQ(A,B,X,Y)

(2) 哑元说明

A,B　　双精度变量,输入参数,分别为复数 Z 的实部和虚部。

X,Y　　双精度变量,输出参数,分别为 $\sqrt{Z}$ 的实部与虚部。

(3) 所调用的子程序

CAB(A,B)　　为计算复数绝对值的函数子程序。

例题 1.12　求 $Z = 0.1264 \times 10^{39} + 0.1548 \times 10^{39}i$ 的平方根。

```
        PROGRAM TCSQ
        IMPLICIT DOUBLE PRECISION(A - H,O - Z)
        OPEN(2,FILE = 'DT.DAT')
        WRITE( * ,1)
1       FORMAT(2X,'A,B = ?')
        READ( * ,2) A,B
2       FORMAT(2D20.12)
        CALL CSQ(A,B,X,Y)
        WRITE( * ,5) A,B,X,Y
        WRITE(2,5) A,B,X,Y
```

```
5       FORMAT(2X,'A,B = ',2E17.10,/,2X,'X,Y = ',2E17.10)
        STOP
        END
```

计算结果

A,B =   .1264000000E + 39   .1548000000E + 39
X,Y =   .1277203867E + 20   .6060113188E + 19

1.3.6 复数的对数

复数 Z 的对数为

$$\ln Z = \ln[|Z|e^{i\arg Z}] = \ln|Z| + i\arg Z$$

其中

$$\arg Z = \begin{cases} \arctan(b/a) + \begin{cases} 0 & (a > 0) \\ \pi & (a < 0, b \geq 0), \\ -\pi & (a < 0, b < 0) \end{cases} & (|a| \geq |b|, a \neq 0) \\ -\arctan(a/b) + \pi\,\mathrm{sign}(b)/2 & (|a| < |b| \text{ 或 } a = 0) \end{cases}$$

复数的对数的子程序 CCLN

```
        SUBROUTINE CCLN(A,B,C,D,G)
        IMPLICIT DOUBLE PRECISION(A - H,O - Z)
        G = 0.D0
        IF(A.NE.0.D0) GOTO 30
        IF(B.NE.0.D0) GOTO 30
        G = 0.7777777D71
        GOTO 120
30      D = CAB(A,B)
        C = DLOG(D)
        IF(A.EQ.0.D0) GOTO 110
        D = DATAN(B/A)
        IF(DABS(A).LT.DABS(B)) GOTO 110
        IF(A.GT.0.D0) GOTO 120
        IF(B.GE.0.D0) GOTO 100
        D = DATAN(B/A) - 3.141592654D0
        GOTO 120
100     D = DATAN(A/B) + 3.141592654D0
        GOTO 120
```

```
110     D = - DATAN(A/B) + SIGN(1.570796327D0,B)
120     RETURN
        END
```

使用说明

(1) 子程序语句

SUBROUTINE CCLN (A,B,C,D,G).

(2) 哑元说明

A,B 　双精度变量,输入参数,分别为自变量 Z 的实部和虚部。

C,D 　双精度变量,输出参数,分别为 $\ln Z$ 的实部和虚部。

G 　　双精度变量,输出参数,当 $G \neq 0.D0$ 时,表示自变量为零,不进行计算。

(3) 所调用的子程序

CAB(A,B) 　计算复数绝对值的函数子程序。

例题 1.13 　计算 $\ln(1.922115512 + 1.922115512i)$。

```
        PROGRAM TCCLN
        IMPLICIT DOUBLE PRECISION(A - H,O - Z)
        OPEN(2,FILE = 'DT.DAT')
        WRITE( * ,1)
1       FORMAT(2X,'A,B = ?')
        READ( * ,2) A,B
2       FORMAT(2D20.12)
        CALL CCLN(A,B,C,D,G)
        WRITE( * ,5) A,B,C,D,G
        WRITE(2,5) A,B,C,D,G
5       FORMAT(2X,'A,B = ',2E17.10,/,2X,'C,D = ',2E17.10,/,2X,
       *  ' G = ',E17.10)
        STOP
        END
```

计算结果

A,B = 　　.1922115512E + 01 　　.1922115512E + 01

C,D = 　　.9999999989E + 00 　　.7853981634E + 00

G = 　　　.0000000000E + 00

1.3.7 复数的三角函数

复数 Z 的三角函数为

$$\sin(a+ib) = \sin a \cosh b + i\cos a \sinh b$$
$$\cos(a+ib) = \cos a \cosh b - i\sin a \sinh b$$
$$\tan(a+ib) = \sin(a+ib)/\cos(a+ib)$$

其中，双曲函数

$$\cosh b = (e^b + e^{-b})/2$$
$$\sinh b = (e^b - e^{-b})/2$$

当 $|b| < 1$ 时，为避免有效数字损失，双曲正弦函数改由契贝谢夫 (Chebyshev) 公式计算

$$\sinh b = -b[-C_5 f^5 + (C_5 - C_4)f^4 + (4C_5 + C_4 - C_3)f^3 +$$
$$(-3C_5 + 3C_4 + C_3 - C_2)f^2 + (-3C_5 - 2C_4 + 2C_3 + C_2 - C_1)f +$$
$$(C_4 - C_4 - C_3 + C_2 + C_1 - C_0)]$$

其中

$$C_0 = 1.13031820798497$$
$$C_1 = 4.433684984866 \times 10^{-2}$$
$$C_2 = 5.4292631191 \times 10^{-4}$$
$$C_3 = 3.19843646 \times 10^{-6}$$
$$C_4 = 1.103607 \times 10^{-8}$$
$$C_5 = 2.498 \times 10^{-11}$$
$$f = 2(2b^2 - 1)$$

复数的三角函数的子程序 CCT

```
SUBROUTINE CCT(K,X,Y,U,V)
IMPLICIT DOUBLE PRECISION(A - H,O - Z)
DIMENSION CC(6)
Y1 = DEXP(Y)
U = 0.5D0 * (Y1 + 1.D0/Y1)
IF(DABS(Y).GE.1.D0) GOTO 30
CC(1) = 1.13031820798497D0
CC(2) = 4.433684984866D - 2
CC(3) = 5.4292631191D - 4
CC(4) = 3.19843646D - 6
```

```
          CC(5) = 1.103607D - 8
          CC(6) = 2.498D - 11
          B1 = 0.D0
          B2 = 0.D0
          Y1 = 2.D0 * (2.D0 * Y * Y - 1.D0)
          DO 10 I = 1,6
          II = 7 - I
          BR = Y1 * B1 - B2 - CC(II)
          IF(II.EQ.1) GOTO 20
          B2 = B1
          B1 = BR
   10     CONTINUE
   20     V = - Y * (BR - B1)
          GOTO 40
   30     V = 0.5D0 * (Y1 - 1.D0/Y1)
   40     IF(K.EQ.1) GOTO 50
          IF(K.EQ.2) GOTO 60
          IF(K.EQ.3) GOTO 70
          IF(K.EQ.4) GOTO 110
   50     U = U * DSIN(X)
          V = V * DCOS(X)
          GOTO 110
   60     U = U * DCOS(X)
          V = - V * DSIN(X)
          GOTO 110
   70     A = U * DSIN(X)
          G = V * DCOS(X)
          C = U * DCOS(X)
          D = - V * DSIN(X)
          IF(DABS(C).GE.DABS(D)) GOTO 100
          R = C/D
          DEN = D + R * C
          U = (A * R + G)/DEN
          V = (G * R - A)/DEN
```

```
            GOTO 110
100     R = D/C
        DEN = C + R * D
        U = (A + G * R)/DEN
        V = (G - A * R)/DEN
110     RETURN
        END
```

使用说明

(1) 子程序语句

SUBROUTINE CCT(K,X,Y,U,V)

(2) 哑元说明

X,Y 　双精度变量,输入参数,分别为自变量 Z 的实部和虚部。

U,V 　双精度变量,输出参数,分别为函数值的实部和虚部。

K 　　整变量,输入参数,控制数,当 K = 1、2、3 时,U、V 分别为 $\sin(x+iy)$、$\cos(x+iy)$ 和 $\tan(x+iy)$ 的实部和虚部,当 K = 4 时分别为 $\cosh y$ 及 $\sinh y$。

例题1.14 已知 $Z = 0.25 + 0.25i$,计算 $\sin Z$、$\cos Z$、$\tan Z$ 及 $\cosh(0.25)$,$\sinh(0.25)$。

```
        PROGRAM TCCT
        IMPLICIT DOUBLE PRECISION(A - H, O - Z)
        OPEN(2, FILE = 'DT.DAT')
        WRITE( * ,1)
1       FORMAT(2X,'X,Y = ?')
        READ( * ,2) X,Y
2       FORMAT(2F20.12)
        DO 10 K = 1,4
        CALL CCT(K,X,Y,U,V)
        WRITE( * ,5) K,X,Y,U,V
        WRITE(2,5) K,X,Y,U,V
5       FORMAT(2X,'K = ',I5,/,2X,'A,B = ',2E17.10,/,2X,
     *  'X,Y = ',2E17.10)
10      CONTINUE
        STOP
```

　　　　END

计算结果

K = 1

A, B =　　　.2500000000E + 00　　　.2500000000E + 00

X, Y =　　　.2551756845E + 00　　　.2447592116E + 00

K = 2

A, B =　　　.2500000000E + 00　　　.2500000000E + 00

X, Y =　　　.9993489644E + 00　　　− .6249728734E − 01

K = 3

A, B =　　　.2500000000E + 00　　　.2500000000E + 00

X, Y =　　　.2390901156E + 00　　　.2598708805E + 00

K = 4

A, B =　　　.2500000000E + 00　　　.2500000000E + 00

X, Y =　　　.1031413100E + 01　　　.2526123168E + 00

第 2 章 常用特殊函数

特殊函数理论是数学中的一个重要分支,它与物理学紧密相关,由于它所用到的数学知识相当高深,且其所研究的对象种类繁多,这里不能也没有必要一一介绍。本章重点介绍在量子理论中经常遇到的一些特殊函数,只列出它们的表达式和重要的性质,为的是编制相应的计算程序。在此基础上,可以计算坐标的取值概率密度及坐标函数的矩阵元,这些都是解决量子力学问题的基础。

2.1 伽马函数与贝塔函数

2.1.1 伽马函数

伽马(Gamma)函数经常出现在一些更复杂的特殊函数中,它是复数 z 的函数,其定义为

$$\Gamma(z) = \int_0^\infty u^{z-1} e^{-u} du \quad (\text{Re} z > 0)$$

在量子力学中遇到的伽马函数通常是整数与半整数的伽马函数,当 z 为整数或者半整数时,伽马函数退化为

$$\Gamma(n+1) = n!$$
$$\Gamma(n+1/2) = (2n-1)!!\sqrt{\pi}/2^n$$
$$\Gamma(-n+1/2) = (-1)^n 2^n \sqrt{\pi}/(2n-1)!!$$

其中 n 为正整数。上述伽马函数可以利用阶乘与双阶乘的计算程序得到计算结果。

对于任意实数值的伽马函数,通常使用契贝谢夫多项式逼近来计算伽马函数的近似值,即

$$\Gamma(2+x) \approx \sum_{j=0}^n a_j^{(n)} x^j \quad (0 < x \leq 1)$$

当 $n = 10$ 时,展开系数的数值列在表 2.1 中。

表 2.1　展开系数 $a_j^{(10)}$

j	$a_j^{(10)}$	j	$a_j^{(10)}$
0	1.0000000000	6	0.0109736958
1	0.4227843370	7	-0.0024667480
2	0.4118402518	8	0.0015397681
3	0.0815782188	9	-0.0003442342
4	0.0742379076	10	0.0000677106
5	-0.0002109075		

计算伽马函数的函数子程序 GAMMA

```
      DOUBLE PRECISION FUNCTION GAMMA(X)
      IMPLICIT DOUBLE PRECISION (A-H,O-Z)
      COMMON/A/ A(11)
      IF(X.GT.1.D0) GOTO 10
      T = X
      GOTO 50
10    IF(X.GT.2.D0) GOTO 20
      T = X - 1.D0
      GOTO 50
20    IF(X.GT.3.D0) RETURN
      T = X - 2.D0
50    CONTINUE
      P = A(11)
      DO 1 K = 10,1,-1
1     P = T*P + A(K)
      IF(X.GT.1.D0) GOTO 110
      GAMMA = P/X/(X + 1.D0)
      GOTO 550
110   IF(X.GT.2.D0) GOTO 220
      GAMMA = P/X
      GOTO 550
220   IF(X.GT.3.D0) RETURN
```

```
              GAMMA = P
550      CONTINUE
         RETURN
         END
```

使用说明

(1) 子程序语句

DOUBLE PRECISION FUNCTIUN GAMMA(X)

(2) 哑元说明

X   双精度实变量,输入参数,$0.0 < X \leqslant 3.0$。

(3) 公用块 A

A   11 个元素的一维双精度数组,输入参数,存放 $a_j^{(10)}$。

例题 2.1   计算 $\Gamma(0.1), \Gamma(0.2), \Gamma(0.3), \Gamma(0.5), \Gamma(1.0), \Gamma(2.0), \Gamma(3.0)$ 的数值。

```
         PROGRAM TGAMMA
         IMPLICIT DOUBLE PRECISION (A - H, O - Z)
         COMMON/A/ A(11)
         DATA A/1.0000000000D0, 0.4227843370D0,
        * 0.4118402518D0, 0.0815782188D0, 0.0742379076D0,
        * -0.0002109075D0, 0.0109736958D0, -0.0024667480D0,
        * 0.0015397681D0, -0.0003442342D0, 0.0000677106D0/
         OPEN(2, FILE = 'DT.DAT')
999      WRITE( * ,1)
1        FORMAT(2X,'X = ?')
         READ( * ,2) X
2        FORMAT(F15.7)
         IF(X.EQ.0.D0) STOP
         F = GAMMA(X)
         WRITE( * ,3) X,F
         WRITE(2,3) X,F
3        FORMAT(2X,'X,F = ',2E15.7)
         GOTO 999
         STOP
         END
```

计算结果

X,F =   .1000000E + 00   .9513508E + 01
X,F =   .2000000E + 00   .4590844E + 01
X,F =   .3000000E + 00   .2991569E + 01
X,F =   .4000000E + 00   .2218160E + 01
X,F =   .5000000E + 00   .1772454E + 01
X,F =   .1000000E + 01   .1000000E + 01
X,F =   .2000000E + 01   .1000000E + 01
X,F =   .3000000E + 01   .2000000E + 01

2.1.2 贝塔函数

贝塔(Bata)函数是复数 p、q 的函数,它的定义为

$$B(p,q) = \int_0^1 u^{p-1}(1-u)^{q-1}du \quad (\mathrm{Re}\,p > 0, \mathrm{Re}\,q > 0)$$

贝塔函数与伽马函数的关系为

$$B(p,q) = B(q,p) = \Gamma(p)\Gamma(q)/\Gamma(p+q)$$

计算贝塔函数的函数子程序 BATA

```
DOUBLE PRECISION FUNCTION BATA(P,Q)
IMPLICIT DOUBLE PRECISION (A - H,O - Z)
BATA = GAMMA(P) * GAMMA(Q)/GAMMA(P + Q)
RETURN
END
```

使用说明

(1) 子程序语句
DOUBLE PRECISION FUNCTION BATA(P,Q)
(2) 哑元说明
P,Q　　实变量,输入参数,$0.0 < P + Q \leq 3.0$。
(3) 所调用的子程序
GAMMA(Z)　　计算伽马函数的函数子程序。

例题 2.2　计算 $B(1,2), B(0.1,1), B(0.5,0.3)$。

```
PROGRAM TBATA
IMPLICIT DOUBLE PRECISION (A - H,O - Z)
```

```
        COMMON/A/ A(11)
        DATA A/1.0000000000D0, 0.4227843370D0,
       * 0.4118402518D0, 0.0815782188D0,
       * 0.0742379076D0, -0.0002109075D0,
       * 0.0109736958D0, -0.0024667480D0,
       * 0.0015397681D0, -0.0003442342D0,
       * 0.0000677106D0/
        OPEN(2, FILE = 'DT.DAT')
999     WRITE(*,2)
2       FORMAT(2X,'P,Q(P + Q < 3.) = ?')
        READ(*,3) P,Q
3       FORMAT(2F15.7)
        IF(P + Q.GT.3.D0) GOTO 888
        IF(P.EQ.0.D0.AND.Q.EQ.0.D0) GOTO 888
        F = BATA(P,Q)
        WRITE(*,1) P,Q,F
        WRITE(2,1) P,Q,F
1       FORMAT(2X 'P,Q = ',2E15.7,/,2X,'B = ',E15.7)
10      CONTINUE
        GOTO 999
888     STOP
        END
```

计算结果

P,Q =   .1000000E + 01   .2000000E + 01
B =   .5000000E + 00
P,Q =   .1000000E + 00   .1000000E + 01
B =   .1000000E + 02
P,Q =   .5000000E + 00   .3000000E + 00
B =   .4554443E + 01

2.2 正交多项式

  线谐振子、圆谐振子、球谐振子和氢原子的本征函数系是最常用到的基底，它们的共同特点是，均由特殊函数、归一化常数和衰减因子构成。本节将给出相关特殊函数的计算方法和程序。

2.2.1 厄米多项式

线谐振子问题是量子力学中的一个基本问题,它是检验各种理论方法的一个重要工具。厄米(Hermite)多项式是线谐振子本征函数的一个组成部分,因此,它的计算就显得尤为重要。

厄米多项式 $H_n(x)$ 满足如下的微分方程

$$\frac{d^2}{dx^2}H_n(x) - 2x\frac{d}{dx}H_n(x) + 2nH_n(x) = 0$$

$H_n(x)$ 的级数表达式为

$$H_n(x) = \sum_{k=0}^{[n/2]} \frac{(-1)^k n!}{k!(n-2k)!}(2x)^{n-2k}$$

式中 $[n/2]$ 表示取不超过 $n/2$ 的最大整数。

厄米多项式的正交归一化条件和递推公式分别为

$$\int_{-\infty}^{\infty} H_n(x)H_{n'}(x)e^{-x^2}dx = 2^n n!\sqrt{\pi}\delta_{nn'}$$

$$H_{n+1}(x) = 2xH_n(x) - 2nH_{n-1}(x)$$

厄米多项式的计算程序是用递推公式编制的。

计算厄米多项式的函数子程序 HE

```
        DOUBLE PRECISION FUNCTION HE(N,X)
        IMPLICIT DOUBLE PRECISION(A-H,O-Z)
        A = 1.D0
        B = 2.D0*X
        IF(N.NE.0) GOTO 1
        C = A
        GOTO 3
1       IF(N.NE.1) GOTO 2
        C = B
        GOTO 3
2       DO 10 I = 1,N-1
        C = 2.D0*B*X - 2.D0*I*A
        A = B
        B = C
10      CONTINUE
```

```
3       HE = C
        RETURN
        END
```

使用说明

(1) 子程序语句

DOUBLE PRECISION FUNCTION HE(N,X)

(2) 哑元说明

N   整变量,输入参数,$H_n(x)$ 中的阶数 n。

X   双精度变量,输入参数,$H_n(x)$ 中的自变量 x。

例题 2.3 已知线谐振子第 n 个本征函数为

$$\psi_n(x) = \sqrt{\frac{\alpha}{2^n n! \sqrt{\pi}}} H_n(\alpha x) \exp\left(-\frac{1}{2}\alpha^2 x^2\right)$$

式中,$\alpha = \sqrt{m\omega/\hbar}$,$\hbar$ 为普朗克(Planck)常数,为简单计,取 $\alpha = 1$。第 n 个本征态的坐标取值概率密度为 $W_n(x) = |\psi_n(x)|^2$,画出 $W_{10}(x)$ 的曲线。

```
        PROGRAM THE
        IMPLICIT DOUBLE PRECISION(A - H,O - Z)
        COMMON/LNFJ/ SLNI(164),SLNF(164),SLNJ(164)
        OPEN(2,FILE = 'DT.DAT')
        CALL SLNN
        ALF = 1.D0
        WRITE( * ,10)
10      FORMAT(2X,'N = ?')
        READ( * ,20) N
        FORMAT(I5)
        GYH = DSQRT(ALF/2.D0 * * N/DSQRT(3.14159265D0)/
       * DEXP(SLNF(N + 1)))
        DO 30 IX = - 700,700
        X = 0.01D0 * IX
        H = HE(N,ALF * X)
        P = GYH * H * DEXP( - 0.5D0 * ALF * * 2 * X * * 2)
        P = P * P
        WRITE(2,40) X,P
        WRITE( * ,40) X,P
```

```
40      FORMAT(2X,2F15.7)
30      CONTINUE
        STOP
        END
```

计算结果绘在图 2.1 中。

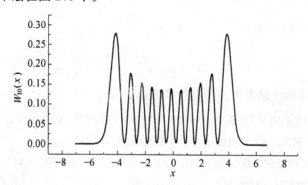

图 2.1 $n = 10$ 时线谐振子的坐标取值概率密度曲线

图 2.1 的绘制过程是,先利用 HE 程序计算 $n = 10$ 的结果,并将其存放在通道号为 2 的 DT.DAT 数据文件中,最后,利用 ORIGIN 绘图软件画出相应的图形。后面的图形绘制与此相同,不再说明。

2.2.2 勒让德多项式

求解中心力场的定态薛定谔方程时,可以利用分离变数法将其分离成径向方程和与角度相关的方程,后者与中心力场的具体形式无关,它的本征解为球谐函数,而连带勒让德(Legendre)多项式是球谐函数的重要组成部分。

连带勒让德多项式满足微分方程

$$\frac{d}{dx}\left[(1-x^2)\frac{dP(x)}{dx}\right] + \left[\lambda - \frac{m^2}{1-x^2}\right]P(x) = 0$$

满足物理要求的解为连带勒让德多项式

$$P_l^m(x) = \frac{1}{2^l l!}(1-x^2)^{m/2}\frac{d^{l+m}}{dx^{l+m}}(x^2-1)^l$$

$$P_l^{-m}(x) = (-1)^m \frac{(l-m)!}{(l+m)!}P_l^m(x)$$

其中 $|m| \leq l$。

连带勒让德多项式的正交归一化条件为

$$\int_{-1}^{1} P_l^m(x) P_{l'}^m(x) dx = \frac{2(l+m)!}{(2l+1)(l-m)!}\delta_{ll'}$$

当 $m = 0$ 时,连带勒让德多项式 $P_l^m(x)$ 退化为勒让德多项式,将其简记为 $P_l(x)$。勒让德多项式的级数形式为

$$P_l(x) = \sum_{k=0}^{[l/2]} \frac{(-1)^k (2l-2k)! x^{l-2k}}{2^l k!(l-k)!(l-2k)!}$$

连带勒让德多项式也可以表示成级数形式

$$P_l^m(x) = (1-x^2)^{m/2} \frac{d^m}{dx^m} P_l(x) =$$

$$(1-x^2)^{m/2} \sum_{k=0}^{[(l-m)/2]} \frac{(-1)^k (2l-2k)! x^{l-2k-m}}{2^l k!(l-k)!(l-2k-m)!}$$

计算连带勒让德多项式的函数子程序 PLMX

```
      DOUBLE PRECISION FUNCTION PLMX(L,M,X)
      IMPLICIT DOUBLE PRECISION(A - H,O - Z)
      COMMON/LNFJ/ SLNI(164),SLNF(164),SLNJ(164)
      MA = IABS(M)
      PLMX = 0.D0
      IF(MA.GT.L.OR.DABS(X).GT.1.D0) RETURN
      LL = (L - MA)/2
      S = 0.D0
      DO 10 K = 0,LL
      S = S + (-1.D0)**K/2.D0**L*X**(L-2*K-MA)*
     * DEXP(SLNF(2*L - 2*K + 1) - SLNF(K + 1) -
     * SLNF(L - K + 1) - SLNF(L - 2*K - MA + 1))
10    CONTINUE
      PLMX = DSQRT(1.D0 - X*X)**MA*S
      IF(M.GE.0) RETURN
      PLMX = PLMX * DEXP(SLNF(L - MA + 1) - SLNF(L + MA + 1))
      PLMX = (-1.D0)**MA
      RETURN
      END
```

使用说明

(1) 子程序语句

DOUBLE PRECISION FUNCTION PLMX(L,M,X)

(2) 哑元说明

L,M　　整变量,输入参数,分别为轨道角动量量子数与轨道角动量磁量子

数,M 的绝对值不大于 L。
X   双精度变量,输入参数,为函数自变量,其绝对值不大于 1。
(3) 所调用的子程序
SLNN   计算阶乘与双阶乘对数的子程序。

例题 2.4 已知连带勒让德多项式的归一化常数为

$$N_{lm} = \sqrt{\frac{(2l+1)(l-m)!}{2(l+m)!}}$$

$x = \cos\theta$ 的取值概率密度为

$$W_{nl}(x) = |N_{nl} P_l^m(x)|^2$$

画出 $W_{64}(x)$ 的曲线。

```
        PROGRAM TPLMX
        IMPLICIT DOUBLE PRECISION(A - H,O - Z)
        COMMON/LNFJ/ SLNI(164),SLNF(164),SLNJ(164)
        OPEN(2,FILE = 'DT.DAT')
        CALL SLNN
        WRITE( * ,1)
1       FORMAT(2X,'L,M = ?')
        READ( * ,2) L,M
2       FORMAT(2I5)
        GYH = DSQRT((2.D0 * L + 1.D0)/2.D0 *
     *  DEXP(SLNF(L - M + 1) - SLNF(L + M + 1)))
        DO 10 I = - 1000,1000
        X = 0.001D0 * I
        P = GYH * PLMX(L,M,X)
        P = P * P
        WRITE( * ,5) X,P
        WRITE(2,5) X,P
5       FORMAT(2X,2E15.7)
10      CONTINUE
        STOP
        END
```

计算结果绘在图 2.2 中。

通过作图可知,当 $m = 0$ 时,W_{l0} 在 $\theta = 0$、π 处取极大值,在 $\theta = \pi/2$ 取极小值;而当 $m \neq 0$, W_{lm} 在 $\theta = 0$、π 处等于零,在 $\theta = \pi/2$ 取极大值。

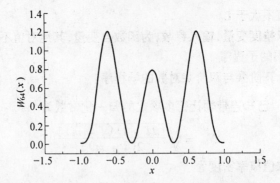

图 2.2 $l=6, m=4$ 的 $x=\cos\theta$ 概率密度曲线

中心力场中的薛定谔方程分离成径向方程和只与角度相关的方程后,与角度相关的方程的解是球谐函数,而球谐函数的定义为

$$Y_{lm}(\theta,\varphi) = (-1)^m \sqrt{\frac{(2l+1)(l-m)!}{4\pi(l+m)!}} P_l^m(\cos\theta) e^{im\varphi}$$

其中,$l = 0、1、2\cdots$;$|m| \leqslant l$。利用计算连带勒让德多项式的程序容易计算出球谐函数的数值,这里不再重复列出。

2.2.3 连带拉盖尔多项式

氢原子、圆谐振子和球谐振子径向方程的解都与连带拉盖尔(Laguerre)多项式有关,求解上述问题必将涉及连带拉盖尔多项式的计算。

连带拉盖尔函数式满足方程

$$x \frac{d^2}{dx^2} L_n^\alpha(x) + (\alpha + 1 - x) \frac{d}{dx} L_n^\alpha(x) + n L_n^\alpha(x) = 0$$

连带拉盖尔函数的表达式

$$L_n^\alpha(x) = \frac{e^x}{n! x^\alpha} \frac{d^n}{dx^n}\left(\frac{x^{n+\alpha}}{e^x}\right) = \sum_{k=0}^{n}(-1)^k \binom{n+\alpha}{n-k}\frac{x^k}{k!}$$

其中,$\alpha > -1, n = 0,1,2,\cdots$。

当 α 取整数 l 时,连带拉盖尔函数变成整阶连带拉盖尔多项式

$$L_n^l(x) = \sum_{m=0}^{n} \frac{(-1)^m (n+l)! x^m}{m!(n-m)!(m+l)!}$$

当 α 取半整数 $l + 1/2$ 时,连带拉盖尔函数变成半整阶连带拉盖尔多项式

$$L_n^{l+1/2}(x) = \sum_{m=0}^{n} \frac{(-2)^m (2n+2l+1)!! x^m}{2^n m!(n-m)!(2m+2l+1)!!}$$

计算连带拉盖尔多项式的函数子程序 ALNLX

DOUBLE PRECISION FUNCTION ALNLX(N,DL,X)

```
          IMPLICIT DOUBLE PRECISION(A - H,O - Z)
          COMMON/LNFJ/ SLNI(164),SLNF(164),SLNJ(164)
          ALNLX = 0.D0
          L2 = INT(2.D0 * DL)
          IF(2.D0 * DL.NE.1.D0 * L2) RETURN
          L = INT(DL)
          IF(DL.NE.L * 1.D0) GOTO 111
          S = 0.D0
          DO 10 M = 0,N
          S = S + ( - 1.D0) * * M * DEXP(SLNF(N + L + 1)) * X * * M/
         * DEXP(SLNF(M + 1) + SLNF(N - M + 1) + SLNF(M + L + 1))
10        CONTINUE
          ALNLX = S
          RETURN
111       S = 0.D0
          DO 20 M = 0,N
          S = S + ( - 2.D0) * * M * DEXP(SLNJ(2 * N + 2 * L + 2)) * X * * M/
         * 2 * * N/DEXP(SLNF(M + 1) + SLNF(N - M + 1) +
         * SLNJ(2 * M + 2 * L + 2))
20        CONTINUE
          ALNLX = S
          RETURN
          END
```

使用说明

(1) 子程序语句

DOUBLE PRECISION FUNCTION ALNLX(N,DL,X)

(2) 哑元说明

N   整变量,输入参数,为主量子数。

DL   双精度变量,输入参数,只能取整数或者半整数。

X   双精度变量,输入参数,为函数自变量。

(3) 所调用的子程序

SLNN   计算阶乘与双阶乘对数的子程序。

例题 2.5 利用连带拉盖尔多项式的计算程序,分别画出氢原子、圆谐振子和球谐振子径向坐标的取值概率密度曲线。

氢原子的径向本征函数为

$$R_{nl}(r) = N_{nl}\exp\left(-\frac{r}{na_0}\right)\left(\frac{2r}{na_0}\right)^l L_{n-l-1}^{2l+1}\left(\frac{2r}{na_0}\right)$$

其中,玻尔半径 $a_0 = 0.0529$ nm,归一化常数

$$N_{nl} = \sqrt{\left(\frac{2}{na_0}\right)^3 \frac{(n-l-1)!}{2n(n+l)!}}$$

圆谐振子的径向本征函数为

$$R_{nm}(\rho) = N_{nm}(\alpha\rho)^{|m|}\exp(-\alpha^2\rho^2/2) L_n^{|m|}(\alpha^2\rho^2)$$

其中归一化常数

$$N_{nm} = \sqrt{\frac{2\alpha^2 n!}{(n+|m|)!}}$$

球谐振子的径向本征函数为

$$R_{nl}(r) = N_{nl}(\alpha r)^l \exp(-\alpha^2 r^2/2) L_n^{l+1/2}(\alpha^2 r^2)$$

其中归一化常数

$$N_{nl} = \sqrt{\frac{2^{n+l+2}\alpha^3 n!}{\sqrt{\pi}(2n+2l+1)!!}}$$

为简捷计,计算时取 $\alpha = 1$。在下面的程序中,控制变量 IJK 可以取 1、2、3,分别对氢原子、圆谐振子和球谐振子进行计算。

```
      PROGRAM TALNLX
      IMPLICIT DOUBLE PRECISION(A-H,O-Z)
      COMMON/LNFJ/ SLNI(164),SLNF(164),SLNJ(164)
      COMMON/NX/N,L,DL,ALF,ALF2
      OPEN(2,FILE='DT.DAT')
      CALL SLNN
      WRITE(*,1)
1     FORMAT(2X,'IJK,N,DL = ?')
      READ(*,2) IJK,N,DL
2     FORMAT(2I5,E15.7)
      ALF = 1.D0
      ALF2 = ALF**2
      IF(IJK.NE.1) GOTO 111
      L = INT(DL)
      A0 = 0.0529D0
```

```
            R0 = N * A0
            GYH = DSQRT((2.D0/R0) * *3/2.D0/N * DEXP(SLNF(N - L) -
         *  SLNF(N + L + 1)))
            DO 10 IR = 1,10000
            R = 0.001D0 * IR
            A = ALNLX(N - L - 1,2.D0 * L + 1.D0,2.D0 * R/R0)
            P = GYH * DEXP(- R/R0) * (2.D0 * R/R0) * *L * A
            P = R * R * P * P
            WRITE( * ,5) R,P
            WRITE(2,5) R,P
 5          FORMAT(2X,2E15.7)
 10         CONTINUE
            STOP
 111        IF(IJK.NE.2) GOTO 222
            LL = INT(DL)
            L = IABS(LL)
            GYH = DSQRT(2.D0 * ALF2 * DEXP(SLNF(N + 1) -
         *  SLNF(N + L + 1)))
            DO 20 IR = 1,10000
            R = 0.001D0 * IR
            A = ALNLX(N,DL,ALF2 * R * *2)
            P = GYH * (ALF * R) * *L * DEXP(- 0.5D0 * ALF2 * R * *2) * A
            P = R * P * P
            WRITE( * ,5) R,P
            WRITE(2,5) R,P
 20         CONTINUE
            STOP
 222        IF(IJK.NE.3) STOP
            IF(INT(DL) * 2.D0 + 1.D0.NE.2.D0 * DL) STOP
            L = INT(DL)
            GYH = DSQRT(2.D0 * *(N + L + 2) * ALF * *3/
         *  DSQRT(3.14159265D0) *
         *  DEXP(SLNF(N + 1) - SLNJ(2 * N + 2 * L + 2)))
            DO 30 IR = 1,10000
```

```
            R = 0.001D0 * IR
            A = ALNLX(N, DL, ALF2 * R ** 2)
            P = GYH * (ALF * R) ** L * DEXP(-0.5D0 * ALF2 * R ** 2) * A
            P = R * R * P * P
            WRITE( * ,5) R, P
            WRITE(2,5) R, P
30          CONTINUE
            STOP
            END
```

计算结果绘在图 2.3、2.4、2.5 中。

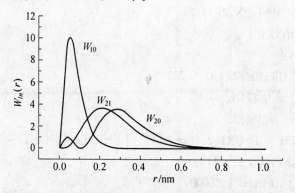

图 2.3　氢原子前 3 个态的径向坐标取值概率密度曲线

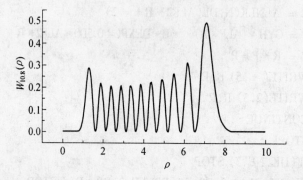

图 2.4　圆谐振子 $n = 10, m = 8$ 态的径向坐标取值概率密度曲线

图 2.3 表明,对于基态而言,电子出现在玻尔半径处的概率是最大的,对于第 1 激发态而言,径向坐标概率密度有两个极大值。

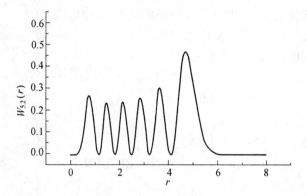

图 2.5 球谐振子 $n=5, l=2$ 态的径向坐标取值概率密度曲线

2.3 贝塞尔函数

2.3.1 贝塞尔函数

在求解圆柱形人造原子问题时,会遇到贝塞尔(Bessel)函数。贝塞尔函数 $J_\nu(z)$ 及纽曼(Noumann)函数 $N_\nu(z)$ 是贝塞尔方程

$$\frac{d^2}{dz^2}y(z) + \frac{1}{z}\frac{d}{dz}y(z) + \left(1 - \frac{\nu^2}{z^2}\right)y(z) = 0$$

的解。其中,z 是任意复数,ν 为任意实数。

当 ν 取整数 n,z 为实数 x 时,整数阶的贝塞尔函数满足

$$J_n(x) = \frac{1}{\pi}\int_0^\pi \cos(n\theta - x\sin\theta)\,d\theta$$

$$J_{-n}(x) = (-1)^n J_n(x)$$

当 ν 取半整数,z 为实数 x 时,前几个半整数阶的贝塞尔函数为

$$J_{1/2}(x) = \sqrt{2/(x\pi)}\sin x$$

$$J_{-1/2}(x) = \sqrt{2/(x\pi)}\cos x$$

$$J_{3/2}(x) = \sqrt{2/(x\pi)}(\sin x/x - \cos x)$$

$$J_{-3/2}(x) = \sqrt{2/(x\pi)}(-\sin x - \cos x/x)$$

$$J_{5/2}(x) = \sqrt{2/(x\pi)}[(3/x^2 - 1)\sin x - 3\cos x/x]$$

$$J_{-5/2}(x) = \sqrt{2/(x\pi)}[3\sin x/x + (3/x^2 - 1)\cos x]$$

计算整阶与半整阶贝塞尔函数的函数子程序 DJN

DOUBLE PRECISION FUNCTION DJN(DN,X)

```
      IMPLICIT DOUBLE PRECISION(A - H,O - Z)
      COMMON/NX/NN,XX,PI
      DIMENSION DJ(1000)
      XX = X
      PI = 3.14159265D0
      DJN = 0.D0
      N2 = INT(2.D0 * DN)
      IF(2.D0 * DN.NE.1.D0 * N2) RETURN
      N = INT(DN)
      NN = IABS(N)
      IF(DN.NE.N * 1.D0) GOTO 111
      CALL SIMPSN(0.D0,PI,1.D - 8,2,NNN,S)
      IF(NNN.GT.0) DJN = S
      IF(DN.GT.0.D0) RETURN
      DJN = ( - 1.D0) * * N * DJN
      RETURN
111   SP = DSQRT(2.D0/PI/X)
      IF(DN.LT.0.D0) GOTO 222
      DJNF = SP * DCOS(X)
      DJ(1) = SP * DSIN(X)
      DJN = DJ(1)
      IF(DN.EQ.0.5D0) RETURN
      DJ(2) = (DJ(1) - X * DJNF)/X
      DJN = DJ(2)
      IF(DN.EQ.1.5D0) RETURN
      DO 200 M = 2,N
      MM = 2 * M - 1
      DJ(M + 1) = (MM * DJ(M) - X * DJ(M - 1))/X
200   CONTINUE
      DJN = DJ(N + 1)
      RETURN
222   DJNF = SP * DSIN(X)
      DJ(1) = SP * DCOS(X)
      DJN = DJ(1)
```

```
            IF(DN.EQ. - 0.5D0) RETURN
            DJ(2) = ( - DJ(1) - X * DJNF)/X
            DJN = DJ(2)
            IF(DN.EQ. - 1.5D0) RETURN
            DO 300 M = 2, - N
            MM = 2 * M - 1
            DJ(M + 1) = ( - MM * DJ(M) - X * DJ(M - 1))/X
300         CONTINUE
            DJN = DJ( - N + 1)
            RETURN
            END

            DOUBLE PRECISION FUNCTION F(X)
            IMPLICIT DOUBLE PRECISION(A - H, O - Z)
            COMMON/NX/NN, XX, PI
            F = DCOS(NN * X - XX * DSIN(X))/PI
            RETURN
            END
```

使用说明

(1) 子程序语句
DOUBLE PRECISION FUNCTION DJN(DN, X)

(2) 哑元说明

DN　　双精度变量,输入参数,贝塞尔函数中的阶数,只能取不大于 50 的整数或者半整数。

X　　双精度变量,输入参数,贝塞尔函数中的自变量。

(3) 所调用的子程序

SIMPSN　　双精度型变步长辛普生积分程序(见第 8 章)。

F(X)　　积分中的被积函数。

例题 2.6　对 $x = 5.0$ 计算 $J_0(x), J_1(x), J_2(x), J_{1/2}(x), J_{-1/2}(x), J_{3/2}(x), J_{-3/2}(x), J_{5/2}(x), J_{-5/2}(x), J_{7/2}(x), J_{-7/2}(x)$。

```
            PROGRAM TDJN
            IMPLICIT DOUBLE PRECISION(A - H, O - Z)
            COMMON/LNFJ/ SLNI(164), SLNF(164), SLNJ(164)
            OPEN(2, FILE = 'DT.DAT')
```

```
        CALL SLNN
999     WRITE(*,20)
20      FORMAT(2X,'DN,X = ?')
        READ(*,30) DN,X
30      FORMAT(2F15.7)
        IF(DN.EQ.0.D0.AND.X.EQ.0.D0) STOP
        C = DJN(DN,X)
        WRITE(2,40) DN,X,C
        WRITE(*,40) DN,X,C
40      FORMAT(2X,'DN,X,C = ',3E15.7)
        GOTO 999
        STOP
        END
```

计算结果

X,DN,C =	.5000000E+01	.0000000E+00	-.1775968E+00
X,DN,C =	.5000000E+01	.1000000E+01	-.3275791E+00
X,DN,C =	.5000000E+01	.2000000E+01	.4656512E-01
X,DN,C =	.5000000E+01	.5000000E+00	-.3421680E+00
X,DN,C =	.5000000E+01	-.5000000E+00	.1012177E+00
X,DN,C =	.5000000E+01	.1500000E+01	-.1696513E+00
X,DN,C =	.5000000E+01	-.1500000E+01	.3219244E+00
X,DN,C =	.5000000E+01	.2500000E+01	.2403772E+00
X,DN,C =	.5000000E+01	-.2500000E+01	-.2943724E+00
X,DN,C =	.5000000E+01	.3500000E+01	.4100285E+00
X,DN,C =	.5000000E+01	-.3500000E+01	-.2755207E-01

2.3.2 球贝塞尔函数

自由运动粒子(不顾及自旋)的散射满足定态薛定谔方程

$$\hat{H}_0 \psi(r) = E\psi(r)$$

在球坐标系下，$\{H_0, L^2, L_z\}$ 构成力学量的完全集。上式可以分离变数求解，与角度相关的部分的解为球谐函数，与径向相关的方程是自变量为 $kr(k^2 = 2\mu E/\hbar^2)$ 的球贝塞尔方程。另外，处理无限深球方势阱与球形人造原子问题时，也将会遇到球贝塞尔函数。

球贝塞尔函数 $j_\nu(z)$ 和球纽曼函数 $n_\nu(z)$ 是球贝塞尔方程

$$\frac{d^2}{dz^2} y(z) + \frac{2}{z} \frac{d}{dz} y(z) + \left[1 - \frac{\nu(\nu+1)}{z^2} \right] y(z) = 0$$

的解,其中,z 为复数,ν 为实数。

当 ν 取整数 n,z 取实数 x 时,前几个整数阶的球贝塞尔函数与球纽曼函数为

$$j_0(x) = \sin x / x$$
$$j_1(x) = \sin x / x^2 - \cos x / x$$
$$j_2(x) = (3/x^3 - 1/x) \sin x - 3\cos x / x^2$$
$$n_0(x) = -\cos x / x$$
$$n_1(x) = -\cos x / x^2 - \sin x / x$$
$$n_2(x) = -(3/x^3 - 1/x) \cos x - 3\sin x / x^2$$

计算整阶球贝塞尔函数的函数子程序 XJN

```
      DOUBLE PRECISION FUNCTION XJN(N,X)
      IMPLICIT DOUBLE PRECISION(A-H,O-Z)
      A = DSIN(X)/X
      B = DSIN(X)/X/X - DCOS(X)/X
      IF(N.NE.0) GOTO 1
      C = A
      GOTO 3
1     IF(N.NE.1) GOTO 2
      C = B
      GOTO 3
2     DO 10 I = 1,N-1
      C = (2.D0*I + 1.D0)/X*B - A
      A = B
      B = C
10    CONTINUE
3     XJN = C
      RETURN
      END
```

使用说明

(1) 子程序语句

DOUBLE PRECISION FUNCTION XJN(N,X)

(2) 哑元说明

N　　整变量,输入参数,$j_n(x)$ 中的 n。

X　　双精度变量,输入参数,$j_n(x)$ 中的 x。

例题 2.7　对 $1.0 \leqslant x \leqslant 14.0$,画出 $j_0(x), j_1(x), j_2(x)$ 的图形。

```
        PROGRAM TXJN
        IMPLICIT DOUBLE PRECISION(A – H, O – Z)
        OPEN(2, FILE = 'DT.DAT')
        WRITE( * ,20)
20      FORMAT(2X,'N = ?')
        READ( * ,30) N
30      FORMAT(I5)
        DO 1 I = 10,140
        X = 0.1D0 * I
        C = XJN(N,X)
        WRITE(2,40) X,C
        WRITE( * ,40) X,C
40      FORMAT(2X,2E15.7)
1       CONTINUE
        STOP
        END
```

计算结果绘在图 2.6 中。

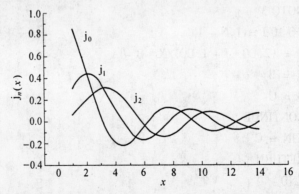

图 2.6　$j_0(x), j_1(x), j_2(x)$ 的图形

计算整阶球纽曼函数的函数子程序 XNN

```
      DOUBLE PRECISION FUNCTION XNN(N,X)
      IMPLICIT DOUBLE PRECISION(A - H,O - Z)
      A = - DCOS(X)/X
      B = - DCOS(X)/X/X - DSIN(X)/X
      IF(N.NE.0) GOTO 1
      C = A
      GOTO 3
1     IF(N.NE.1) GOTO 2
      C = B
      GOTO 3
2     DO 10 I = 1,N - 1
      C = (2.D0 * I + 1.D0)/X * B - A
      A = B
      B = C
10    CONTINUE
3     XNN = C
      RETURN
      END
```

使用说明

(1) 子程序语句

DOUBLE PRECISION FUNCTION XNN(N,X)

(2) 哑元说明

N   整变量,输入参数,$n_n(x)$ 中的 n。

X   双精度变量,输入参数,$n_n(x)$ 中的 x。

例题 2.8 对 $1.5 \leqslant x \leqslant 13.0$,画出 $n_0(x), n_1(x), n_2(x)$ 的图形。

```
      PROGRAM TXNN
      IMPLICIT DOUBLE PRECISION(A - H,O - Z)
      OPEN(2,FILE = 'DT.DAT')
      WRITE( * ,20)
20    FORMAT(2X,'N = ?')
      READ( * ,30) N
30    FORMAT(I5)
```

```
      DO 1 I = 15,130
      X = 0.1D0 * I
      C = XNN(N,X)
      WRITE(2,40) X,C
      WRITE( * ,40) X,C
40    FORMAT(2X,2E15.7)
1     CONTINUE
      STOP
      END
```

计算结果绘在图 2.7 中。

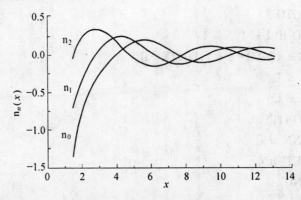

图 2.7 $n_0(x), n_1(x), n_2(x)$ 的图形

第 3 章　3j、6j 和 9j 符号

在量子物理学中，真实的微客体除了具有轨道角动量之外，还具有自旋角动量，通常将两者统称为角动量。几个角动量的矢量之和对应的态矢量可以在无耦合表象中表示，也可以在耦合表象中表示，把耦合表象中的态矢向无耦合表象态矢展开，称其展开系数为矢量耦合系数。本章将讨论两个、三个及四个角动量的矢量耦合系数，给出相应的 3j、6j 和 9j 符号的计算公式和程序。

3.1　CG 系数与 3j 符号

3.1.1　CG 系数

两个角动量 J_1 与 J_2 的矢量和为 $J = J_1 + J_2$。

在无耦合表象中

$$\begin{cases} \hat{J}_1^2 | j_1 m_1 j_2 m_2 \rangle = j_1(j_1 + 1) \hbar^2 | j_1 m_1 j_2 m_2 \rangle \\ \hat{J}_{1z} | j_1 m_1 j_2 m_2 \rangle = m_1 \hbar | j_1 m_1 j_2 m_2 \rangle \\ \hat{J}_2^2 | j_1 m_1 j_2 m_2 \rangle = j_2(j_2 + 1) \hbar^2 | j_1 m_1 j_2 m_2 \rangle \\ \hat{J}_{2z} | j_1 m_1 j_2 m_2 \rangle = m_2 \hbar | j_1 m_1 j_2 m_2 \rangle \end{cases}$$

其中，$| j_1 m_1 j_2 m_2 \rangle = | j_1 m_1 \rangle | j_2 m_2 \rangle$ 是 $\hat{J}_1^2$、$\hat{J}_{1z}$、$\hat{J}_2^2$、$\hat{J}_{2z}$ 的共同本征矢。$\{ | j_1 m_1 j_2 m_2 \rangle \}$ 构成正交归一完备系，以此为基矢的表象称为无耦合表象。

在耦合表象中

$\hat{J}^2$、$\hat{J}_z$、$\hat{J}_1^2$、$\hat{J}_2^2$ 也相互对易，设其共同本征函数为 $| j_1 j_2 j m \rangle$，有

$$\begin{cases} \hat{J}^2 | j_1 j_2 j m \rangle = j(j + 1) \hbar^2 | j_1 j_2 j m \rangle \\ \hat{J}_z | j_1 j_2 j m \rangle = m \hbar | j_1 j_2 j m \rangle \\ \hat{J}_1^2 | j_1 j_2 j m \rangle = j_1(j_1 + 1) \hbar^2 | j_1 j_2 j m \rangle \\ \hat{J}_2^2 | j_1 j_2 j m \rangle = j_2(j_2 + 1) \hbar^2 | j_1 j_2 j m \rangle \end{cases}$$

$\{ | j_1 j_2 j m \rangle \}$ 也构成正交归一完备系，以此为基矢的表象称为耦合表象。

将 $| j_1 j_2 j m \rangle$ 向 $| j_1 m_1 j_2 m_2 \rangle$ 展开

$$| j_1 j_2 j m \rangle = \sum_{m_1 m_2} | j_1 m_1 j_2 m_2 \rangle \langle j_1 m_1 j_2 m_2 | j_1 j_2 j m \rangle =$$

$$\sum_{m_1 m_2} C^{jm}_{j_1 m_1 j_2 m_2} | j_1 m_1 j_2 m_2 \rangle$$

称 $C^{jm}_{j_1 m_1 j_2 m_2}$ 为两矢量耦合系数,或克莱毕许(Clebsch) - 高登(Gordan)系数,简称 CG 系数。

3.1.2　3j 符号

3j 符号的定义

$$\begin{pmatrix} j_1 & j_2 & j_3 \\ m_1 & m_2 & m_3 \end{pmatrix} = \frac{(-1)^{j_1 - j_2 - m_3}}{\sqrt{2 j_3 + 1}} C^{j_3 - m_3}_{j_1 m_1 j_2 m_2}$$

3j 符号的计算公式

$$\begin{pmatrix} j_1 & j_2 & j_3 \\ m_1 & m_2 & m_3 \end{pmatrix} =$$

$$[(j_1 + m_1)!(j_1 - m_1)!(j_2 + m_2)!(j_2 - m_2)!(j_3 + m_3)!(j_3 - m_3)!]^{1/2} \times$$

$$(-1)^{j_1 - j_2 - m_3} \left[\frac{(j_1 + j_2 - j_3)!(j_1 - j_2 + j_3)!(-j_1 + j_2 + j_3)!}{(j_1 + j_2 + j_3 + 1)!} \right]^{1/2} \times$$

$$\sum_k \frac{(-1)^k}{k!(j_1 + j_2 - j_3 - k)!(j_1 - m_1 - k)!(j_2 + m_2 - k)!(j_3 - j_2 + m_1 + k)!(j_3 - j_1 - m_2 + k)!}$$

计算 3j 符号的函数子程序 S3J

```
      DOUBLE PRECISION FUNCTION S3J(XJ1,
     * XJ2,XJ3,XM1,XM2,XM3)
      IMPLICIT DOUBLE PRECISION(A - H,O - Z)
      COMMON/LNFJ/ SLNI(164),SLNF(164),SLNJ(164)
      IF(DABS(XM1).GT.XJ1.OR.DABS(XM2).
     * GT.XJ2.OR.DABS(XM3).GT.XJ3) GOTO 10
      M  = IFX(XM1 + XM2 + XM3)
      JM = IFX(XJ1 - XJ2 - XM3)
      J12 = IFX(XJ1 + XJ2 - XJ3)
      J13 = IFX(XJ1 - XJ2 + XJ3)
      J23 = IFX(- XJ1 + XJ2 + XJ3)
      J  = IFX(XJ1 + XJ2 + XJ3)
      JM11 = IFX(XJ1 + XM1)
      JM12 = IFX(XJ1 - XM1)
      JM21 = IFX(XJ2 + XM2)
      JM22 = IFX(XJ2 - XM2)
```

第3章 3j、6j 和 9j 符号

```
            JM31 = IFX(XJ3 + XM3)
            JM32 = IFX(XJ3 - XM3)
            MJ32 = IFX(XJ3 - XJ2 + XM1)
            MJ31 = IFX(XJ3 - XJ1 - XM2)
            IF(M.NE.0.OR.J12.LT.0.OR.J13.LT.0.OR.J23.LT.0)
     *      GOTO 10
            A = SLNF(J12 + 1) + SLNF(J13 + 1) +
     *      SLNF(J23 + 1) + SLNF(JM11 + 1) + SLNF
     *      (JM12 + 1) + SLNF(JM21 + 1) + SLNF(JM22 + 1) +
     *      SLNF(JM31 + 1) + SLNF(JM32 + 1) - SLNF(J + 2)
            A = DEXP(A)
            A = DSQRT(A)
            B = 0.0D0
            DO 1 K = 0,10000
            IF(J12 - K.LT.0.OR.JM12 - K.LT.0.OR.JM21 - K.LT.
     *      0.OR.MJ32 + K.LT.0.OR.MJ31 + K.LT.0) GOTO 1
            B0 = - SLNF(K + 1) - SLNF(J12 - K + 1) -
     *      SLNF(JM12 - K + 1) - SLNF(JM21 - K + 1)
     *      - SLNF(MJ32 + K + 1) - SLNF(MJ31 + K + 1)
            IF(DABS(B0).LT.0.1E - 70) GOTO 1
            B0 = DEXP(B0)
            IF(K.EQ.0) CK = 1.D0
            IF(K.NE.0) CK = ( - 1.D0) * * K
            B = B + CK * B0
      1     CONTINUE
            IF(JM.EQ.0) CC = 1.D0
            IF(JM.NE.0) CC = ( - 1.D0) * * JM
            S3J = CC * A * B
            GOTO 20
      10    S3J = 0.0D0
      20    CONTINUE
            WRITE(2,2) XJ1,XJ2,XJ3,XM1,XM2,XM3,S3J
            WRITE( * ,2) XJ1,XJ2,XJ3,XM1,XM2,XM3,S3J
      2     FORMAT(2X,6F7.2,/,2X,'3J = ',E15.7)
```

```
      RETURN
      END

      FUNCTION IFX(X)
      IMPLICIT DOUBLE PRECISION(A - H,O - Z)
      A = SNGL(X - 0.001D0)
      B = SNGL(X + 0.001D0)
      IF(X.LT.0.0D0) IFX = IFIX(REAL(A))
      IF(X.GT.0.0D0) IFX = IFIX(REAL(B))
      IF(X.EQ.0.0D0) IFX = 0
      RETURN
      END
```

使用说明

(1) 子程序语句

DOUBLE PRECISION FUNCTION S3J(XJ1,XJ2,XJ3,XM1,XM2,XM3)

(2) 哑元说明

XJ1,XJ2,XJ3,XM1,XM2,XM3   双精度变量,输入参数,分别对应 3j 符号中的 $j_1, j_2, j_3, m_1, m_2, m_3$。

(3) 所调用的子程序

SLNN   计算阶乘与双阶乘对数的子程序。

IFX(X)   对双精度数 x 取整的函数子程序。

例题 3.1   计算任意的 3j 符号值。

```
      PROGRAM TS3J
      IMPLICIT DOUBLE PRECISION(A - H,O - Z)
      COMMON/LNFJ/ SLNI(164),SLNF(164),SLNJ(164)
      OPEN(2,FILE = 'DT.DAT')
      CALL SLNN
999   WRITE( * ,1)
1     FORMAT(2X,'A,B,C,D,E,F = ?')
      READ( * ,2) A,B,C,D,E,F
2     FORMAT(6F7.2)
      IF(A.EQ.0.D0.AND.B.EQ.0.D0.AND.
     * C.EQ.0.D0.AND.D.EQ.0.D0.AND.E.EQ.
     * 0.D0.AND.F.EQ.0.D0) GOTO 888
```

```
            C3 = S3J(A,B,C,D,E,F)
            GOTO 999
888         STOP
            END
```

计算结果

	2.00	2.00	4.00	.00	.00	.00
3J =	.2390457E + 00					
	1.00	1.00	.00	1.00	−1.00	.00
3J =	.5773503E + 00					
	3.00	2.00	1.00	1.00	−2.00	1.00
3J =	.9759001E − 01					
	2.50	2.00	.50	1.50	−2.00	.50
3J =	.1825742E + 00					
	2.00	2.00	1.00	1.00	−2.00	1.00
3J =	−.2581989E + 00					

3.2 U 系数与 6j 符号

3.2.1 U 系数

三个角动量 J_1, J_2, J_3 之矢量和 $J = J_1 + J_2 + J_3$ 有两种耦合方式,即

$$J = (J_1 + J_2) + J_3 = J_{12} + J_3, \quad J_{12} = J_1 + J_2$$

$$J = J_1 + (J_2 + J_3) = J_1 + J_{23}, \quad J_{23} = J_2 + J_3$$

它们对应的本征函数分别为 $|j_1j_2(j_{12}),j_3;JM\rangle$ 与 $|j_1,j_2j_3(j_{23});JM\rangle$。

将其分别向无耦合表象的本征函数展开

$$|j_1j_2(j_{12}),j_3;JM\rangle = \sum_{m_1 m_2 m_3 m_{12}} C^{j_{12}m_{12}}_{j_1 m_1 j_2 m_2} C^{JM}_{j_{12}m_{12}j_3m_3} |j_1 m_1\rangle |j_2 m_2\rangle |j_3 m_3\rangle$$

$$|j_1,j_2j_3(j_{23});JM\rangle = \sum_{m_1 m_2 m_3 m_{23}} C^{JM}_{j_1 m_1 j_{23} m_{23}} C^{j_{23}m_{23}}_{j_2 m_2 j_3 m_3} |j_1 m_1\rangle |j_2 m_2\rangle |j_3 m_3\rangle$$

再将 $|j_1,j_2j_3(j_{23});JM\rangle$ 向 $|j_1j_2(j_{12}),j_3;JM\rangle$ 展开,即

$$|j_1,j_2j_3(j_{23});JM\rangle = \sum_{j_{12}} U(j_1 j_2 J j_3; j_{12} j_{23}) |j_1 j_2 (j_{12}),j_3;JM\rangle$$

称展开系数 $U(j_1 j_2 J j_3; j_{12} j_{23})$ 为扬(Jahn)的 U 系数。

U 系数的具体表达式为

$$U(j_1 j_2 J j_3; j_{12} j_{23}) = \langle j_1 j_2 (j_{12}),j_3;JM | j_1, j_2 j_3(j_{23});JM\rangle =$$

$$\sum_{m_1 m_2 m_3 m_{12} m_{23}} C^{j_{12} m_{12}}_{j_1 m_1 j_2 m_2} C^{JM}_{j_{12} m_{12} j_3 m_3} C^{JM}_{j_1 m_1 j_{23} m_{23}} C^{j_{23} m_{23}}_{j_2 m_2 j_3 m_3}$$

3.2.2 6j 符号

6j 符号的定义

$$\begin{Bmatrix} j_1 & j_2 & j_3 \\ l_1 & l_2 & l_3 \end{Bmatrix} = \frac{(-1)^{j_1+j_2+l_1+l_2}}{\sqrt{(2j_3+1)(2l_3+1)}} U(j_1 j_2 l_2 l_1; j_3 l_3)$$

6j 符号的计算公式

$$\begin{Bmatrix} j_1 & j_2 & j_3 \\ l_1 & l_2 & l_3 \end{Bmatrix} = (-1)^{j_1+j_2+l_1+l_2}\Delta(j_1,j_2,j_3)\Delta(l_1,l_2,j_3)\Delta(l_1,j_2,l_3)\Delta(j_1,l_2,l_3) \times$$

$$\sum_k \frac{(-1)^k (j_1+j_2+l_1+l_2+1-k)!}{k!(j_1+j_2-j_3-k)!(l_1+l_2-j_3-k)!(j_1+l_2-l_3-k)!(l_1+j_2-l_3-k)!} \times$$

$$\frac{1}{(-j_1-l_1+l_3+j_3+k)!(-j_2-l_2+j_3+l_3+k)!}$$

其中

$$\Delta(a,b,c) = \left[\frac{(a+b-c)!(a-b+c)!(-a+b+c)!}{(a+b+c+1)!}\right]^{1/2}$$

计算 6j 符号的函数子程序 S6J

```
      DOUBLE PRECISION FUNCTION S6J(X1,
     * X2,X12,X3,X,X23)
      IMPLICIT DOUBLE PRECISION(A - H,O - Z)
      COMMON/LNFJ/ SLNI(164),SLNF(164),SLNJ(164)
      DIMENSION IX(3),IY(4)
      IF(X12.LE.X1 + X2.AND.DABS(X1 - X2).LE.
     * X12.AND.X23.LE.X2 + X3.AND.DABS(X2 - X3)
     * .LE.X23.AND.X.LE.X1 + X23.AND.
     * DABS(X1 - X23).LE.X.AND.X.LE.X3 + X12.
     * AND.DABS(X3 - X12).LE.X) GOTO 666
      GOTO 555
666   CONTINUE
      SQ = 1.0D0/DSQRT((2.0D0 * X12 + 1.0D0) *
     * (2.0D0 * X23 + 1.0D0))
      IX(1) = IFX(X1 + X2 + X3 + X)
      IX(2) = IFX(X2 + X12 + X23 + X)
      IX(3) = IFX(X12 + X1 + X23 + X3)
```

```
           IY(1) = IFX(X1 + X2 + X12)
           IY(2) = IFX(X1 + X + X23)
           IY(3) = IFX(X3 + X2 + X23)
           IY(4) = IFX(X3 + X + X12)
           IXX = IX(1)
           DO 111 I = 2,3
           IXI = IX(I)
    111    IF(IXI.LT.IXX) IXX = IXI
           IZ2 = IXX
           IDD = IY(1)
           DO 222 I = 2,4
           IYI = IY(I)
    222    IF(IYI.GT.IDD) IDD = IYI
           IZ1 = IDD
           IF(IZ1.GT.IZ2) GOTO 555
           D = SLND(X1,X2,X12)
           D = SLND(X2,X3,X23) + D
           D = SLND(X1,X23,X) + D
           KK1 = IFX(2.D0 * X12 + 2.D0)
           KK2 = IFX(2.D0 * X23 + 2.D0)
           D = (SLND(X12,X3,X) + D + SLNI(KK1) +
         * SLNI(KK2)) * 0.5D0
           S = 0.0D0
           DO 333 I = IZ1,IZ2
           A = 0.0D0
           DO 444 N = 1,3
    444    A = A + SLNF(IX(N) - I + 1) + SLNF(I - IY(N) + 1)
           A = D + SLNF(I + 2) - A - SLNF(I - IY(4) + 1)
           IF(I.EQ.0) CC = 1.D0
           IF(I.NE.0) CC = (-1.D0) ** I
    333    S = S + CC * DEXP(A)
           S6J = SQ * S
           GOTO 777
    555    S6J = 0.0D0
```

```
777     WRITE(*,3) X1,X2,X12,X3,X,X23,S6J
        WRITE(2,3) X1,X2,X12,X3,X,X23,S6J
3       FORMAT(2X,6F5.1,/,2X,'6J = ',E15.7)
        RETURN
        END

        DOUBLE PRECISION FUNCTION SLND(DK1,DK2,DK3)
        IMPLICIT DOUBLE PRECISION(A-H,O-Z)
        COMMON/LNFJ/ SLNI(164),SLNF(164),SLNJ(164)
        K1 = IFX(DK1 + DK2 - DK3 + 1.D0)
        K2 = IFX(DK1 - DK2 + DK3 + 1.D0)
        K3 = IFX(-DK1 + DK2 + DK3 + 1.D0)
        K4 = IFX(DK1 + DK2 + DK3 + 2.D0)
        SLND = SLNF(K1) + SLNF(K2) + SLNF(K3) - SLNF(K4)
        RETURN
        END
```

使用说明

(1) 子程序语句

DOUBLE PRECISION FUNCTION S6J(X1,X2,X12,X3,X,X23)

(2) 哑元说明

X1,X2,X12,X3,X,X23   双精度变量,输入参数,分别对应 6j 符号表达式中的 j_1,j_2,j_3,l_1,l_2,l_3。

(3) 所调用的子程序

SLNN   计算阶乘与双阶乘对数的子程序。

IFX(X)   对双精度数 x 取整的函数子程序。

SLND(DK1,DK2,DK3)   计算 $\Delta(a,b,c)$ 的双精度函数子程序。

例题 3.2   计算任意一个 6j 符号的值。

```
        PROGRAM TS6J
        IMPLICIT DOUBLE PRECISION(A-H,O-Z)
        COMMON/LNFJ/ SLNI(164),SLNF(164),SLNJ(164)
        OPEN(2,FILE='DT.DAT')
        CALL SLNN
999     WRITE(*,1)
1       FORMAT(2X,'X1,X2,X12,X3,X,X23 = ?')
```

```
           READ( * ,2) X1,X2,X12,X3,X,X23
2          FORMAT(6F12.4)
           IF(X1.EQ.0.D0.AND.X2.EQ.0.D0.AND.
  *        X12.EQ.0.D0.AND.X3.EQ.0.D0.AND.
  *        X.EQ.0.D0.AND.X23.EQ.0.D0) GOTO 888
           S6 = S6J(X1,X2,X12,X3,X,X23)
           GOTO 999
888        STOP
           END
```

计算结果

	2.0	2.0	3.0	2.0	1.0	1.0
6J =	−.1632993E+00

	2.0	2.0	3.0	2.0	1.0	2.0
6J =	−.1069045E+00

	2.0	2.0	2.0	2.0	2.5	2.5
6J =	.1944039E−01

3.3 广义拉卡系数与 9j 符号

3.3.1 广义拉卡系数

四个角动量 J_1、J_2、J_3、J_4 之矢量和 $J = J_1 + J_2 + J_3 + J_4$，可按如下两种方式耦合

$$J = (J_1 + J_2) + (J_3 + J_4) = J_{12} + J_{34}$$

$$J = (J_1 + J_3) + (J_2 + J_4) = J_{13} + J_{24}$$

它们对应的本征函数分别为 $|j_1 j_2 (j_{12}) j_3 j_4 (j_{34}); JM\rangle$ 与 $|j_1 j_3 (j_{13}) j_2 j_4 (j_{24}); JM\rangle$。

将其分别向无耦合表象的本征函数展开

$$|j_1 j_2 (j_{12}) j_3 j_4 (j_{34}); JM\rangle =$$

$$\sum_{m_1 m_2 m_{12} m_3 m_4 m_{34}} C^{j_{12} m_{12}}_{j_1 m_1 j_2 m_2} C^{j_{34} m_{34}}_{j_3 m_3 j_4 m_4} C^{JM}_{j_{12} m_{12} j_{34} m_{34}} |j_1 m_1\rangle |j_2 m_2\rangle |j_3 m_3\rangle |j_4 m_4\rangle$$

$$|j_1 j_3 (j_{13}) j_2 j_4 (j_{24}); JM\rangle =$$

$$\sum_{m_1 m_3 m_{13} m_2 m_4 m_{24}} C^{j_{13} m_{13}}_{j_1 m_1 j_3 m_3} C^{j_{24} m_{24}}_{j_2 m_2 j_4 m_4} C^{JM}_{j_{13} m_{13} j_{24} m_{24}} |j_1 m_1\rangle |j_2 m_2\rangle |j_3 m_3\rangle |j_4 m_4\rangle$$

再将 $|j_1 j_3 (j_{13}) j_2 j_4 (j_{24}); JM\rangle$ 向 $|j_1 j_2 (j_{12}) j_3 j_4 (j_{34}); JM\rangle$ 展开

$$|j_1j_3(j_{13})j_2j_4(j_{24});JM\rangle =$$

$$\sum_{j_{12}j_{34}}|j_1j_2(j_{12})j_3j_4(j_{34});JM\rangle\langle j_1j_2(j_{12})j_3j_4(j_{34});JM|j_1j_3(j_{13})j_2j_4(j_{24});JM\rangle$$

称

$$\begin{bmatrix} j_1 & j_2 & j_{12} \\ j_3 & j_4 & j_{34} \\ j_{13} & j_{24} & J \end{bmatrix} = \langle j_1j_2(j_{12})j_3j_4(j_{34});JM|j_1j_3(j_{13})j_2j_4(j_{24});JM\rangle$$

为广义拉卡系数。

广义拉卡系数的具体表达式为

$$\begin{bmatrix} j_1 & j_2 & j_{12} \\ j_3 & j_4 & j_{34} \\ j_{13} & j_{24} & J \end{bmatrix} = \sum_{\substack{m_1m_2m_3m_4 \\ m_{12}m_{34}m_{13}m_{24}}} C^{j_{12}m_{12}}_{j_1m_1j_2m_2} C^{j_{34}m_{34}}_{j_3m_3j_4m_4} C^{JM}_{j_{12}m_{12}j_{34}m_{34}} C^{j_{13}m_{13}}_{j_1m_1j_3m_3} C^{j_{24}m_{24}}_{j_2m_2j_4m_4} C^{JM}_{j_{13}m_{13}j_{24}m_{24}}$$

3.3.2 9j 符号

9j 符号的定义

$$\begin{Bmatrix} j_1 & j_2 & j_{12} \\ j_3 & j_4 & j_{34} \\ j_{13} & j_{24} & J \end{Bmatrix} = \frac{1}{\sqrt{(2j_{12}+1)(2j_{34}+1)(2j_{13}+1)(2j_{24}+1)}} \begin{bmatrix} j_1 & j_2 & j_{12} \\ j_3 & j_4 & j_{34} \\ j_{13} & j_{24} & J \end{bmatrix}$$

9j 符号的计算公式

$$\begin{Bmatrix} j_1 & j_2 & j_{12} \\ j_3 & j_4 & j_{34} \\ j_{13} & j_{24} & J \end{Bmatrix} = \sum_j (-1)^{2j}(2j+1) \begin{Bmatrix} j_1 & j_3 & j_{13} \\ j_{24} & J & j \end{Bmatrix} \begin{Bmatrix} j_2 & j_4 & j_{24} \\ j_3 & j & j_{34} \end{Bmatrix} \begin{Bmatrix} j_{12} & j_{34} & J \\ j & j_1 & j_2 \end{Bmatrix}$$

计算 9j 符号的函数子程序 S9J

```
      DOUBLE PRECISION FUNCTION S9J(X1,
     * X2,X12,X3,X4,X34,X13,X24,X)
      IMPLICIT DOUBLE PRECISION(A - H,O - Z)
      XD = X2 + X3 + X4
      XX1 = DABS(X2 - DABS(X3 - X4))
      XX2 = DABS(X4 - DABS(X2 - X3))
      XX3 = DABS(X3 - DABS(X2 - X4))
      IF(XX1.LT.XX2) XX2 = XX1
      IF(XX3.LT.XX2) XX2 = XX3
      IXD = IFX(XD)
```

```
        IXX = IFX(XX2)
        S = 0.D0
        DO 1 IX234 = IXX,IXD
        X234 = 1.D0 * IX234
        S1 = S6J(X1,X3,X13,X24,X,X234)
        IF(S1.EQ.0.D0) GOTO 1
        S2 = S6J(X2,X4,X24,X3,X234,X34)
        IF(S2.EQ.0.D0) GOTO 1
        S3 = S6J(X12,X34,X,X234,X1,X2)
        IF(S3.EQ.0.D0) GOTO 1
        S = S + (-1.D0)**(2*IX234)*(2.D0*X234+1.D0)*S1*S2*S3
1       CONTINUE
        S9J = S
        WRITE(*,3) X1,X2,X12,X3,X4,X34,X13,X24,X,S9J
        WRITE(2,3) X1,X2,X12,X3,X4,X34,X13,X24,X,S9J
3       FORMAT(2X,6F6.1,/,2X,3F6.1,/,2X,'9J = ',E15.7)
        RETURN
        END
```

使用说明

(1) 子程序语句

DOUBLE PRECISION FUNCTION S9J(X1,X2,X12,X3,X4,X34,X13,X24,X)

(2) 哑元说明

X1,X2,X12,X3,X4,X34,X13,X24,X 双精度变量,输入参数,分别对应 9j 符号中 $j_1, j_2, j_{12}, j_3, j_4, j_{34}, j_{13}, j_{24}, J$。

(3) 所调用的子程序

SLNN,IFX(X),SLND(DK1,DK2,DK3),S6J(X1,X2,X12,X3,X,X23) 以上四个子程序的使用说明均见 3.2 节计算 6j 符号的函数子程序。

例题 3.3 计算任意一个 9j 符号的值。

```
        PROGRAM TS9J
        IMPLICIT DOUBLE PRECISION(A-H,O-Z)
        COMMON/LNFJ/ SLNI(164),SLNF(164),SLNJ(164)
        OPEN(2,FILE='DT.DAT')
        CALL SLNN
```

```
999    WRITE(*,1)
1      FORMAT(2X,'A,B,C,D,E,F,G,H,R = ?')
       READ(*,2) A,B,C,D,E,F,G,H,R
2      FORMAT(9F8.1)
       IF(A.EQ.0.D0.AND.B.EQ.0.D0.AND.C.
    *  EQ.0.D0.AND.D.EQ.0.D0.AND.E.EQ.0.D0.
    *  AND.F.EQ.0.D0.AND.G.EQ.0.D0.AND.
    *  H.EQ.0.D0.AND.R.EQ.0.D0) GOTO 888
       C1 = S9J(A,B,C,D,E,F,G,H,R)
       GOTO 999
888    STOP
       END
```

计算结果

	2.0	2.0	.0	1.5	1.5	.0	.5	.5	.0
9J =	.1581139E+00								
	3.0	2.0	1.0	2.5	1.5	1.0	.5	.5	.0
9J =	.7453560E−01								
	2.0	1.0	1.0	1.5	.5	1.0	.5	.5	1.0
9J =	.4811252E−01								
	3.0	1.5	4.5	3.5	1.0	4.5	.5	.5	.0
9J =	−.3952847E−01								

3.4 数值计算的验证功能

数值计算的主要目的是从理论上得到数值结果,以便与实验值或其他的理论结果进行比较。此外,它还有另外一个常常被忽略的功能,就是可以验证一个理论公式的正确性。

3.4.1 求和公式的验证

利用不同表象下归一化常数之间的关系,作者曾推导出许多复杂的级数求和公式。但由于推导的过程比较繁杂,因此很难判断它们的对错,通常的做法是,对给定的参数分别计算等式两端的结果,若在给定的精度下两者总是相等,则说明该公式是正确的。

例题 3.4 已知如下的级数求和公式

$$\sum_{i=0}^{n}\sum_{j=0}^{n}\frac{(-1)^{i+j}(3+2l+2i+2j)!!}{i!j!(n-i)!(n-j)!(2l+2i+1)!!(2l+2j+1)!!}=\frac{2^n(4n+2l+3)}{n!(2l+2n+1)!!}$$

验证其正确性。

```
            PROGRAM TJYQH
            IMPLICIT DOUBLE PRECISION(A - H,O - Z)
            COMMON/LNFJ/ SLNI(164),SLNF(164),SLNJ(164)
            OPEN(2,FILE = 'DT.DAT')
            CALL SLNN
999         WRITE( * ,1)
1           FORMAT(2X,'N,L = ?')
            READ( * ,2) N,L
2           FORMAT(2I5)
            DN = DBLE(FLOAT(N))
            DL = DBLE(FLOAT(L))
            IF(N.LT.0) GOTO 888
            WW = 2.D0 * *N/DJC(N)/SJC(2 * L + 2 * N + 1) *
          *  (4.D0 * DN + 2.D0 * DL + 3.D0)
            S = 0.D0
            DO 10 I = 0,N
            DO 10 J = 0,N
10          S = S + ( - 1.D0) * * (I + J) * SJC(3 + 2 * L + 2 * I + 2 * J)/
          *  DJC(I)/DJC(J)/DJC(N - I)/DJC(N - J)/
          *  SJC(2 * L + 2 * I + 1)/SJC(2L + 2 * J + 1)
            D = S - WW
            WRITE( * ,5) N,L,S,WW,D
            WRITE(2,5) N,L,S,WW,D
5           FORMAT(2X,'N,L = ',2I5,/,2X,'S,WW,D = ',3E15.7)
            GOTO 999
888         STOP
            END
```

使用说明

(1) 主程序语句

PROGRAM TJYQH
(2) 输入参数
N,L　　整变量,分别为公式中的 n,l。
(3) 输出变量
WW,S　双精度变量,分别为等式右端与左端的数值。
D　　　等式右端与左端数值之差。
(4) 所调用的子程序
SLNN　计算阶乘与双阶乘对数的子程序。
DJC(N),SJC(N)　分别为计算阶乘与双阶乘的子程序。

计算结果

N,L =　　　5　　　4
S,WW,D = .1262609E – 07　　.1262609E – 07　　 – .2336267E – 17
N,L =　　　6　　　7
S,WW,D = .1707335E – 13　　.1707335E – 13　　　.1138684E – 21
N,L =　　　8　　　2
S,WW,D = .1800956E – 10　　.1800956E – 10　　 – .2323841E – 18

显然,在给定的精度下公式是正确的。

3.4.2　递推公式的验证

特殊函数的一些递推公式是比较复杂的,在使用之前最好进行验证,以免带来不必要的麻烦。

例题 3.5　已知连带勒让德多项式 $P_l^m(x)$ 的递推公式

$$(2l + 1)xP_l^m(x) = (l + m)P_{l-1}^m(x) + (l - m + 1)P_{l+1}^m(x)$$

验证其正确性。

```
        PROGRAM TJYDT
        IMPLICIT DOUBLE PRECISION(A – H,O – Z)
        COMMON/LNFJ/ SLNI(164),SLNF(164),SLNJ(164)
        OPEN(2,FILE = 'DT.DAT')
        CALL SLNN
        WRITE( * ,1)
1       FORMAT(2X,'L,M = ?')
        READ( * ,2) L,M
2       FORMAT(2I5)
```

```
          WRITE(2,3) L,M
3         FORMAT(2X,'L,M = ',2I3,/,2X,'X,PZ,PY,D = ')
          DO 10 I = -9,9,2
          X = 0.1D0*I
          PZ = (2.D0*L + 1.D0)*X*PLMX(L,M,X)
          PY = (L + M)*PLMX(L - 1,M,X) + (L - M + 1)*PLMX(L + 1,
     *    M,X)
          D = (PZ - PY)/PZ
          WRITE(*,5) X,PZ,PY,D
          WRITE(2,5) X,PZ,PY,D
5         FORMAT(2X,4E13.7)
10        CONTINUE
          STOP
          END
```

使用说明

(1) 主程序语句
PROGRAM TJYDT
(2) 输入参数
L,M 整变量,分别为公式中的 l, m。
(3) 输出变量
PY,PZ 双精度变量,分别为等式右端与左端的数值。
D 等式右端与左端数值之相对误差。
(4) 所调用的子程序
SLNN 计算阶乘与双阶乘对数的子程序。
PLMX(L,M,X) 计算连带勒让德多项式的函数子程序。

计算结果

L,M = 5   4
X,PZ,PY,D =

    -.9000000E + 00   .3039602E + 03   .3039602E + 03   .1309066E - 14
    -.7000000E + 00   .1324832E + 04   .1324832E + 04   .1544620E - 14
    -.5000000E + 00   .1461797E + 04   .1461797E + 04   .1399896E - 14
    -.3000000E + 00   .7747290E + 03   .7747290E + 03   .4402320E - 15
    -.1000000E + 00   .1018814E + 03   .1018814E + 03   -.7811121E - 14
     .1000000E + 00   .1018814E + 03   .1018814E + 03   -.7811121E - 14

.3000000E + 00	.7747290E + 03	.7747290E + 03	.4402320E − 15
.5000000E + 00	.1461797E + 04	.1461797E + 04	.1399896E − 14
.7000000E + 00	.1324832E + 04	.1324832E + 04	.1544620E − 14
.9000000E + 00	.3039602E + 03	.3039602E + 03	.1309066E − 14

显然,在自变量允许的范围内,等式左右两端的相对误差皆不大于 10^{-14},说明上述递推公式成立。

3.4.3 正交公式的验证

矢量耦合系数有多种正交归一关系,由于其中符号较多,稍有不慎就容易出错,所以使用前的校验也是必要的。

例题 3.6 已知 $6j$ 符号的正交归一化关系

$$\sum_{j_{23}} (2j_{12}+1)(2j_{23}+1) \begin{Bmatrix} j_1 & j_2 & j_{12} \\ j_3 & J & j_{23} \end{Bmatrix} \begin{Bmatrix} j_1 & j_2 & j'_{12} \\ j_3 & J & j_{23} \end{Bmatrix} = \delta_{j_{12} j'_{12}}$$

验证其正确性。

```
            PROGRAM TJYZJ
            IMPLICIT DOUBLE PRECISION(A − H, O − Z)
            COMMON/LNFJ/ SLNI(164), SLNF(164), SLNJ(164)
            OPEN(2, FILE = 'DT.DAT')
            CALL SLNN
999         WRITE( * ,1)
1           FORMAT(2X,'X1,X2,X12,X3,X,X121 = ?')
            READ( * ,2) X1,X2,X12,X3,X,X121
2           FORMAT(6F12.4)
            IF(X1.EQ.0.D0.AND.X2.EQ.0.D0.AND.
          * X12.EQ.0.D0.AND.X3.EQ.0.D0.AND.
          * X.EQ.0.D0.AND.X121.EQ.0.D0) GOTO 888
            S12 = 2.D0 * X12 + 1.D0
            X23X = DABS(X2 − X3)
            X23D = X2 + X3
            S = 0.D0
666         S23 = 2.D0 * X23X + 1.D0
            S = S + S12 * S23 * S6J(X1,X2,X12,X3,X,X23X) *
          * S6J(X1,X2,X121,X3,X,X23X)
```

```
              IF(X23X.EQ.X23D) GOTO 777
              X23X = X23X + 1.D0
              GOTO 666
777           WRITE(*,3) X1,X2,X12,X3,X,X121,S
              WRITE(2,3) X1,X2,X12,X3,X,X121,S
3             FORMAT(2X,'X1,X2,X12,X3,X,X121 = ',6F5.2,
     *        /,2X,'S = ',E15.7)
              GOTO 999
888           STOP
              END
```

使用说明

(1) 主程序语句
PROGRAM JYZJ
(2) 输入参数
X1,X2,X12,X3,X,X121   双精度变量，分别为公式中的 j_1,j_2,j_{12},j_3,J, j'_{12}。

(3) 输出变量
S   双精度变量，为等式左端求和的结果。
(4) 所调用的子程序
SLNN   计算阶乘与双阶乘对数的子程序。
S6J(X1,X2,X12,X3,X,X23)   计算 6j 符号的函数子程序。

计算结果

X1,X2,X12,X3,X,X121 = 2.00 2.00 3.00 2.00 1.00 1.00
S = -.6106227E-15
X1,X2,X12,X3,X,X121 = 2.00 2.00 3.00 2.00 1.00 3.00
S = .1000000E+01
X1,X2,X12,X3,X,X121 = 1.00 1.00 2.00 2.00 1.00 1.00
S = -.2220446E-15
X1,X2,X12,X3,X,X121 = 1.00 1.00 2.00 2.00 1.00 2.00
S = .1000000E+01

在 10^{-15} 的精度下，当 $j_{12} = j'_{12}$ 时结果为 1，当 $j_{12} \neq j'_{12}$ 时结果为零，表明上述正交归一化公式是正确的。

第4章 一元方程

简单的物理问题常常可以化为一元代数方程或一元超越方程,统称为一元方程。一元方程求根的方法有许多种,本章只介绍几种最常用的方法。

4.1 直接公式解法

在量子力学中,求解低维(例如,2、3、4维)的本征方程时,其满足的久期方程可以化为一元代数方程。

4.1.1 实系数一元二次方程

众所周知,实系数一元二次方程 $a_0 x^2 + a_1 x + a_2 = 0$ 的解为

$$x_1 = -\frac{a_1}{2a_0} + \sqrt{\left(\frac{a_1}{2a_0}\right)^2 - \frac{a_2}{a_0}}$$

$$x_2 = -\frac{a_1}{2a_0} - \sqrt{\left(\frac{a_1}{2a_0}\right)^2 - \frac{a_2}{a_0}}$$

求实系数一元二次方程根的子程序 PR2

```
SUBROUTINE PR2(P,R)
DIMENSION P(3),R(2,2)
R(2,1) = 0.0
R(2,2) = 0.0
B2 = - P(2)/P(1) * 0.5
R(1,1) = B2
R(1,2) = B2
C2 = P(3)/P(1)
D2 = B2 * B2 - C2
IF(D2.LT.0.0) GOTO 2
R(1,1) = B2 + SQRT(D2)
R(1,2) = B2 - SQRT(D2)
GOTO 3
```

```
2       R(2,1) = SQRT(-D2)
        R(2,2) = -R(2,1)
3       RETURN
        END
```

使用说明

(1) 子程序语句

SUBROUTINE PR2(P,R)

(2) 哑元说明

P   3个元素的一维实数组,输入参数,按降幂存放方程的系数 a_0, a_1, a_2。

R   2×2个元素的二维实数组,输出参数,存放结果(根)

$$x_k = R(1,k) + iR(2,k) \quad (k = 1,2)$$

例题 4.1   已知哈密顿(Hamilton)算符的矩阵形式为

$$\hat{H} = \begin{pmatrix} E_1^0 + a & b \\ b & E_2^0 + a \end{pmatrix}$$

其中 E_1^0, E_2^0, a, b 为已知实常数。$E_1^0 = 1.0, E_2^0 = 2.0, a = 3.0, b = 4.0$,计算其能量本征值。

解   能量本征值 E 满足久期方程

$$\begin{vmatrix} E_1^0 + a - E & b \\ b & E_2^0 + a - E \end{vmatrix} = 0$$

上式可以化成 E 满足的一元二次方程,即

$$E^2 - (E_1^0 + E_2^0 + 2a)E + (E_1^0 + a)(E_2^0 + a) - b^2 = 0$$

当 E_1^0、E_2^0、a、b 的数值给定时,利用求解一元二次方程的程序可以得到两个能量本征值。

```
        PROGRAM TPR2
        DIMENSION P2(3),R2(2,2)
        OPEN(2,FILE = 'DT.DAT')
999     WRITE(*,4)
4       FORMAT(2X,'E10,E20,A,B = ?')
        READ(*,3) E10,E20,A,B
3       FORMAT(4F15.7)
        IF(E10.EQ.0..AND.E20.EQ.0..AND.A.EQ.
     *  0..AND.B.EQ.0.) STOP
```

```
            WRITE( * ,2) E10,E20,A,B
            WRITE(2,2) E10,E20,A,B
2           FORMAT(2X,'E10,E20 = ',2E15.7,/,2X,'A,B = ',2E15.7)
            P2(1) = 1.0
            P2(2) = -(E10 + E20 + 2.0 * A)
            P2(3) = (E10 + A) * (E20 + A) - B * B
            CALL PR2(P2,R2)
            WRITE( * ,1) R2
            WRITE(2,1) R2
1           FORMAT(2X,'R2 = ',2E15.7)
            GOTO 999
            STOP
            END
```

计算结果

E10,E20 = .1000000E + 01   .2000000E + 01
A,B =   .3000000E + 01   .4000000E + 01
R2 =   .8531129E + 01   .0000000E + 00
R2 =   .4688711E + 00   .0000000E + 00

由于哈密顿算符是厄米算符,所以相应的本征值一定是实数。

4.1.2 实系数一元三次方程

已知实系数一元三次方程为

$$a_0 y^3 + a_1 y^2 + a_2 y + a_3 = 0$$

若 $a_0 = 0$,则上式变成一元二次方程,可以利用 PR2 程序求解。

当 $a_0 \neq 0$ 时,用 a_0 除上式两端得

$$y^3 + b_1 y^2 + b_2 y + b_3 = 0 \tag{1}$$

其中

$$b_i = a_i / a_0 \quad (i = 1,2,3)$$

令 $y = x - b_1/3$,方程(1)简化为

$$x^3 + px + q = 0 \tag{2}$$

其中

$$p = -b_1^2/3 + b_2$$
$$q = 2b_1^3/27 - b_1 b_2/3 + b_3$$

若令 $x = u + v$,则方程(2)变为

$$u^3 + v^3 + (u+v)(3uv + p) + q = 0 \qquad (3)$$

取 u、v 使得 $3uv + p = 0$,方程(3)变为 $u^3 + v^3 = -q$,因而变为解方程组

$$\begin{cases} uv = -p/3 \\ u^3 + v^3 = -q \end{cases} \qquad (4)$$

求解上述方程组可得卡丹(Cardan)公式

$$x = u + v = \sqrt[3]{-q/2 + \sqrt{s}} + \sqrt[3]{-q/2 - \sqrt{s}}$$

其中

$$s = (q/2)^2 + (p/3)^3$$

每个立方根有 3 个不同的值,因而,上式有 9 个不同的值,其中只有三个满足 $uv = -p/3$ 的值是方程的根,其余的是 u、v 立方时产生的增根。

最后,由求出的 x 值立即得到 $y = x - b_1/3$。

求实系数一元三次方程根的子程序 PR3

```
      SUBROUTINE PR3(P,R)
      DIMENSION P(4),R(2,3)
      IF(P(1).EQ.1.0) GOTO 100
      DO 400 K = 2,4
400   P(K) = P(K)/P(1)
100   R(2,1) = 0.0
      R(2,2) = 0.0
      R(2,3) = 0.0
      S = P(2)/3.0
      T = S * P(2)
      B = 0.5 * (S * (T/1.5 - P(3)) + P(4))
      T = (T - P(3))/3.0
      C = T * * 3
      D = B * B - C
      IF(D.LT.0.0) GOTO 101
103   D = (SQRT(D) + ABS(B)) * * (1.0/3.0)
      IF(D.EQ.0.0) GOTO 104
      IF(B.GT.0.0) B1 = - D
      IF(B.LT.0.0) B1 = D
      B = B1
      C = T/B
104   D = SQRT(0.75) * (B - C)
```

```
            R(2,2) = D
            B = B + C
            C = - 0.5 * B - S
            R(1,2) = C
            R(1,1) = C
            R(2,1) = - D
            R(1,3) = B - S
            GOTO 30
101         IF(B.EQ.0.0) D = ATAN(1.0)/1.5
            IF(B.NE.0.0) D = ATAN(SQRT(- D)/ABS(B))/3.0
            BB = 2.0 * SQRT(T)
            IF(B.GE.0.0) BB = - 2.0 * SQRT(T)
            B = BB
            C = COS(D) * B
            T = - SQRT(0.75) * SIN(D) * B - 0.5 * C
            R(1,1) = - T - C - S
            D = R(1,1)
            R(1,2) = C - S
            C = R(1,2)
            R(1,3) = T - S
            T = R(1,3)
30          RETURN
            END
```

使用说明

(1) 子程序语句

SUBROUTIN PR3(P,R)

(2) 哑元说明

P   4个元素的一维实数组,输入参数,按降幂存放方程的系数 a_0, a_1, a_2, a_3。

R   2×3个元素的二维实数组,输出参数,存放结果(根)

$$x_k = R(1,k) + iR(2,k) \quad (k = 1,2,3)$$

例题 4.2 已知哈密顿算符的矩阵形式为

$$\hat{H} = \begin{pmatrix} E_1^0 & 0 & a \\ 0 & E_2^0 & b \\ a & b & E_3^0 \end{pmatrix}$$

其中 $E_1^0, E_2^0, E_3^0, a, b$ 为已知实常数。取 $E_1^0 = 1.0, E_2^0 = 2.0, E_3^0 = 3.0, a = 4.0, b = 5.0$,计算其能量本征值。

解 能量本征值 E 满足久期方程

$$\begin{vmatrix} E_1^0 - E & 0 & a \\ 0 & E_2^0 - E & b \\ a & b & E_3^0 - E \end{vmatrix} = 0$$

上式可以化成 E 满足的一元三次方程,即

$$E^3 + a_1 E^2 + a_2 E + a_3 = 0$$

其中系数为

$$a_1 = -(E_1^0 + E_2^0 + E_3^0)$$
$$a_2 = E_1^0 E_2^0 + E_1^0 E_3^0 + E_2^0 E_3^0 - a^2 - b^2$$
$$a_3 = a^2 E_2^0 + b^2 E_1^0 - E_1^0 E_2^0 E_3^0$$

```
      PROGRAM TPR3
      DIMENSION P3(4),R3(2,3)
      OPEN(2,FILE = 'DT.DAT')
999   WRITE( * ,4)
4     FORMAT(2X,'E10,E20,E30,A,B = ?')
      READ( * ,3) E10,E20,E30,A,B
3     FORMAT(5F15.7)
      IF(E10.EQ.0..AND.E20.EQ.0..AND.E30.EQ.0..AND.
     * A.EQ.0..AND.B.EQ.0.) STOP
      WRITE( * ,2) E10,E20,E30,A,B
      WRITE(2,2) E10,E20,E30,A,B
2     FORMAT(2X,'E0 = ',3E13.7,/,2X,'A,B = ',2E15.7)
      P3(1) = 1.0
      P3(2) = - (E10 + E20 + E30)
      P3(3) = E10 * E20 + E10 * E30 + E20 * E30 - A * A - B * B
      P3(4) = A * A * E20 + B * B * E10 - E10 * E20 * E30
      CALL PR3(P3,R3)
      WRITE( * ,1) R3
      WRITE(2,1) R3
```

```
1       FORMAT(2X,'R3 = ',2E15.7)
        GOTO 999
        STOP
        END
```

计算结果

E0 =	.1000000E + 01	.2000000E + 01	.3000000E + 01
A,B =	.4000000E + 01	.5000000E + 01	
R3 =	.1399609E + 01	.0000000E + 00	
R3 =	.8760044E + 01	.0000000E + 00	
R3 =	−.4159654E + 01	.0000000E + 00	

4.1.3 实系数一元四次方程

已知实系数一元四次方程

$$a_0 x^4 + a_1 x^3 + a_2 x^2 + a_3 x + a_4 = 0 \tag{5}$$

若 $a_0 = 0$,则上式变成一元三次方程,可以利用 PR3 程序求解。

当 $a_0 \neq 0$ 时,用 a_0 除上式两端得

$$x^4 + b_1 x^3 + b_2 x^2 + b_3 x + b_4 = 0 \tag{6}$$

其中

$$b_i = a_i / a_0 \quad (i = 1,2,3,4)$$

令 $x = u - b_1/4$,方程(6)变为

$$u^4 + au^2 + bu + c = 0 \tag{7}$$

其中

$$a = -3b_1^2/8 + b_2$$
$$b = b_1^3/8 - b_1 b_2/2 + b_3$$
$$c = -3b_1^4/16^2 + b_1^2 b_2/16 - b_1 b_3/4 + b_4$$

方程(7)变为

$$(u^2 + Au + B)(u^2 - Au + B') = 0 \tag{8}$$

将上式展开且与方程(7)比较同次幂系数,得方程组

$$\begin{cases} B + B' - A^2 = a \\ B'A - BA = b \\ BB' = c \end{cases} \tag{9}$$

下面分两种情况对上式进行讨论。

1.当 $b \neq 0$ 时,有 $A \neq 0$,由式(9)的前两个方程得

$$B' = (a + A^2 + b/A)/2$$
$$B = (a + A^2 - b/A)/2$$

将上式代入 $BB' = c$,且令 $A^2 = 4\alpha$,得关于 α 的三次方程

$$\alpha^3 + a\alpha^2/2 + (a^2 - 4c)\alpha/16 - b^2/64 = 0$$

此方程有正实根 α_0,求出 α_0 后可得到 A,从而可得到 B 与 B'。最后,由式(8)可算出式(7)的 4 个根,进而得到原方程(5)的 4 个根。

2. 当 $b = 0$ 时,可按 $A \neq 0$ 和 $A = 0$ 两种情况分别讨论,从而求得原方程(5)的 4 个根。

求实系数一元四次方程根的子程序 PR4

```
          SUBROUTINE PR4(P,R)
          DIMENSION P(5),R(2,4)
          IF(P(1).EQ.1.0) GOTO 401
          DO 600 K = 2,5
600       P(K) = P(K)/P(1)
401       E = 0.25 * P(2)
          B1 = E + E
          C1 = B1 * B1
          D1 = 0.75 * C1
          B1 = P(4) + B1 * (C1 - P(3))
          A = P(3) - D1
          C1 = P(5) + E * (E * A - P(4))
          A = A - D1
          P(2) = 0.5 * A
          P(3) = (P(2) * P(2) - C1)/4.0
          P(4) = B1 * B1/(-64.0)
          IF(P(4).GE.0.0) GOTO 402
          CALL PR3(P,R)
          DO 601 K = 1,3
          IF(R(2,K).NE.0.0) GOTO 601
          IF(R(1,K).GT.0.0) GOTO 700
601       CONTINUE
          GOTO 402
700       D1 = R(1,K) * 4.0
          A = A + D1
```

```
          P(2) = - SQRT(D1)
          IF(A.LT.0.0) GOTO 120
          IF(B1.GE.0.0) P(2) = SQRT(D1)
          GOTO 121
  120     IF(B1.LT.0.0) P2 = SQRT(D1)
  121     B1 = 0.5 * (A + B1/P(2))
          GOTO 404
  402     IF(P(3).GE.0.0) GOTO 405
          B1 = SQRT(C1)
          D1 = B1 + B1 - A
          IF(D1.LE.0.0) P(2) = 0.0
          IF(D1.GT.0.0) P(2) = SQRT(D1)
          GOTO 404
  405     IF(P(2).GE.0.0) B1 = SQRT(P(3)) * 2.0 + P(2)
          IF(P(2).LE.0.0) B1 = SQRT(P(3)) * (- 2.0) + P(2)
          IF(B1.EQ.0.0) GOTO 406
          P(2) = 0.0
          GOTO 404
  406     DO 602 K = 1,4
          R(1,K) = - E
  602     R(2,K) = 0.0
          GOTO 407
  404     P(3) = C1/B1
          CALL PR2(P,R)
          DO 603 K = 1,2
          DO 603 J = 1,2
  603     R(J,K + 2) = R(J,K)
          P(2) = - P(2)
          P(3) = B1
          CALL PR2(P,R)
          DO 604 K = 1,4
  604     R(1,K) = R(1,K) - E
  407     RETURN
          END
```

第 4 章 一元方程

使用说明

(1) 子程序语句
SUBROUTINE PR4(P,R)

(2) 哑元说明

P　　　5 个元素的一维实数组,输入参数,按未知数降幂存放方程系数。

R　　　2×4 个元素的二维实数组,输出参数,存放结果(根)

$$x_k = R(1,k) + iR(2,k) \quad (k = 1,2,3,4)$$

(3) 所调用的子程序

PR2(P,R),PR3(P,R)　　分别为求解实系数一元二次和一元三次方程根的子程序。

例题 4.3　已知哈密顿算符的矩阵形式为

$$\hat{H} = \begin{pmatrix} E_1^0 & 0 & a & b \\ 0 & E_1^0 + a & 0 & c \\ a & 0 & E_1^0 & 0 \\ b & c & 0 & E_4^0 + d \end{pmatrix}$$

其中,E_1^0, E_4^0, a, b, c, d 为已知的实常数。取 $E_1^0 = 1.0, E_4^0 = 4.0, a = 0.1, b = 0.2, c = 0.3, d = 0.4$,计算其能量本征值。

解　能量本征值 E 满足久期方程

$$\begin{vmatrix} E_1^0 - E & 0 & a & b \\ 0 & E_1^0 + a - E & 0 & c \\ a & 0 & E_1^0 - E & 0 \\ b & c & 0 & E_4^0 + d - E \end{vmatrix} = 0$$

上式可以简化成 E 满足的一元四次方程,即

$$a_0 E^4 + a_1 E^3 + a_2 E^2 + a_3 E + a_4 = 0$$

若令

$$E_a = E_1^0 + a, \quad E_d = E_4^0 + d, \quad E_{ad} = E_a + E_d$$
$$E_c = E_a E_d - c^2, \quad E_2 = E_1^0 E_1^0 - a^2$$

则方程中的系数为

$$a_0 = 1$$
$$a_1 = -2E_1^0 - E_{ad}$$
$$a_2 = E_2 + 2E_1^0 E_{ad} + E_c - b^2$$
$$a_3 = -E_2 E_{ad} - 2E_1^0 E_c + b^2(E_1^0 + E_a)$$
$$a_4 = E_2 E_c - b^2 E_1^0 E_a$$

```
        PROGRAM TPR4
        DIMENSION P4(5),R4(2,4)
        OPEN(2,FILE = 'DT.DAT')
        WRITE( * ,1)
1       FORMAT(2X,'E10,E40,A,B,C,D = ?')
        READ( * ,2) E10,E40,A,B,C,D
2       FORMAT(6F15.7)
        WRITE( * ,3) E10,E40,A,B,C,D
        WRITE(2,3) E10,E40,A,B,C,D
3       FORMAT(2X,'E10,E40 = ',2X,2F9.5,/,2X,'A,B,C,D = ',4F9.5)
        EA = E10 + A
        ED = E40 + D
        EAD = EA + ED
        EC = EA * ED - C * C
        E2 = E10 * E10 - A * A
        P4(1) = 1.
        P4(2) = - 2. * E10 - EAD
        P4(3) = E2 + 2. * E10 * EAD + EC - B * B
        P4(4) = - E2 * EAD - 2. * E10 * EC + B * B * (E10 + EA)
        P4(5) = E2 * EC - B * B * E10 * EA
        CALL PR4(P4,R4)
        WRITE( * ,4) R4
        WRITE(2,4) R4
4       FORMAT(2X,'R4 = ',2E15.7)
        STOP
        END
```

计算结果

E10,E40 =   1.00000   4.00000
A,B,C,D =   .10000   .20000   .30000   .40000
R4 =   .1100053E + 01   .0000000E + 00
R4 =   .8932832E + 00   .0000000E + 00
R4 =   .4438600E + 01   .0000000E + 00
R4 =   .1068064E + 01   .0000000E + 00

上述结果与后面将介绍的其他方法一致,只有精度上的差异。

4.2 迭代法

真实的物理问题往往是比较复杂的,即使是一维问题,遇到的常常也不是简单的代数方程,而是超越方程,因此不能写出根的解析形式。例如,势垒高度为 V_1 和 V_2、势阱宽度为 $2a$ 的方势阱,它的第 n 个能量本征值 E_n 满足的超越方程的一般形式为 $E_n = f(E_n)$(详见例题 4.4)。由于待求的 E_n 出现在等式的右端,所以不能直接进行计算,只能利用数值方法或作图法求解。

4.2.1 简单迭代法

对有些 $f(x) = 0$ 形式的超越方程,若它可以改写成等价方程 $x = \varphi(x)$,则这种形式的超越方程有可能用简单迭代法求解。

对于方程 $x = \varphi(x)$,只要 $\varphi(x)$ 在 $[a,b]$ 上连续,且存在小于 1 的正数 q,使得 $|\varphi'(x)| \leq q < 1$,那么它的根可由

$$x_1 = \varphi(x_0), \quad x_2 = \varphi(x_1), \quad \cdots, \quad x_{n+1} = \varphi(x_n), \quad \cdots$$

来逼近。

$\{x_n\}$ 称为迭代序列,$\varphi(x)$ 称为迭代函数,上面的求根过程称为迭代格式。

应该说明的是,并非所有的超越方程都能用迭代法求解,例如,对于无限深球方势阱而言,当 $l = 1$ 时,能量本征值满足的超越方程 $j_1(ka) = 0$ 可以简化为

$$ka = \tan(ka)$$

由于它不满足收敛的条件,所以不能使用简单迭代法求解。

在收敛条件被满足的前提下,有误差估计式

$$|x^* - x_k| \leq \frac{qk}{1-q}|x_1 - x_0|$$

式中的 x^* 为严格解。

例题 4.4 已知处于势垒高度分别为 V_1 和 V_2、势阱宽度为 $2a$ 的非对称方势阱中电子的第 n 个能量本征值 E_n 为

$$E_n = \frac{\hbar^2}{8ma^2}\left[n\pi - \arctan\left(\sqrt{\frac{E_n}{V_1 - E_n}}\right) - \arctan\left(\sqrt{\frac{E_n}{V_2 - E_n}}\right)\right]^2$$

试用简单迭代法计算之。

简单迭代法程序 DDF1

```
PROGRAM TDDF1
IMPLICIT DOUBLE PRECISION (A - H, O - Z)
OPEN(2, FILE = 'DT.DAT')
PI = 3.14159265D0
```

```
            H = 1.05457267D - 34
            DM = 9.1093897D - 31
10          WRITE( * ,1)
1           FORMAT(2X,'A(nm),V1(eV),V2(eV) = ?')
            READ( * ,2) A,V1,V2
2           FORMAT(3F17.7)
            IF(A.EQ.0.D0) STOP
            WRITE( * ,3) A,V1,V2
            WRITE(2,3) A,V1,V2
3           FORMAT(2X,'A(nm) = ',F15.7,/,2X,'V(eV) = ',2F17.7)
            AA = 1.D - 9 * A
            EE = H * *2/DM/AA * *2/8.D0 * 6.624D18
20          WRITE( * ,4)
4           FORMAT(2X,'N,E0 = ?')
30          READ( * ,5) N,E0
5           FORMAT(I6,F15.7)
            IF(N.EQ.0) GOTO 10
            M = 1
40          EV1 = DSQRT(E0/(V1 - E0))
            EV2 = DSQRT(E0/(V2 - E0))
            E = EE * (PI * N - DATAN(EV1) - DATAN(EV2)) * *2
            WC = DABS((E - E0)/E)
            IF(WC.LE.1.D - 12) WRITE( * ,6) N,M,E0,E,WC
            IF(WC.LE.1.D - 12) WRITE(2,6) N,M,E0,E,WC
6           FORMAT(2X,'N,M,E0 = ',2I4,2X,E15.7,/,2X,'E = ',
     *      E15.7,2X,'WC = ',E15.7)
            IF(WC.LE.1.D - 12) GOTO 20
            E0 = E
            M = M + 1
            GOTO 40
            STOP
            END
```

使用说明

(1) 主程序语句
PROGRAM TDDF1

第 4 章 一元方程

(2) 输入参数

A　　双精度变量,以 nm 为单位的势阱的宽度。
V1,V2　双精度变量,以 eV 为单位的两个势垒的高度。
N　　整变量,欲求能级的编号。
E0　　双精度变量,以 eV 为单位的欲求能级的初值。

(3) 输出变量

N　　整型量,能级编号。
M　　整型量,迭代次数。
E　　能量本征值。
WC　相邻两次迭代结果的相对误差,取不同初值时,WC 的数值可能不同,但其数量级基本相同。

计算结果

```
A(nm) =   10.000      V(eV) =    15.000    10.000
N,M,E0 =  1     6              .9862607E - 03
E = .9862607E - 03   WC = .8948349E - 13
N,M,E0 =  10    7              .9862450E - 01
E = .9862450E - 01   WC = .5220467E - 13
N,M,E0 =  30    6              .8875019E + 00
E = .8875019E + 00   WC = .969989E - 12
N,M,E0 =  60    7              .3548129E + 01
E = .3548129E + 01   WC = .1789810E - 13
N,M,E0 =  100   8              .9826163E + 01
E = .9826163E + 01   WC = .8952140E - 12
A(nm) =   10.000      V(eV) =    10.000    10.000
N,M,E0 =  1     6              .9851175E - 03
E = .9851175E - 03   WC = .1571631E - 12
N,M,E0 =  10    7              .9850971E - 01
E = .9850971E - 01   WC = .9326081E - 13
N,M,E0 =  30    7              .8864334E + 00
E = .8864334E + 00   WC = .1089641E - 13
N,M,E0 =  60    7              .3543239E + 01
E = .3543239E + 01   WC = .3885362E - 13
N,M,E0 =  100   9              .9796336E + 01
E = .9796336E + 01   WC = .8589540E - 12
N,M,E0 =  101   614             .9982218E + 01
```

E = .9982218E + 01	WC = .2555392E − 12	
A(nm) = 10.000	V(eV) = 100000000.000	10.000
N,M,E0 = 1 5	.9913698E − 03	
E = .9913698E − 03	WC = .8917545E − 12	
N,M,E0 = 10 6	.9913595E − 01	
E = .9913595E − 01	WC = .4553792E − 12	
N,M,E0 = 30 6	.8921453E + 00	
E = .8921453E + 00	WC = .4865768E − 13	
N,M,E0 = 60 6	.3567310E + 01	
E = .3567310E + 01	WC = .1597188E − 12	
N,M,E0 = 100 8	.9884137E + 01	
E = .9884137E + 01	WC = .9638274E − 12	

其中，N 为能量本征值的编号，M 为迭代的次数。实际上，上述三组数据分别对应非对称势垒、对称势垒和半壁无限高势垒的情况。

计算结果表明，当势垒高度 $V_1 \geq V_2$ 选定时，因为只有在 $E < V_2$ 的情况下才有束缚态的解，所以能级的个数是有限的，例如，在上述三种情况下，能级的个数都不超过 101。从能级的分布看，低能级较密集，随着能级的升高，能级间距逐渐变大。另外，计算结果原则上与所选的初值无关，初值的不同只影响迭代的次数。

4.2.2 简单迭代法的推广

如果能把方程 $f(x) = 0$ 改写成它的等价形式

$$f_1(x) = f_2(x)$$

式中 $f_1(x)$ 是这样一个函数：对任意的实数 c，能容易算出方程 $f_1(x) = c$ 的精确度足够高的实根，则可以将简单迭代法推广。

如果对任意 $a \leq x_1 \leq b, a \leq x_2 \leq b$，下式成立

$$|f_2'(x_2)|/|f_1'(x_1)| \leq q < 1$$

则下面的迭代过程是收敛的。

求解的过程是：首先，从一个近似根 x_0 出发，将其代入方程右端，解方程 $f_1(x) = f_2(x_0)$，得到第一个近似根 x_1，再解方程 $f_1(x) = f_2(x_1)$，得到第二个近似根 x_2。重复上述步骤，由第 n 个近似根 x_n，解方程 $f_1(x) = f_2(x_n)$，得到第 $n+1$ 个近似根 x_{n+1}，于是得到近似根序列 $x_k(k = 0,1,2,\cdots)$，如果满足收敛条件，则它收敛于方程的根 x^*。

用迭代法的推广求根的子程序 DDF2

SUBROUTINE DDF2(X0,X,K)

```
            IMPLICIT DOUBLE PRECISION (A - H,O - Z)
            DIMENSION X(100)
            K = 1
            X(1) = X0
10          F1 = F2(X(K))
            K = K + 1
            X(K) = XF1(F1)
            D = DABS((X(K) - X(K - 1))/X(K))
            IF(D.GT.1.D - 8) GOTO 10
            RETURN
            END
```

使用说明

(1) 子程序语句

SUBROUTINE DDF2(X0,X,K)

(2) 哑元说明

X0　　　实变量,输入参数,迭代初值。

X　　　　100 个元素一维实数组,输出参数,存放逐次迭代结果。

K　　　　整变量,输出参数,最后结果在 X 中的位置。

(3) 所调用子程序

F2(X)　　计算 $f_2(x)$ 的函数子程序,由使用者自编。

XF1(F)　 由 $f_1(x)$ 计算 x 的函数子程序,由使用者自编。

例题 4.5　在上题中,第 n 个能量本征值满足的超越方程也可以写成如下形式

$$\sqrt{E_n} = \sqrt{\frac{\hbar^2}{8ma^2}}\left[n\pi - \arctan\left(\sqrt{\frac{E_n}{V_1 - E_n}}\right) - \arctan\left(\sqrt{\frac{E_n}{V_2 - E_n}}\right) \right]$$

设 $a = 10$ nm, $V_1 = V_2 = 10$eV,求电子的能量本征值。

```
            PROGRAM TDDF2
            IMPLICIT DOUBLE PRECISION (A - H,O - Z)
            COMMON/M/XA,V1,V2,XM,XH,E0,EE,N
            DIMENSION E(100)
            OPEN(2,FILE = 'DT.DAT')
            XH = 1.05457267D - 34
            XM = 9.1093897D - 31
10          WRITE( * ,1)
```

```
  1     FORMAT(2X,'A(nm),V1(eV),V2(eV) = ?')
        READ( * ,2) A,V1,V2
  2     FORMAT(3F17.7)
        IF(A.EQ.0.D0) STOP
        WRITE( * ,3) A,V1,V2
        WRITE(2,3) A,V1,V2
  3     FORMAT(2X,'A(nm) = ',F15.7,/,2X,'V(eV) = ',2F17.7)
        XA = 1.D - 9 * A
        EE = DSQRT(XH * * 2/XM/XA * * 2/8.D0 * 6.624D18)
 20     WRITE( * ,4)
  4     FORMAT(2X,'N,E0 = ?')
        READ( * ,5) N,E0
  5     FORMAT(I6,F15.7)
        IF(N.EQ.0) GOTO 10
        CALL DDF2(E0,E,M)
        WRITE( * ,6) N,M,E(M)
        WRITE(2,6) N,M,E(M)
  6     FORMAT(2X,'N,K = ',2I3,2X,'E = ',E13.7)
        GOTO 20
        STOP
        END

        DOUBLE PRECISION FUNCTION F2(X)
        IMPLICIT DOUBLE PRECISION (A - H,O - Z)
        COMMON/M/XA,V1,V2,XM,XH,E0,EE,N
        EV1 = DSQRT(X/(V1 - X))
        EV2 = DSQRT(X/(V2 - X))
        F2 = EE * (3.14159265D0 * N - DATAN(EV1) - DATAN(EV2))
        RETURN
        END

        DOUBLE PRECISION FUNCTION XF1(F)
        IMPLICIT DOUBLE PRECISION (A - H,O - Z)
        XF1 = F * F
        RETURN
        END
```

所得的计算结果与上题完全相同,就不再列出了。

4.2.3 自洽求解

在量子力学中,经常会遇到一些更复杂的超越方程求解的问题。例如,多体体系的微扰论结果明显地依赖于单粒子基底的选择,利用变分原理,哈特里(Hartree) – 福克(Fock)给出了一种单粒子位,简称 HF 位,即

$$u_{\alpha\beta} = \sum_{j} v_{\alpha j \beta j}$$

其中,$v_{\alpha j \beta j}$ 为二体相互作用矩阵元,$|\alpha\rangle$ 满足本征方程

$$(\hat{t} + \hat{u})|\alpha\rangle = \varepsilon_{\alpha}|\alpha\rangle$$

由上式得到的 $\{|\alpha\rangle\}$ 就是所谓 HF 单粒子基底,它具有一定的抵消性,是一个比较理想的单粒子基底。

由于 $\hat{u}$ 与待求的 $|\alpha\rangle$ 有关,所以 HF 本征方程需要进行自洽求解,与通常的迭代法不同的是,这时的初值是一个具有多个分量的矢量。自洽求解是迭代法的进一步扩展,首先,选定一组 $\{|\alpha\rangle\}$ 的初值 $\{|\alpha_1\rangle\}$,就可以计算出 $u_{\alpha_1 \beta_1}$,然后,求解本征方程得到 $\{|\alpha_2\rangle\}$。比较 $\{|\alpha_1\rangle\}$ 与 $\{|\alpha_2\rangle\}$,若两者的误差满足精度的要求,认为结果已经自洽,可以结束计算,否则需要将 $\{|\alpha_2\rangle\}$ 作为初值重复上面的操作,直至达到自洽为止。

4.3 二分法

若超越方程 $f(x) = 0$ 不能化成 $x = \varphi(x)$,或者 $f_1(x) = f_2(x)$ 的形式,则迭代法是不适用的,在这种情况下,作图法与二分法是求 $f(x) = 0$ 在 $[a,b]$ 中实根的最简单方法。

4.3.1 作图法

作图法是求 $f(x) = 0$ 在区间 $[a,b]$ 中实根的最原始的方法,也是最直观的法。它的优点是适用面宽,缺点是计算结果的精度较低。

作图法的基本步骤是:首先,在区间 $[a,b]$ 中画出 $f(x)$ 的曲线,其次,粗略估计曲线 $f(x)$ 与横轴的第 $n = 1,2,3,\cdots$ 个交点 x_n 的大致范围,然后,针对其中的一个根缩小 x 的间距,当相邻两个 x(即 x_i 与 x_{i+1})对应的函数值变号时,表明所求之根在 x_i 与 x_{i+1} 之间,可以将 $(x_{i+1} + x_i)/2$ 作为此根的近似值。如此做下去,直至求出在区间 $[a,b]$ 中的全部实根。显然,所得根的精度与 x 的间距有关,间距越小根的精度越高。

作图法求根的子程序 ZTF

SUBROUTINE ZTF(NN,N)

```
        COMMON/XY/ X(13000),Y(13000),R(100),E(100)
        N = 1
        DO 2 I = 1,NN
        X(I) = I * 0.001
        Y(I) = F(X(I))
        IF(I.EQ.1) GOTO 2
        IF(Y(I).GT.0..AND.Y(I-1).GT.0..OR.
     *  Y(I).LT.0..AND.Y(I-1).LT.0.) GOTO 2
        R(N) = (X(I) + X(I-1))/2.
        N = N + 1
      2 CONTINUE
        RETURN
        END
```

使用说明

(1) 子程序语句

SUBROUTINE ZTF(NN,N)

(2) 哑元说明

NN　　整变量,输入参数,NN*0.001 为自变量的上限。

N　　整变量,输出参数,N-1 为求出根的个数。

(3) 公用块 XY

X,Y　　一维实数组,分别存放坐标值与相应的函数值。

R　　一维实数组,存放根。

E　　一维实数组,存放能量本征值。

(4) 所调用子程序

F(X)　　计算 $f(x)$ 的函数子程序,由使用者自编。

例题 4.6　处于无限深球方势阱中的电子,对于角动量为 $l = 1$ 的状态而言,其能量本征值满足的超越方程 $j_1(ka) = 0$ 可以化为

$$ka = \tan(ka)$$

其中,a 为势阱宽度,$k = \sqrt{2\mu E}/\hbar$ 与能量本征值有关。取 $a = 10$ nm,利用作图法求出其能量本征值 E。

```
        PROGRAM TZTF
        COMMON/XY/ X(13000),Y(13000),R(100),E(100)
        OPEN(2,FILE = 'DT.DAT')
        WRITE(*,1)
```

```
1         FORMAT(2X,'NN = ?')
          READ( * ,2) NN
2         FORMAT(I9)
          WRITE( * ,5) NN
5         FORMAT(2X,'NN = ',I5)
          CALL ZTF(NN,N)
          XH = 1.05457267E - 34
          XM = 9.1093897E - 31
          XA = 10.E - 9
          DO 3 I = 1,N - 1
          E(I) = XH * XH * R(I) * R(I)/2./XM/XA/XA * 6.624E18
          WRITE(2,4) I,E(I)
          WRITE( * ,4) I,E(I)
4         FORMAT(2X,'I = ',I3,2X,'R = ',E15.7,2X,'E(eV) = ',E15.7)
3         CONTINUE
          STOP
          END

          FUNCTION F(X)
          F = X - TAN(X)
          RETURN
          END
```

计算结果

NN = 13000

I =	1	R = .1570500E + 01	E(eV) = .9973097E - 03
I =	2	R = .4493500E + 01	E(eV) = .8164388E - 02
I =	3	R = .4712501E + 01	E(eV) = .8979599E - 02
I =	4	R = .7725500E + 01	E(eV) = .2413278E - 01
I =	5	R = .7853500E + 01	E(eV) = .2493909E - 01
I =	6	R = .1090450E + 02	E(eV) = .4808014E - 01
I =	7	R = .1099550E + 02	E(eV) = .4888596E - 01

有如下两点需要特别说明,一是根的精度受到分点间距的限制,这里只达到 10^{-3},若要提高精度,则必须再将分点加密;二是,方程 $ka = \tan(ka)$ 是由 $j_1(ka) = 0$ 导出的,于是有增根出现。实际上,只有标号为 2、4、6 的解满足要求,如果直接用 $j_1(ka) = 0$ 进行计算(见例题 4.7),就不会出现上述情况。

4.3.2 二分法

为了提高根的精度,由作图法的基本思路演变出一种新的算法,这就是所谓的二分法。

设 $f(x)$ 是 x 的连续函数,求 $f(x) = 0$ 在 $[a,b]$ 区域中的实根。

下面用二分法找出 $[a,b]$ 中的根。

用 a 和 b 的中点 $x_1 = (a+b)/2$,将 $[a,b]$ 分为两个区间,如图4.1所示。

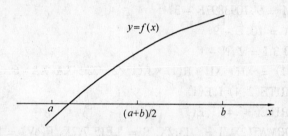

图4.1 二分法示意图

先计算 $f(x_1)$ 的值,若碰巧 $f(x_1) = 0$,则找到方程的一个根 $x_1 = (a+b)/2$;否则,若 $f(x_1)$ 与 $f(a)$ 异号,则在区间 $[a, x_1]$ 中重复上述步骤,若 $f(x_1)$ 与 $f(b)$ 异号,则在区间 $[x_1, b]$ 中重复上述步骤,两者的区间可以统一记为 $[a_1, b_1]$。如此这样做 n 次,就有一套越来越小的有根区间,即

$$[a,b],[a_1,b_1],[a_2,b_2],\cdots,[a_n,b_n]$$

且

$$[a,b] \supset [a_1,b_1] \supset [a_2,b_2] \supset \cdots \supset [a_n,b_n]$$

最后一个区间的长度为 $(b-a)/2^n$。

当 n 充分大时,可取 $[a_n, b_n]$ 的中点作为 $f(x)$ 的根的近似值

$$\tilde{x} = x_n = (a_n + b_n)/2$$

误差小于 $(b-a)/2^{n+1}$。

如果 $f(x)$ 在区间 $[a,b]$ 中有多个根,可以用步长 H 将 $[a,b]$ 划分为若干个子区间,在每个子区间中使用二分法求根。步长 H 的选择要适当,要求在每个子区间内至多有一个根,H 太大了容易丢根,H 太小了浪费计算时间。

求根的原则是函数值满足给定的函数值精度或子区间长度满足给定的自变量精度。

二分法求根的子程序 ROOT1

```
SUBROUTINE ROOT1(AA,BB,H,M,N,E1,E2,F,RT)
DIMENSION RT(M)
EXTERNAL F
```

```
            N = 0
            A = AA
            FA = F(A)
10          B = A + H
            B1 = B
            FB1 = F(B1)
            K = 0
            IF(ABS(FA).LE.E1) GOTO 16
            IF(ABS(FB1).LE.E1) GOTO 11
            IF(FA*FB1.GT.0.0) GOTO 11
12          A0 = (A + B)/2.0
            K = K + 1
            F0 = F(A0)
            IF(ABS(F0).LE.E1) GOTO 13
            IF(ABS(B - A0).LE.E2) GOTO 13
            IF(FA*F0.GT.0.0) GOTO 14
            B = A0
            GOTO 12
14          FA = F0
            A = A0
            GOTO 12
16          A0 = A
13          N = N + 1
            RT(N) = A0
            IF(N.GE.M) GOTO 15
11          IF(B1.GT.BB) GOTO 15
            A = B1
            FA = FB1
            GOTO 10
15          RETURN
            END
```

使用说明

(1) 子程序语句

SUBROUTINE ROOT1(AA,BB,H,M,N,E1,E2,F,RT)

(2) 哑元说明

AA,BB	实变量,输入参数,分别为根之下界与上界。
H	实变量,输入参数,步长。
M	整变量,输入参数,欲求根的个数。
N	整变量,输出参数,求出根的个数。
E1,E2	实变量,输入参数,分别为函数值与根的精度。
RT	M个元素的一维实数组,输出参数,存放计算结果。

(3) 所调用的子程序

F(X)　　计算$f(x)$的函数子程序,由使用者自编。

例题4.7　在无限深球方势阱中,对于l态,已知粒子的能量本征值满足超越方程$j_l(ka)=0$,求其在区间(1,13)内的全部实数的ka。

```
       PROGRAM TROOT1
       COMMON/L/L
       DIMENSION RT(3)
       EXTERNAL F
       OPEN(2,FILE = 'DT.DAT')
999    WRITE( * ,1)
1      FORMAT(2X,'L = ?')
       READ( * ,3) L
3      FORMAT(I3)
       IF(L.LT.0) STOP
       DO 4 I = 1,3
4      RT(I) = 0.0
       CALL ROOT1(1.0,13.0,0.1,3,N,1.E - 7,1.E - 8,F,RT)
       WRITE(2,2) L,RT
       WRITE( * ,2) L,RT
2      FORMAT(2X,'L = ',I4,/2X,'ROOT = ',3E13.7)
       GOTO 999
       STOP
       END

       FUNCTION F(X)
       COMMON/L/L
       F = XJN(L,X)
       RETURN
       END
```

上述程序中调用了函数子程序 XJN(L,X),它是计算球贝塞尔函数的函数 $j_l(x)$ 子程序。

计算结果

取 $H = 0.1, E1 = 10^{-7}, E2 = 10^{-8}$

L = 0
ROOT =　　　.3141593E + 01　　　.6283185E + 01　　　.9424777E + 01
L = 1
ROOT =　　　.4493409E + 01　　　.7725251E + 01　　　.1090412E + 02
L = 2
ROOT =　　　.5763460E + 01　　　.9095011E + 01　　　.1232294E + 02
L = 3
ROOT =　　　.6987932E + 01　　　.1041712E + 02　　　.0000000E + 00

上述结果与用作图法得到的 $j_l(x) = 0$ 的结果是一致的,显然它比作图法更精确。进而可以利用求出的三个 $x = ka$ 的值,算出相应的三个能量本征值。另外,根据实际需要可以选择所求根的范围。作图法可以给出曲线的形状,比较直观,而二分法给出的结果比较精确。

4.4 牛顿法与弦截法

4.4.1 牛顿法

设 x_k 是方程 $f(x) = 0$ 的根 x^* 的一个近似,将 $f(x)$ 在 $x = x_k$ 处作泰勒(Tayloy)展开

$$f(x) = f(x_k) + f'(x_k)(x - x_k) + f''(x_k)(x - x_k)^2/2 + \cdots$$

忽略 x 的二次项,便可得 $f(x) = 0$ 的近似方程

$$f(x_k) + f'(x_k)(x - x_k) = 0$$

由此可解出

$$x_{k+1} = x_k - f(x_k)/f'(x_k)$$

它是 x^* 的新的近似,此即解方程 $f(x) = 0$ 的牛顿(Newton)法。牛顿法有直观的几何解释,如图 4.2 所示。

图中虚线是过曲线 $y = f(x)$ 上点 $(x_k, f(x_k))$ 的切线,牛顿法就是将切线与 x 轴的交点 x_{k+1} 作为曲线 $y = f(x)$ 与 x 轴交点 x^* 的近似,所以牛顿法也称为切线法。

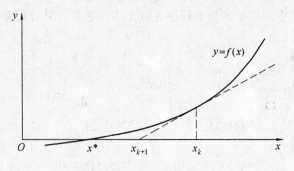

图 4.2 牛顿法的示意图

4.4.2 弦截法

牛顿法的每一步不仅要计算函数值 $f(x_k)$，还要计算函数的导数值 $f'(x_k)$，显然，这将增加计算的难度。

作为一种近似，若用差商(见 6.2 节)代替牛顿法迭代序列中的微商，即

$$f'(x_k) = \frac{f(x_k) - f(x_{k-1})}{x_k - x_{k-1}}$$

则可得到弦截法的迭代序列

$$x_{k+1} = x_k - \frac{x_k - x_{k-1}}{f(x_k) - f(x_{k-1})} f(x_k)$$

弦截法的直观解释如图 4.3 所示。

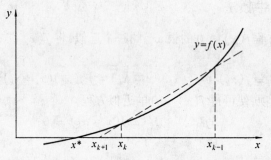

图 4.3 弦截法的示意图

这里假设 x_k、x_{k-1} 是 x^* 的近似，过 x_k、x_{k-1} 两点的弦与 x 的交点 x_{k+1} 是 x^* 的新近似。

由于弦截法不必计算函数的导数，所以常常被采用。

弦截法求根的子程序 ROOT2

```
SUBROUTINE ROOT2(AA,BB,H,N,M1,E1,E2,F,RT)
DIMENSION RT(N)
```

```
       EXTERNAL F
       WT = 0.0
       I = 0
       X = AA
       F0 = F(X)
   4   X = X + H
       K = 0
       F1 = F(X)
       IF(ABS(F0).LE.E1) GOTO 100
       IF(ABS(F1).LE.E1) GOTO 101
       IF(F0 * F1.GT.0.0) GOTO 101
       FA = F0
       FB = F1
       A = X - H
       B = X
   1   C = B - (A - B) * FB/(FA - FB)
       K = K + 1
       IF(WT.EQ.0.0) GOTO 7
       IF(WT.NE.0.0) GOTO 5
   7   WT = 1.0
       GOTO 6
   5   IF(ABS(C1 - C).LT.E2) GOTO 3
   6   C1 = C
       FC = F(C)
       IF(FC * FA.GT.0.0) GOTO 2
       FB = FC
       B = C
       GOTO 1
   2   FA = FC
       A = C
       GOTO 1
 100   C = X - H
   3   I = I + 1
       RT(I) = C
```

```
101     F0 = F1
        IF(X - BB.LT.0.0) GOTO 4
        IF(X - BB.GE.0.0) GOTO 8
8       M1 = I
        RETURN
        END
```

使用说明

(1) 子程序语句

SUBROUTINE ROOT2(AA,BB,H,N,M1,E1,E2,F,RT)

(2) 哑元说明

AA,BB　实变量,输入参数,分别为根之下界与上界。

H　　　实变量,输入参数,步长 h。

N　　　整变量,输入参数,根的个数。

M1　　整变量,输出参数,求出根的个数。

E1,E2　实变量,输入参数,分别为函数值与根的精度。

RT　　N 个元素的一维实数组,输出参数,存放计算结果(根)。

(3) 所调用的子程序

F(X)　　计算函数值 $f(x)$ 函数子程序,由使用者自编。

例题 4.8　利用弦截法求解例题 4.3。

```
        PROGRAM TROOT2
        COMMON/E/P(5)
        DIMENSION RT(4)
        EXTERNAL F
        OPEN(2,FILE = 'DT.DAT')
        WRITE( * ,1)
1       FORMAT(2X,'E10,E40,A,B,C,D = ?')
        READ( * ,2) E10,E40,A,B,C,D
2       FORMAT(6F15.7)
        WRITE( * ,3) E10,E40,A,B,C,D
        WRITE(2,3) E10,E40,A,B,C,D
3       FORMAT(2X,'E10,E40,A,B,C,D = ',/,2X,6F9.5)
        EA = E10 + A
        ED = E40 + D
```

```
        EAD = EA + ED
        EC = EA * ED - C * C
        E2 = E10 * E10 - A * A
        P(1) = 1.
        P(2) = - 2. * E10 - EAD
        P(3) = E2 + 2. * E10 * EAD + EC - B * B
        P(4) = - E2 * EAD - 2. * E10 * EC + B * B * (E10 + EA)
        P(5) = E2 * EC - B * B * E10 * EA
        CALL ROOT2(0.0,4.5,0.09,4,M1,1.E - 6,1.E - 7,F,RT)
        WRITE(2,4) RT
        WRITE( * ,4) RT
4       FORMAT(2X,'RT = ',4E13.7)
        STOP
        END

        FUNCTION F(X)
        COMMON/E/P(5)
        F = P(1) * X * * 4 + P(2) * X * * 3 + P(3) * X * * 2 + P(4) * X + P(5)
        RETURN
        END
```

计算结果

E10,E40,A,B,C,D =
1.00000   4.00000   .10000   .20000   .30000   .40000
RT = .8932824E + 00   .1068071E + 01   .1100047E + 01   .4438600E + 01

上述结果与求解一元四次方程的结果完全一致。

第 5 章 线性代数

许多实际的物理问题常常要转化成求解线性代数方程组,例如,第 6 章中 m 次代数多项式的拟合问题即是如此,用差分方法求解偏微分方程,也会遇到求解线性代数方程组的问题。因此,线性代数的计算方法是最重要、应用最普遍的计算方法之一。

本章主要介绍解线性代数方程组、求行列式的值以及求矩阵的逆矩阵的一些常用算法。上述三个内容是密切相关的,解决这些问题的方法一般分为两类,一类是直接法,另一类为迭代法。

5.1 高斯消元法

5.1.1 高斯消元法

设 n 元线性方程组为

$$\begin{cases} a_{11}x_1 + a_{12}x_2 + \cdots + a_{1n}x_n = b_1 \\ a_{21}x_1 + a_{22}x_2 + \cdots + a_{2n}x_n = b_2 \\ \vdots \\ a_{n1}x_1 + a_{n2}x_2 + \cdots + a_{nn}x_n = b_n \end{cases} \tag{1}$$

为使用方便,通常将其简写成矩阵形式 $AX = B$,其中

$$A = \begin{pmatrix} a_{11} & a_{12} & \cdots & a_{1n} \\ a_{21} & a_{22} & \cdots & a_{2n} \\ \vdots & \vdots & \vdots & \vdots \\ a_{n1} & a_{n2} & \cdots & a_{nn} \end{pmatrix}, \quad X = \begin{pmatrix} x_1 \\ x_2 \\ \vdots \\ x_n \end{pmatrix}, \quad B = \begin{pmatrix} b_1 \\ b_2 \\ \vdots \\ b_n \end{pmatrix}$$

具体的求解步骤如下。

1. 若 $a_{11} \neq 0$,令

$$l_{i1} = a_{i1}/a_{11} \quad (i = 2, 3, \cdots, n)$$

用 $-l_{i1}$ 乘以式(1)中的第一个方程两端,然后分别与第 i 个方程相加,将第 i 个方程中的 x_1 项消去,于是得到同解方程组

$$\begin{cases} a_{11}^{(1)}x_1 + a_{12}^{(1)}x_2 + \cdots + a_{1n}^{(1)}x_n = b_1^{(1)} \\ a_{22}^{(2)}x_2 + \cdots + a_{2n}^{(2)}x_n = b_2^{(2)} \\ \vdots \\ a_{n2}^{(2)}x_2 + \cdots + a_{nn}^{(2)}x_n = b_n^{(2)} \end{cases} \quad (2)$$

其中

$$a_{1j}^{(1)} = a_{1j} \quad (j = 1, 2, \cdots, n)$$
$$a_{ij}^{(2)} = a_{ij} - l_{i1}a_{1j} \quad (i, j = 2, 3, \cdots, n)$$
$$b_1^{(1)} = b_1, \quad b_i^{(2)} = b_i - l_{i1}b_1 \quad (i = 2, 3, \cdots, n)$$

2. 若 $a_{22}^{(2)} \neq 0$，令

$$l_{i2} = a_{i2}^{(2)}/a_{22}^{(2)} \quad (i = 3, 4, \cdots, n)$$

用 $-l_{i2}$ 乘以式(2)中的第二个方程两端，然后分别与第 i 个方程相加，将第 i 个方程的 x_2 项消去。

3. 重复类似上述的步骤，做完 $n-1$ 步，原方程就可以化为上三角形方程组

$$\begin{cases} a_{11}^{(1)}x_1 + a_{12}^{(1)}x_2 + a_{13}^{(1)}x_3 + \cdots + a_{1n}^{(1)}x_n = b_1^{(1)} \\ a_{22}^{(2)}x_2 + a_{23}^{(2)}x_3 + \cdots + a_{2n}^{(2)}x_n = b_2^{(2)} \\ \vdots \\ a_{kk}^{(k)}x_k + \cdots + a_{kn}^{(k)}x_n = b_k^{(k)} \\ \vdots \\ a_{nn}^{(n)}x_n = b_n^{(n)} \end{cases} \quad (3)$$

4. 设 $a_{nn}^{(n)} \neq 0$，逐步回代就可以得到原方程的解

$$x_n = b_n^{(n)}/a_{nn}^{(n)}$$
$$x_k = \frac{1}{a_{kk}^{(k)}}\left[b_k^{(k)} - \sum_{j=k+1}^{n} a_{kj}^{(k)}x_j\right] \quad (k = n-1, n-2, \cdots, 2, 1) \quad (4)$$

上述求解过程可归纳为两个基本步骤，第一步把方程组化为上三角形的同解方程组，称为消元过程，第二步按相反顺序求解上三角形方程组，称为回代过程。上述解法称为高斯(Gauss)消元法。

高斯消元法解线性代数方程组的子程序 GSL

```
SUBROUTINE GSL(N,A,B,EPS)
DIMENSION A(N,N),B(N)
NE = N - 1
DO 10 K = 1,NE
```

```
        C = 0.0
        DO 2 I = K,N
        IF(ABS(A(I,K)).LE.ABS(C)) GOTO 2
        C = A(I,K)
        I0 = I
2       CONTINUE
        IF(ABS(C).GE.EPS) GOTO 3
        STOP
3       IF(I0.EQ.K) GOTO 6
        DO 4 J = K,N
        T = A(K,J)
        A(K,J) = A(I0,J)
4       A(I0,J) = T
        T = B(K)
        B(K) = B(I0)
        B(I0) = T
6       KPI = K + 1
        C = 1.0/C
        B(K) = B(K) * C
        DO 10 J = KPI,N
        A(K,J) = A(K,J) * C
        DO 20 I = KPI,N
20      A(I,J) = A(I,J) - A(I,K) * A(K,J)
10      B(J) = B(J) - A(J,K) * B(K)
        B(N) = B(N)/A(N,N)
        DO 40 K = 1,NE
        I = N - K
        C = 0.0
        IPI = I + 1
        DO 50 J = IPI,N
50      C = C + A(I,J) * B(J)
40      B(I) = B(I) - C
        RETURN
        END
```

使用说明

(1) 子程序语句

SUBROUTINE GSL(N,A,B,EPS)

(2) 哑元说明

N　　整变量,输入参数,方程组的个数。

A　　输入参数,N×N 个元素的二维实数组,存放方程组的系数矩阵。

B　　输入输出参数,N 个元素的一维实数组,开始存放右端矢量,结束时存放解矢量,既是输入参数也是输出参数。

EPS　　实变量,输入参数,精度控制参数,通常为小的正实数。

例题 5.1　求解线性方程组

$$\begin{pmatrix} 1 & -1 & 1 \\ 5 & -4 & 3 \\ 2 & 1 & 1 \end{pmatrix} \begin{pmatrix} x_1 \\ x_2 \\ x_3 \end{pmatrix} = \begin{pmatrix} -4 \\ -12 \\ 11 \end{pmatrix}$$

```
      PROGRAM TGSL
      DIMENSION A(3,3),B(3)
      DATA A/1.0,5.0,2.0,-1.0,-4.0,1.0,1.0,3.0,1.0/
      DATA B/-4.0,-12.0,11.0/
      OPEN(2,FILE = 'DT.DAT')
      CALL GSL(3,A,B,1.E-8)
      WRITE(2,1) B
      WRITE(*,1) B
1     FORMAT(7X,'X = ',3F15.7)
      STOP
      END
```

计算结果

X =　　　3.0000000　　　6.0000000　　　-.9999998

应该说明的是,对高斯消元法而言,针对不同的问题还有一些不同的处理方法。例如,列主元高斯消元法、全主元高斯消元法和列主元高斯-约当(Jordan)消元法等,这里不再详细介绍。

5.1.2　高斯消元法求行列式的值

欲求已知矩阵 A 的行列式

$$\det \boldsymbol{A} = \begin{vmatrix} a_{11} & a_{12} & \cdots & a_{1n} \\ a_{21} & a_{22} & \cdots & a_{2n} \\ \vdots & \vdots & \vdots & \vdots \\ a_{n1} & a_{n2} & \cdots & a_{nn} \end{vmatrix}$$

的值,则可以采用类似于解系数矩阵为 $\boldsymbol{A}$ 的线性方程组的方法,将矩阵 $\boldsymbol{A}$ 化成上三角的方阵,于是主对角线元之积即为行列式 det $\boldsymbol{A}$ 的值。

高斯消元法求行列式值的子程序 EXAMP

```
      SUBROUTINE EXAMP(A,N,EPS,DET)
      DIMENSION A(N,N)
      SQN = 1.0
      PR = 1.0
      N1 = N - 1
      DO 14 K = 1, N1
      P = 0.0
      DO 11 I = K, N
      DO 11 J = K, N
      IF(ABS(A(I,J)).LE.P) GOTO 11
      P = ABS(A(I,J))
      I0 = I
      J0 = J
11    CONTINUE
      IF(P.LE.EPS) GOTO 20
      IF(I0.EQ.K) GOTO 15
      SQN = - SQN
      DO 12 J = K, N
      C = A(I0,J)
      A(I0,J) = A(K,J)
12    A(K,J) = C
15    IF(J0.EQ.K) GOTO 16
      SQN = - SQN
      DO 13 I = K, N
      C = A(I,J0)
      A(I,J0) = A(I,K)
```

```
13      A(I,K) = C
16      PR = PR * A(K,K)
        K1 = K + 1
        DO 14 I = K1,N
        Q = A(I,K)/A(K,K)
        DO 14 J = K1,N
        A(I,J) = A(I,J) - Q * A(K,J)
14      CONTINUE
        DET = SQN * PR * A(N,N)
        GOTO 21
20      DET = 0.0
21      RETURN
        END
```

使用说明

(1) 子程序语句

SUBROUTINE EXAMP(A,N,EPS,DET)

(2) 哑元说明

N　　整变量，输入参数，方阵 A 的阶数。

A　　N×N 个元素的二维实数组，输入参数，存放方阵 A 的矩阵元。

EPS　实变量，输入参数，精度控制参数。当主元绝对值小于 EPS 时，认为方阵奇异，这时置行列式值为零。

DET　实变量，输出参数，存放行列式的值。

例题 5.2　验证由例题 4.3 求出的 E，使得如下行列式为零，即

$$\begin{vmatrix} E_1^0 - E & 0 & a & b \\ 0 & E_1^0 + a - E & 0 & c \\ a & 0 & E_1^0 - E & 0 \\ b & c & 0 & E_4^0 + d - E \end{vmatrix} = 0$$

其中

$E_1^0 = 1.0, \quad E_4^0 = 4.0, \quad a = 0.1, \quad b = 0.2, \quad c = 0.3, \quad d = 0.4$

$E_1 = 1.068064, \quad E_2 = 1.100053, \quad E_3 = .8932832, \quad E_4 = 4.438600$

PROGRAM TEXAMP

```
            DIMENSION A(4,4),E(4)
            DATA E/1.068064,1.100053,.8932832,4.438600/
            OPEN(2,FILE = 'DT.DAT')
            I = 1
888         IF(I.EQ.5) STOP
            DO 20 J = 1,4
            DO 20 K = 1,4
20          A(J,K) = 0.
            EI = E(I)
            A(1,1) = 1. - EI
            A(1,3) = 0.1
            A(1,4) = 0.2
            A(2,2) = 1.1 - EI
            A(2,4) = 0.3
            A(3,1) = 0.1
            A(3,3) = 1. - EI
            A(4,1) = 0.2
            A(4,2) = 0.3
            A(4,4) = 4.4 - EI
            CALL EXAMP(A,4,1.E - 8,DET)
            WRITE(2,1) I,DET
            WRITE( * ,1) I,DET
1           FORMAT(2X,'I = ',I2,2X,'DET = ',E15.7)
            I = I + 1
            GOTO 888
            STOP
            END
```

计算结果

I =	1	DET =	-.1123484E - 05
I =	2	DET =	-.1167087E - 05
I =	3	DET =	-.8658408E - 06
I =	4	DET =	.2822950E - 05

上述结果表明,在 10^{-5} 的精度之下,4个 $E_i(i = 1,2,3,4)$ 均使行列式为零。

5.2 迭代法

在第 4 章中已经介绍了求解超越方程的简单迭代法,也可以借用它的基本思想来求解线性代数方程组。若能将线性代数方程组

$$AX = B \tag{1}$$

改写成等价方程组

$$X = CX + G \tag{2}$$

则上式可以利用迭代法进行求解。改写的方法有很多,几种常用的改写方法将在后面介绍。

从初始近似矢量 $X^{(0)}$ 出发,按迭代程序

$$X^{(k+1)} = CX^{(k)} + G \quad (k = 0, 1, 2, \cdots) \tag{3}$$

可以产生矢量序列 $\{X^{(k)}\}$,其中 k 为迭代次数。若当 $k \to \infty$ 时,$X^{(k)} \to X^*$ (严格解),则称迭代程序(3)是收敛的。迭代程序(3)称为求解方程组(1)的迭代法,称 C 为迭代矩阵。

5.2.1 雅可比迭代法

把式(1)中的矩阵 A 分解成

$$A = D - E - F$$

其中

$$D = \begin{pmatrix} a_{11} & 0 & \cdots & 0 \\ 0 & a_{22} & \cdots & 0 \\ \vdots & \vdots & \vdots & \vdots \\ 0 & 0 & \cdots & a_{nn} \end{pmatrix}$$

$$-E = \begin{pmatrix} 0 & 0 & \cdots & 0 & 0 \\ a_{21} & 0 & \cdots & 0 & 0 \\ \vdots & \vdots & \vdots & \vdots & \vdots \\ a_{n-1,1} & a_{n-1,2} & \cdots & 0 & 0 \\ a_{n1} & a_{n2} & \cdots & a_{n,n-1} & 0 \end{pmatrix}$$

$$-F = \begin{pmatrix} 0 & a_{12} & \cdots & a_{1,n-1} & a_{1n} \\ 0 & 0 & \cdots & a_{2,n-1} & a_{2n} \\ \vdots & \vdots & \vdots & \vdots & \vdots \\ 0 & 0 & \cdots & 0 & a_{n-1,n} \\ 0 & 0 & \cdots & 0 & 0 \end{pmatrix}$$

于是,方程组(1)变成

$$AX = DX - (E + F)X = B$$

当对角矩阵 D 的对角元皆不为零(即非奇异)时,上式可以改写成形如式(2)的等价方程组

$$X = D^{-1}(E + F)X + D^{-1}B$$

于是可以具体写出矩阵 C 与 G 的形式

$$C = D^{-1}(E + F), \quad G = D^{-1}B$$

迭代程序为

$$X^{(k+1)} = D^{-1}(E + F)X^{(k)} + D^{-1}B$$

用分量的形式可写为

$$x_i^{(k+1)} = \frac{1}{a_{ii}}\left[-\sum_{j=1}^{i-1} a_{ij} x_j^{(k)} - \sum_{j=i+1}^{n} a_{ij} x_j^{(k)} + b_i\right] \quad (i = 1, 2, \cdots, n)$$

此即雅可比(Jacobi)迭代法。

雅可比迭代法解线代数方程组的子程序 JA

```
      SUBROUTINE JA(N,KK,A,B,X)
      DIMENSION A(N,N),B(N),X(N,KK)
      DO 10 K = 1,KK - 1
      DO 20 I = 1,N
      C = 0.0
      D = 0.0
      DO 30 J = 1,I - 1
30    C = C + A(I,J) * X(J,K)
      DO 40 J = I + 1,N
40    D = D + A(I,J) * X(J,K)
      X(I,K + 1) = (- C - D + B(I))/A(I,I)
20    CONTINUE
10    CONTINUE
      RETURN
      END
```

使用说明

(1) 子程序语句

SUBROUTINE JA(N,KK,A,B,X)

(2) 哑元说明

N　　　整变量,输入参数,方程组个数。

KK	整变量,输入参数,迭代次数。
A	输入参数,N × N 个元素的二维实数组,存放系数矩阵。
B	输入参数,N 个元素的一维实数组,存放右端矢量。
X	输出参数,N × KK 个元素的二维实数组,存放 1 → KK 次迭代解。

例题 5.3 用雅可比迭代法求解方程组

$$\begin{cases} 8x_1 - x_2 + x_3 = 1 \\ 2x_1 + 10x_2 - x_3 = 4 \\ x_1 + x_2 - 5x_3 = 3 \end{cases}$$

```
       PROGRAM TJA
       DIMENSION A(3,3),B(3),X(3,8)
       DATA A/8.,2.,1.,-1.,10.,1.,1.,-1.,-5./
       DATA B/1.,4.,3./
       OPEN(2,FILE = 'DT.DAT')
       N = 3
       KK = 8
       DO 100 I = 1,N
       DO 100 J = 1,KK
100    X(I,J) = 0.0
       CALL JA(N,KK,A,B,X)
       WRITE(2,1) X
       WRITE(*,1) X
1      FORMAT(1X,3E14.7)
       STOP
       END
```

计算结果

.0000000E + 00	.0000000E + 00	.0000000E + 00
.1250000E + 00	.4000000E + 00	-.6000000E + 00
.2500000E + 00	.3150000E + 00	-.4950000E + 00
.2262500E + 00	.3005000E + 00	-.4870000E + 00
.2234375E + 00	.3060500E + 00	-.4946500E + 00
.2250875E + 00	.3058475E + 00	-.4941025E + 00
.2249938E + 00	.3055722E + 00	-.4938130E + 00
.2249232E + 00	.3056200E + 00	-.4938868E + 00

5.2.2 高斯 – 赛得尔迭代法

在雅可比迭代法中,在计算 $x_i^{(k+1)}$ 时,$x_1^{(k+1)},x_2^{(k+1)},\cdots,x_{i-1}^{(k+1)}$ 已被算出,这些新的近似分量可以加以利用,于是得到了高斯 – 赛得尔(Seidel)迭代法,即

$$x_i^{(k+1)} = \frac{1}{a_{ii}}\Big[-\sum_{j=1}^{i-1} a_{ij}x_j^{(k+1)} - \sum_{j=i+1}^{n} a_{ij}x_j^{(k)} + b_i \Big] \quad (i = 1,2,\cdots,n)$$

写成矩阵形式为

$$X^{(k+1)} = D^{-1}[EX^{(k+1)} + FX^{(k)} + B]$$

如果将上式中的同类项合并,可以得到式(2)的形式,即

$$X^{(k+1)} = CX^{(k)} + G$$

其中

$$C = (D - E)^{-1}F$$
$$G = (D - E)^{-1}B$$

高斯 – 赛得尔迭代法解线性代数方程组的子程序 GA

```
      SUBROUTINE GA(N,KK,A,B,X)
      DIMENSION A(N,N),B(N),X(N,KK)
      DO 10 K = 1,KK - 1
      DO 20 I = 1,N
      C = 0.0
      D = 0.0
      DO 30 J = 1,I - 1
30    C = C + A(I,J) * X(J,K + 1)
      DO 40 J = I + 1,N
40    D = D + A(I,J) * X(J,K)
      X(I,K + 1) = (- C - D + B(I))/A(I,I)
20    CONTINUE
10    CONTINUE
      RETURN
      END
```

使用说明

子程序语句
SUBROUTINE GA(N,KK,A,B,X)
其他同雅可比程序使用说明。

例题 5.4 用高斯 – 赛得尔迭代法计算例题 5.3。

```
      PROGRAM TGA
      DIMENSION A(3,3),B(3),X(3,8)
      DATA A/8.,2.,1.,-1.,10.,1.,1.,-1.,-5./
      DATA B/1.,4.,3./
      OPEN(2,FILE = 'DT.DAT')
      N = 3
      KK = 8
      DO 1 I = 1,N
      DO 1 J = 1,KK
1     X(I,J) = 0.0
      CALL GA(N,KK,A,B,X)
      WRITE(2,2) X
      WRITE(*,2) X
2     FORMAT(1X,3E14.7)
      STOP
      END
```

计算结果

.0000000E + 00	.0000000E + 00	.0000000E + 00
.1250000E + 00	.3750000E + 00	– .5000000E + 00
.2343750E + 00	.3031250E + 00	– .4925000E + 00
.2244531E + 00	.3058594E + 00	– .4939375E + 00
.2249746E + 00	.3056113E + 00	– .4938828E + 00
.2249368E + 00	.3056244E + 00	– .4938878E + 00
.2249390E + 00	.3056234E + 00	– .4938875E + 00
.2249389E + 00	.3056235E + 00	– .4938875E + 00

上述结果表明,高斯 – 赛得尔迭代法的精度明显高于雅可比迭代法。

5.2.3 逐次超松弛迭代法

在雅可比迭代法中,由 $X^{(k)}$ 算出的

$$X^{(k+1)} = D^{-1}(E + F)X^{(k)} + D^{-1}B$$

是一个近似解,为使其更接近精确解 X^*,还可以对其进行如下的调整。

在直线

$$X = X^{(k)} + \tau[X^{(k+1)} - X^{(k)}]$$

上取一点

$$X^{(k+1)} = X^{(k)} + \omega[X^{(k+1)} - X^{(k)}] =$$
$$(1 - \omega)X^{(k)} + \omega D^{-1}(E + F)X^{(k)} + \omega D^{-1}B$$

作为新的近似解,其中的参数 ω 称为松驰因子,可以选为适当的数值。然后,再利用高斯 - 赛得尔法进行迭代,取

$$X^{(k+1)} = (1 - \omega)X^{(k)} + \omega D^{-1}EX^{(k+1)} + \omega D^{-1}FX^{(k)} + \omega D^{-1}B$$

作为新的近似解,称之为逐次超松驰迭代法(SOR)。

上式的分量形式为

$$x_i^{(k+1)} = (1 - \omega)x_i^{(k)} + \frac{\omega}{a_{ii}}\left[-\sum_{j=1}^{i-1} a_{ij}x_j^{(k+1)} - \sum_{j=i+1}^{n} a_{ij}x_j^{(k)} + b_i\right]$$

其中,$i = 1, 2, \cdots, n$。

超松驰迭代法也可以改写成式(2)要求的形式,即

$$X^{(k+1)} = CX^{(k)} + G$$

其中

$$C = (D - \omega E)^{-1}[(1 - \omega)D + \omega F]$$
$$G = \omega(D - \omega E)^{-1}B$$

超松驰迭代法解线性代数方程组的子程序 SOR

```
      SUBROUTINE SOR(N,KK,A,B,X,OMIG)
      DIMENSION A(N,N),B(N),X(N,KK)
      DO 10 K = 1,KK - 1
      DO 20 I = 1,N
      C = 0.0
      D = 0.0
      DO 30 J = 1,I - 1
30    C = C + A(I,J) * X(J,K + 1)
      DO 40 J = I + 1,N
40    D = D + A(I,J) * X(J,K)
      X(I,K + 1) = (1.0 - OMIG) * X(I,K) + OMIG * (- C - D + B(I))/A(I,I)
20    CONTINUE
10    CONTINUE
      RETURN
      END
```

使用说明

(1) 子程序语句

SUBROUTINE SOR(N,KK,A,B,X,OMIG)

(2) 哑元说明

OMIG　　　实变量,输入参数,为松驰因子。

其他同雅可比程序使用说明。

例题 5.5　选 OMIG = 1.005,用逐次超松驰迭代法计算例题 5.3。

```
        PROGRAM TSOR
        DIMENSION A(3,3),B(3),X(3,8)
        DATA A/8.,2.,1.,-1.,10.,1.,1.,-1.,-5./
        DATA B/1.,4.,3./
        OPEN(2,FILE = 'DT.DAT')
        OMIG = 1.005
        N = 3
        KK = 8
        DO 100 I = 1,N
        DO 100 J = 1,KK
100     X(I,J) = 0.0
        CALL SOR(N,KK,A,B,X,OMIG)
        WRITE(2,1) X
        WRITE(*,1) X
1       FORMAT(1X,3E14.7)
        STOP
        END
```

计算结果

.0000000E + 00	.0000000E + 00	.0000000E + 00
.1256250E + 00	.3767494E + 00	-.5020227E + 00
.2353926E + 00	.3023491E + 00	-.4924038E + 00
.2242889E + 00	.3059196E + 00	-.4939661E + 00
.2249892E + 00	.3056040E + 00	-.4938810E + 00
.2249354E + 00	.3056249E + 00	-.4938880E + 00
.2249391E + 00	.3056234E + 00	-.4938875E + 00
.2249389E + 00	.3056235E + 00	-.4938875E + 00

上述结果表明,超松驰迭代法的精度与高斯－赛得尔迭代法基本相同。

5.3 追赶法

5.3.1 克洛特分解

若能将矩阵 A 分解成下三角矩阵 L 与单位上三角矩阵 R 的乘积,即 $A = LR$,其中

$$A = \begin{pmatrix} a_{11} & a_{12} & \cdots & a_{1n} \\ a_{21} & a_{22} & \cdots & a_{2n} \\ \vdots & \vdots & \vdots & \vdots \\ a_{n1} & a_{n2} & \cdots & a_{nn} \end{pmatrix}$$

$$L = \begin{pmatrix} l_{11} & 0 & \cdots & 0 \\ l_{21} & l_{22} & \cdots & 0 \\ \vdots & \vdots & \vdots & \vdots \\ l_{n1} & l_{n2} & \cdots & l_{nn} \end{pmatrix}$$

$$R = \begin{pmatrix} 1 & r_{12} & \cdots & r_{1n} \\ 0 & 1 & \cdots & r_{2n} \\ \vdots & \vdots & \vdots & \vdots \\ 0 & 0 & \cdots & 1 \end{pmatrix}$$

则称这种分解为克洛特(Grout)分解。

下面利用比较法导出 L 和 R 的矩阵元的计算公式。

比较 $A = LR$ 两边第 i 行 j 列的元素可知

$$a_{ij} = \sum_{k=1}^{n} l_{ik} r_{kj}$$

注意到

$$l_{i,i+1} = l_{i,i+2} = \cdots = l_{i,n} = 0$$
$$r_{j+1,j} = r_{j+2,j} = \cdots = r_{n,j} = 0$$

于是有

$$a_{ij} = \sum_{k=1}^{\min\{i,j\}} l_{ik} r_{kj}$$

再由 $r_{jj} = 1$ 可知,当 $i = j, j+1, \cdots, n$ 时,有

$$a_{ij} = \sum_{k=1}^{j} l_{ik} r_{kj} = \sum_{k=1}^{j-1} l_{ik} r_{kj} + l_{ij}$$

于是得到

$$l_{ij} = a_{ij} - \sum_{k=1}^{j-1} l_{ik} r_{kj} \quad (i = j, j+1, \cdots, n)$$

而当 $i = j+1, j+2, \cdots, n$ 时,有

$$a_{ji} = \sum_{k=1}^{j} l_{jk} r_{ki} = \sum_{k=1}^{j-1} l_{jk} r_{ki} + l_{jj} r_{ji}$$

于是又得到

$$r_{ji} = (a_{ji} - \sum_{k=1}^{j-1} l_{jk} r_{ki})/l_{jj} \quad (i = j+1, j+2, \cdots, n)$$

具体使用时,运算次序应是先列后行,方程组右端矢量可置于最后一列,按照计算 r 的公式进行统一处理。

求解方程组的步骤为,将 $AX = B$ 化为 $LRX = B$,先由 $LY = B$ 求出 Y,再求解 $RX = Y$,即可得到 X。

例题 5.6 求解矩阵形式的线性方程组 $AX = B$,其中

$$A = \begin{pmatrix} 1 & 2 & 3 & 4 \\ 1 & 4 & 9 & 16 \\ 1 & 8 & 27 & 64 \\ 1 & 16 & 81 & 256 \end{pmatrix}, \quad B = \begin{pmatrix} 2 \\ 10 \\ 44 \\ 190 \end{pmatrix}$$

解 首先求出

$$L = \begin{pmatrix} 1 & 0 & 0 & 0 \\ 1 & 2 & 0 & 0 \\ 1 & 6 & 6 & 0 \\ 1 & 14 & 36 & 24 \end{pmatrix}, \quad R = \begin{pmatrix} 1 & 2 & 3 & 4 \\ 0 & 1 & 3 & 6 \\ 0 & 0 & 1 & 4 \\ 0 & 0 & 0 & 1 \end{pmatrix}$$

然后由 $LY = B$ 解出

$$Y = (2 \quad 4 \quad 3 \quad 1)^T$$

式中符号 T 为矩阵的转置。最后由 $RX = Y$ 解得

$$X = (-1 \quad 1 \quad -1 \quad 1)^T$$

克洛特方法解线性方程组的子程序 CROUT

```
      SUBROUTINE CROUT(N,M,A)
      DIMENSION A(N,M)
      DO 11 I = 2,N
11    A(1,I) = A(1,I)/A(1,1)
      DO 3 K = 2,N
      DO 2 IK = K,N
      DO 2 MI = 2,K
2     A(IK,K) = A(IK,K) - A(IK,MI-1)*A(MI-1,K)
```

```
         J1 = K + 1
         DO 3 J = J1,N
         DO 4 MJ = 2,K
4        A(K,J) = A(K,J) - A(K,MJ-1)*A(MJ-1,J)
3        A(K,J) = A(K,J)/A(K,K)
         I1 = N + 1
         DO 5 I = I1,M
5        A(1,I) = A(1,I)/A(1,1)
         DO 7 JJ = I1,M
         DO 7 L = 2,N
         DO 8 KL = 2,L
8        A(L,JJ) = A(L,JJ) - A(L,KL-1)*A(KL-1,JJ)
7        A(L,JJ) = A(L,JJ)/A(L,L)
         DO 10 JI = I1,M
         DO 10 K1 = 2,N
         K2 = N - K1 + 2
         DO 10 K3 = K2,N
         K4 = N - K1 + 1
10       A(K4,JI) = A(K4,JI) - A(K4,K3)*A(K3,JI)
         RETURN
         END
```

使用说明

(1) 子程序语句

SUBROUTINE CROUT(N,M,A)

(2) 哑元说明

N 　整变量,输入参数,方程组未知数个数。

M 　整变量,输入参数,M - N 为右端矢量的组数。

A 　输入参数,N×M 个元素的二维实数组,开始时第 N + 1,N + 2,…,N + M 列存放不同的右端矢量,是输入参数,结束时存放相应的解,也是输出参数。

例题 5.7 求解两个联立方程组

$$\begin{cases} x_1 - x_2 + x_3 = -4.15 \\ 5x_1 - 4x_2 + 3x_3 = -12.56 \\ 2x_1 + x_2 + x_3 = 11.13 \end{cases}$$

PROGRAM TCROUT

```
      DIMENSION A(3,5)
      DATA A/1.,5.,2.,-1.,-4.,1.,1.,3.,1.,-4.,-12.,11.,
     * 15.,56.,13./
      OPEN(2,FILE = 'DT.DAT')
      CALL CROUT(3,5,A)
      DO 10 I = 4,5
      WRITE(2,1) A(1,I),A(2,I),A(3,I)
      WRITE( * ,1) A(1,I),A(2,I),A(3,I)
1     FORMAT(1X,3F13.7)
10    CONTINUE
      STOP
      END
```

计算结果

3.0000000   6.0000000   -1.0000000
4.0000000   -3.0000000   8.0000000

5.3.2 解三对角方程组的追赶法

设有方程组 $AX = D$，其中 A 为三对角形方阵，D 为列矩阵，即

$$A = \begin{pmatrix} b_1 & c_1 & 0 & \cdots & 0 & 0 \\ a_2 & b_2 & c_2 & \cdots & 0 & 0 \\ 0 & a_3 & b_3 & \cdots & 0 & 0 \\ 0 & 0 & a_4 & \cdots & 0 & 0 \\ \vdots & \vdots & \vdots & & \vdots & \vdots \\ 0 & 0 & 0 & \cdots & a_n & b_n \end{pmatrix}, \quad D = \begin{pmatrix} d_1 \\ d_2 \\ d_3 \\ \vdots \\ d_{n-1} \\ d_n \end{pmatrix}$$

这种类型的方程组在许多物理问题中都会遇到，鉴于它具有特殊的性质，故其求解速度快，占用内存少，在数值计算中经常被选用。

将三对角方阵 A 做克洛特分解，即

$$\begin{pmatrix} b_1 & c_1 & 0 & \cdots & 0 & 0 \\ a_2 & b_2 & c_2 & \cdots & 0 & 0 \\ 0 & a_3 & b_3 & \cdots & 0 & 0 \\ 0 & 0 & a_4 & \cdots & 0 & 0 \\ \vdots & \vdots & \vdots & & \vdots & \vdots \\ 0 & 0 & 0 & \cdots & a_n & b_n \end{pmatrix} =$$

$$\begin{pmatrix} l_{11} & 0 & 0 & \cdots & 0 & 0 \\ l_{21} & l_{22} & 0 & \cdots & 0 & 0 \\ l_{31} & l_{32} & l_{33} & \cdots & 0 & 0 \\ \vdots & \vdots & \vdots & \vdots & \vdots & \vdots \\ l_{n-1,1} & l_{n-1,2} & l_{n-1,3} & \cdots & l_{n-1,n-1} & 0 \\ l_{n1} & l_{n2} & l_{n3} & \cdots & l_{n,n-1} & l_{nn} \end{pmatrix} \begin{pmatrix} 1 & r_{12} & r_{13} & \cdots & r_{1,n-1} & r_{1n} \\ 0 & 1 & r_{23} & \cdots & r_{2,n-1} & r_{2n} \\ 0 & 0 & 1 & \cdots & r_{3,n-1} & r_{3n} \\ \vdots & \vdots & \vdots & \vdots & \vdots & \vdots \\ 0 & 0 & 0 & \cdots & 1 & r_{n-1,n} \\ 0 & 0 & 0 & \cdots & 0 & 1 \end{pmatrix}$$

由于，$a_{i-2,i} = a_{i-3,i} = \cdots = 0$，$a_{i,i-2} = a_{i,i-3} = \cdots = 0$，所以，方阵 L 只有对角元和下三角的次对角元不为零，而方阵 R 的对角元皆为 1，且只有上三角的次对角元不为零，即

$$\begin{pmatrix} b_1 & c_1 & 0 & \cdots & 0 & 0 \\ a_2 & b_2 & c_2 & \cdots & 0 & 0 \\ 0 & a_3 & b_3 & \cdots & 0 & 0 \\ 0 & 0 & a_4 & \cdots & 0 & 0 \\ \vdots & \vdots & \vdots & \vdots & \vdots & \vdots \\ 0 & 0 & 0 & \cdots & a_n & b_n \end{pmatrix} =$$

$$\begin{pmatrix} l_{11} & 0 & 0 & \cdots & 0 & 0 \\ l_{21} & l_{22} & 0 & \cdots & 0 & 0 \\ 0 & l_{32} & l_{33} & \cdots & 0 & 0 \\ \vdots & \vdots & \vdots & \vdots & \vdots & \vdots \\ 0 & 0 & 0 & \cdots & l_{n-1,n-1} & 0 \\ 0 & 0 & 0 & \cdots & l_{n,n-1} & l_{nn} \end{pmatrix} \begin{pmatrix} 1 & r_{12} & 0 & \cdots & 0 & 0 \\ 0 & 1 & r_{23} & \cdots & 0 & 0 \\ 0 & 0 & 1 & \cdots & 0 & 0 \\ \vdots & \vdots & \vdots & \vdots & \vdots & \vdots \\ 0 & 0 & 0 & \cdots & 1 & r_{n-1,n} \\ 0 & 0 & 0 & \cdots & 0 & 1 \end{pmatrix}$$

若令 $r_{i,i+1} = r_i$，$l_i = l_{ii}$，再顾及到 $l_{i,i-1} = a_i$，则上式简化成

$$\begin{pmatrix} b_1 & c_1 & 0 & \cdots & 0 & 0 \\ a_2 & b_2 & c_2 & \cdots & 0 & 0 \\ 0 & a_3 & b_3 & \cdots & 0 & 0 \\ \vdots & \vdots & \vdots & \vdots & \vdots & \vdots \\ 0 & 0 & 0 & \cdots & b_{n-1} & c_{n-1} \\ 0 & 0 & 0 & \cdots & a_n & b_n \end{pmatrix} =$$

$$\begin{pmatrix} l_1 & 0 & 0 & \cdots & 0 & 0 \\ a_2 & l_2 & 0 & \cdots & 0 & 0 \\ 0 & a_3 & l_3 & \cdots & 0 & 0 \\ \vdots & \vdots & \vdots & & \vdots & \vdots \\ 0 & 0 & 0 & \cdots & l_{n-1} & 0 \\ 0 & 0 & 0 & \cdots & a_n & l_n \end{pmatrix} \begin{pmatrix} 1 & r_1 & 0 & \cdots & 0 & 0 \\ 0 & 1 & r_2 & \cdots & 0 & 0 \\ 0 & 0 & 1 & \cdots & 0 & 0 \\ \vdots & \vdots & \vdots & & \vdots & \vdots \\ 0 & 0 & 0 & \cdots & 1 & r_{n-1} \\ 0 & 0 & 0 & \cdots & 0 & 1 \end{pmatrix}$$

由上式可知

$$l_i = b_i - a_i r_{i-1} \quad (r_0 = 0)$$
$$r_i = c_i / l_i \quad (i = 1, 2, 3, \cdots, n-1)$$

在利用上式计算方阵 L 和 R 的矩阵元时,需要按如下的顺序操作

$$l_1 \to r_1 \to l_2 \to r_2 \to l_3 \to r_3 \to \cdots \to r_{n-1} \to l_n$$

若设 $RX = Y$,则方程 $AX = D$ 化为 $LY = D$,即

$$\begin{pmatrix} l_1 & 0 & 0 & \cdots & 0 & 0 \\ a_2 & l_2 & 0 & \cdots & 0 & 0 \\ 0 & a_3 & l_3 & \cdots & 0 & 0 \\ \vdots & \vdots & \vdots & & \vdots & \vdots \\ 0 & 0 & 0 & \cdots & l_{n-1} & 0 \\ 0 & 0 & 0 & \cdots & a_n & l_n \end{pmatrix} \begin{pmatrix} y_1 \\ y_2 \\ y_3 \\ \vdots \\ y_{n-1} \\ y_n \end{pmatrix} = \begin{pmatrix} d_1 \\ d_2 \\ d_3 \\ \vdots \\ d_{n-1} \\ d_n \end{pmatrix}$$

解之得

$$y_i = (d_i - y_{i-1} a_i) / l_i \quad (y_0 = 0) \tag{1}$$

最后,利用求出的 Y 再求解方程 $RX = Y$,得到

$$\begin{cases} x_n = y_n \\ x_i = y_i - r_i x_{i+1} \quad (i = n-1, n-2, \cdots, 2, 1) \end{cases} \tag{2}$$

这一解法称为追赶法,它由两组递推公式组成,式(1) 称为追的过程,式 (2) 称为赶的过程。

追赶法解三对角线线性方程组的子程序 TRID

```
      SUBROUTINE TRID(N,M,A,B,C,F)
      DIMENSION A(M),B(N),C(M),F(N)
      F(1) = F(1)/B(1)
      W = B(1)
      DO 1 J = 1,M
      B(J) = C(J)/W
      W = B(J + 1) - A(J) * B(J)
```

$$F(J+1) = (F(J+1) - A(J)*F(J))/W$$
1　　　CONTINUE
　　　DO 2 I = 1, M
　　　J = N - I
　　　$F(J) = F(J) - B(J)*F(J+1)$
2　　　CONTINUE
　　　RETURN
　　　END

使用说明

(1) 子程序语句
SUBROUTINE TRID(N, M, A, B, C, F)

(2) 哑元说明

N　　　整变量,输入参数,方程组的个数。

M　　　整变量,输入参数,M = N - 1。

A, B, C　分别是 M, N, M 个元素的一维实数组,输入参数,分别存放上对角线以下、对角线及对角线以上的系数值。

F　　　N 个元素的一维实数组,开始时存放右端列矢量,返回时存放解矢量,既是输入参数也是输出参数。

例题 5.8　解三对角方程组

$$\begin{pmatrix} 1 & 1 & 0 & 0 & 0 \\ 1 & 2 & 1 & 0 & 0 \\ 0 & 1 & 3 & 1 & 0 \\ 0 & 0 & 1 & 4 & 1 \\ 0 & 0 & 0 & 1 & 5 \end{pmatrix} \begin{pmatrix} x_1 \\ x_2 \\ x_3 \\ x_4 \\ x_5 \end{pmatrix} = \begin{pmatrix} 3 \\ 8 \\ 15 \\ 24 \\ 29 \end{pmatrix}$$

```
      PROGRAM TTRID
      DIMENSION A(4), B(5), C(4), F(5)
      DATA F/3.0, 8.0, 15.0, 24.0, 29.0/
      OPEN(2, FILE = 'DT.DAT')
      N = 5
      M = 4
      DO 10 I = 1, M
      A(I) = 1.0
10    C(I) = 1.0
```

```
        DO 20 I = 1,N
20      B(I) = FLOAT(I)
        CALL TRID(N,M,A,B,C,F)
        WRITE(2,1) F
        WRITE(*,1) F
1       FORMAT(2X,'X = ',3F15.7)
        STOP
        END
```

计算结果

X =   1.0000000   2.0000000   3.0000000
X =   4.0000000   5.0000000

5.4 矩阵求逆

设 A 为 $n \times n$ 的非奇异矩阵，想要得到它的逆矩阵 A^{-1}，就是要解矩阵方程
$$AX = I$$
由于 I 为单位矩阵，所以需要求解 n 个方程的方程组
$$AX_i = I_i \quad (i = 1,2,\cdots,n)$$
其中，X_i 与 I_i 分别是 A^{-1} 与 I 的第 i 列。

5.4.1 高斯 – 约当消元法

由关系式
$$Y = AX \tag{1}$$
知
$$X = BY \tag{2}$$
中的矩阵 B 即为矩阵 A 的逆矩阵 A^{-1}。

式(1)可以写成分量形式，即
$$\begin{cases} y_1 = a_{11}x_1 + a_{12}x_2 + \cdots + a_{1n}x_n \\ y_2 = a_{21}x_1 + a_{22}x_2 + \cdots + a_{2n}x_n \\ \quad\quad\quad\quad \vdots \\ y_i = a_{i1}x_1 + a_{i2}x_2 + \cdots + a_{in}x_n \\ \quad\quad\quad\quad \vdots \\ y_n = a_{n1}x_1 + a_{n2}x_2 + \cdots + a_{nn}x_n \end{cases} \tag{3}$$

为保证计算结果的准确无误，在消元的过程中，通常选择绝对值最大的元素(主

元)作为清除对象。

若已求得主元为 a_{ik},则可以从第 i 个方程将 x_k 解出

$$x_k = a'_{i1}x_1 + a'_{i2}x_2 + \cdots + a'_{i,k-1}x_{k-1} + a'_{ik}y_i + a'_{i,k+1}x_{k+1} + \cdots + a'_{in}x_n \quad (4)$$

式中

$$a'_{ik} = 1/a_{ik}, \quad a'_{ij} = -a_{ij}/a_{ik} \quad (j = 1,2,\cdots,n, j \neq k)$$

再将式(4)代入式(3)中的其他方程,得到

$$\begin{cases} y_1 = a'_{11}x_1 + a'_{12}x_2 + \cdots + a'_{1,k-1}x_{k-1} + a'_{1k}y_i + a'_{1,k+1}x_{k+1} + \cdots + a'_{1n}x_n \\ \quad\quad\quad \vdots \\ y_{i-1} = a'_{i-1,1}x_1 + a'_{i-1,2}x_2 + \cdots + a'_{i-1,k-1}x_{k-1} + a'_{i-1,k}y_i + \\ \quad\quad\quad a'_{i-1,k+1}x_{k+1} + \cdots + a'_{i-1,n}x_n \\ y_{i+1} = a'_{i+1,1}x_1 + a'_{i+1,2}x_2 + \cdots + a'_{i+1,k-1}x_{k-1} + a'_{i+1,k}y_i + \\ \quad\quad\quad a'_{i+1,k+1}x_{k+1} + \cdots + a'_{i+1,n}x_n \\ \quad\quad\quad \vdots \\ y_n = a'_{n1}x_1 + a'_{n2}x_2 + \cdots + a'_{n,k-1}x_{k-1} + a'_{nk}y_i + a'_{n,k+1}x_{k+1} + \cdots + a'_{nn}x_n \end{cases}$$

其中的系数为

$$a'_{jk} = a_{jk}/a_{ik} \quad (j = 1,2,\cdots,n, \quad j \neq i)$$

$$a'_{mj} = a_{mj} - a_{mk}a_{ij}/a_{ik} \quad (j,m = 1,2,\cdots,n, \quad j \neq k, m \neq i)$$

然后,在上述方程组中,从尚未选过主元的行列中选取主元,重复上述过程,经过 n 次代入并整理后,可以得到 B 的矩阵形式,从而完成对 A 矩阵求逆的过程。此即高斯-约当消元法的矩阵求逆的算法。

高斯-约当法矩阵求逆的子程序 IVSNC

```
      SUBROUTINE IVSNC(N,A,EP)
      IMPLICIT DOUBLE PRECISION(A-H,O-Z)
      DIMENSION A(N,N),B(N),C(N),ME(N),MF(N)
      DO 10 K = 1,N
      Y = 0.D0
      DO 20 I = K,N
      DO 20 J = K,N
      IF(DABS(A(I,J)).LE.DABS(Y)) GOTO 20
      Y = A(I,J)
      I2 = I
      J2 = J
20    CONTINUE
```

```
            IF(DABS(Y).LT.EP) GOTO 32
            IF(I2.EQ.K) GOTO 33
            DO 11 J = 1,N
            W = A(I2,J)
            A(I2,J) = A(K,J)
11          A(K,J) = W
33          IF(J2.EQ.K) GOTO 44
            DO 22 I = 1,N
            W = A(I,J2)
            A(I,J2) = A(I,K)
22          A(I,K) = W
44          ME(K) = I2
            MF(K) = J2
            DO 50 J = 1,N
            IF(J.NE.K) GOTO 2
3           B(J) = 1.D0/Y
            C(J) = 1.D0
            GOTO 4
2           B(J) = - A(K,J)/Y
            C(J) = A(J,K)
4           A(K,J) = 0.D0
            A(J,K) = 0.D0
50          CONTINUE
            DO 40 I = 1,N
            DO 40 J = 1,N
40          A(I,J) = A(I,J) + C(I) * B(J)
10          CONTINUE
            DO 60 L = 1,N
            K = N - L + 1
            K1 = ME(K)
            K2 = MF(K)
            IF(K1.EQ.K) GOTO 70
            DO 55 I = 1,N
            W = A(I,K1)
```

```
             A(I,K1) = A(I,K)
    55       A(I,K) = W
    70       IF(K2.EQ.K) GOTO 60
             DO 66 J = 1,N
             W = A(K2,J)
             A(K2,J) = A(K,J)
    66       A(K,J) = W
    60       CONTINUE
             RETURN
    32       EP = - EP
             RETURN
             END
```

使用说明

(1) 子程序语句

SUBROUTINE IVSNC(N,A,EP)

(2) 哑元说明

N　　整变量,输入参数,方阵 A 的阶数。

A　　N×N 个元素的二维双精度数组,开始时按列存放方阵 A 的元素,结束时按列存放逆矩阵 A^{-1} 的元素,既是输入参数也是输出参数。

EP　　双精度变量,输入参数,精度控制参数,若主元绝对值小于 EP 时,则认为矩阵 A 奇异,令 EP = - EP 结束程序。它也是输出参数。

例题 5.9　求矩阵

$$A = \begin{pmatrix} 1 & -1 & 1 \\ 5 & -4 & 3 \\ 2 & 1 & 1 \end{pmatrix}$$

的逆矩阵 A^{-1}。

```
             PROGRAM TIVSNC
             IMPLICIT DOUBLE PRECISION(A - H,O - Z)
             DIMENSION A(3,3)
             DATA A/1.D0,5.D0,2.D0, - 1.D0, - 4.D0,1.D0,1.D0,3.D0,1.D0/
             OPEN(2,FILE = 'DT.DAT')
             EP = 1.D - 10
             CALL IVSNC(3,A,EP)
```

```
        WRITE(2,1) A
        WRITE( * ,1) A
1       FORMAT(1X,3F13.7)
        STOP
        END
```

计算结果

    − 1.4000000   .2000001   2.6000000

      .4000000   − .2000000   − .6000000

      .2000000   .4000000   .2000000

第6章 函数插值与微商

在物理学中常常会遇到这样的问题:由实验得到了某一个函数 $y = f(x)$ 在一系列点 $x_0, x_1, \cdots, x_n$ 处的值 $y_0, y_1, \cdots, y_n$,需要构造一个简单的函数 $\varphi(x)$,使其满足

$$\varphi(x_0) = y_0, \varphi(x_1) = y_1, \cdots, \varphi(x_n) = y_n$$

将函数 $\varphi(x)$ 作为函数 $f(x)$ 的近似,上述问题称为函数插值问题。$f(x)$ 称为被插函数,$\varphi(x)$ 称为插值函数,而把 $x_0, x_1, \cdots, x_n$ 称为插值节点,要求的条件称为插值条件。常用的插值函数是多项式插值与样条函数。

函数插值是数值计算的基本方法之一,常用来近似计算被插函数的函数值、零点、极值点、导数与积分,以及帮助求解微分方程、积分方程等。

另外,在实验数据的处理或理论公式的推导过程中,也常常遇到曲线拟合的问题。它也是要构造一个 $f(x)$ 的近似函数 $\varphi(x)$,但不要求满足插值条件,而只要求在插值区内两者的误差最小。

6.1 拉格朗日插值公式

最简单的插值函数是 n 次代数多项式

$$P_n(x) = a_0 + a_1 x + a_2 x^2 + \cdots + a_n x^n$$

这时的插值称为代数插值问题,$P_n(x)$ 称为 n 次插值多项式,其中,$a_i (i = 0, 1, 2, \cdots, n)$ 称为插值系数。

6.1.1 拉格朗日插值多项式

为了便于对构造插值多项式过程的理解,先从最简单的一次($n = 1$)插值多项式开始。

这时的函数插值问题是,寻找满足条件

$$P_1(x_0) = y_0, \quad P_1(x_1) = y_1$$

的一次多项式 $P_1(x) = a_0 + a_1 x$。

上述条件可以改写成系数 a_0 和 a_1 满足的联立方程

$$\begin{cases} a_0 + a_1 x_0 = y_0 \\ a_0 + a_1 x_1 = y_1 \end{cases}$$

解之得
$$a_1 = \frac{y_0 - y_1}{x_0 - x_1}, \quad a_0 = y_0 - \frac{y_0 - y_1}{x_0 - x_1}x_0$$

将上式代入 $y = a_0 + a_1 x$,得到
$$y = y_0 - \frac{y_0 - y_1}{x_0 - x_1}x_0 + \frac{y_0 - y_1}{x_0 - x_1}x$$

整理后,上式变成
$$y = y_0 + \frac{y_0 - y_1}{x_0 - x_1}(x - x_0)$$

从几何学的角度看,这就是过 (x_0, y_0) 和 (x_1, y_1) 两点做直线 $y = P_1(x)$。由解析几何可知,上面的公式是直线的点斜式表示,也可以改写成
$$y = P_1(x) = \frac{x - x_1}{x_0 - x_1}y_0 + \frac{x - x_0}{x_1 - x_0}y_1$$

若令
$$l_0(x) = \frac{x - x_1}{x_0 - x_1}, \quad l_1(x) = \frac{x - x_0}{x_1 - x_0}$$

则有
$$y = P_1(x) = y_0 l_0(x) + y_1 l_1(x) = \sum_{i=0}^{1} y_i l_i(x)$$

$l_i(x)$ 称为拉格朗日(Lagrange)插值基函数。显然,$l_i(x)$ 有下列性质
$$l_0(x) + l_1(x) = 1$$
$$l_0(x_0) = 1, \quad l_0(x_1) = 0$$
$$l_1(x_0) = 0, \quad l_1(x_1) = 1$$

为了突出插值多项式的拉格朗日基函数表示,常用 $L_n(x)$ 代替 $P_n(x)$。

将上述思路推广到一般的插值问题,即已知在 $n+1$ 个互不相同的点 x_0,$x_1, \cdots, x_n$ 处,函数 $y = f(x)$ 的值分别为 $y_0, y_1, \cdots, y_n (y_i = f(x_i))$,求满足条件 $L_n(x_0) = y_0, L_n(x_1) = y_1, \cdots, L_n(x_n) = y_n$ 的次数不超过 n 的多项式 $L_n(x)$。

用类似一次插值的方法可以得到
$$L_n(x) = \sum_{i=0}^{n} y_i l_i(x)$$

其中
$$l_i(x) = \frac{(x - x_0)\cdots(x - x_{i-1})(x - x_{i+1})\cdots(x - x_n)}{(x_i - x_0)\cdots(x_i - x_{i-1})(x_i - x_{i+1})\cdots(x_i - x_n)}$$

$L_n(x)$ 称为函数 $y = f(x)$ 的拉格朗日 n 次插值多项式。

拉格朗日 n 次插值基函数是正交归一完备的,即满足

$$l_i(x_j) = \delta_{i,j} = \begin{cases} 1 & (i = j) \\ 0 & (i \neq j) \end{cases}, \quad \sum_{i=0}^{n} l_i(x) = 1$$

将几个常用的拉格朗日插值多项式列在下面。

1. 一点零次插值

$$L_0(x) = y_0$$

2. 二点一次插值

$$L_1(x) = \frac{x - x_1}{x_0 - x_1} y_0 + \frac{x - x_0}{x_1 - x_0} y_1$$

3. 三点二次插值

$$L_2(x) = \frac{(x - x_1)(x - x_2)}{(x_0 - x_1)(x_0 - x_2)} y_0 + \frac{(x - x_0)(x - x_2)}{(x_1 - x_0)(x_1 - x_2)} y_1 + \frac{(x - x_0)(x - x_1)}{(x_2 - x_0)(x_2 - x_1)} y_2$$

6.1.2 拉格朗日多项式插值程序

拉格朗日插值多项式的子程序 LAGR

```
      SUBROUTINE LAGR(X0,Y0,N,X,Y)
      DIMENSION X0(N),Y0(N)
      Y = 0.0
      DO 30 I = 1,N
      P = 1.0
      DO 20 J = 1,N
      IF(I.EQ.J) GOTO 20
      P = P * (X - X0(J))/(X0(I) - X0(J))
20    CONTINUE
30    Y = Y + P * Y0(I)
      RETURN
      END
```

使用说明

(1) 子程序语句
SUBROUTINE LAGR(X0,Y0,N,X,Y)

(2) 哑元说明

N 　　整变量,输入参数,插值节点个数。

X0,Y0 　N 个元素的一维实数组,输入参数,分别存放插值节点与相应的函数值。

| X | 实变量,输入参数,欲求的插值点的值。|
| Y | 实变量,输出参数,插值结果。|

6.1.3 应用举例

例题 6.1 已知球零阶球贝塞尔函数 $j_0(x)$ 在 $x = 1,2,3,\cdots,14$ 处的函数值,利用拉格朗日插值程序绘出 $j_0(x)$ 和插值曲线。

```
        PROGRAM TLAGR
        DIMENSION X0(14),Y0(14)
        OPEN(2,FILE = 'DT.DAT')
        OPEN(3,FILE = 'DT1.DAT')
        DO 10 I = 1,14
        READ(2,1) X0(I),Y0(I)
1       FORMAT(2X,2E15.7)
10      CONTINUE
        DO 20 I = 10,140
        X = 0.1*I
        CALL LAGR(X0,Y0,14,X,Y)
        WRITE(3,2) X,Y
        WRITE(*,2) X,Y
2       FORMAT(2X,2E15.7)
20      CONTINUE
        STOP
        END
```

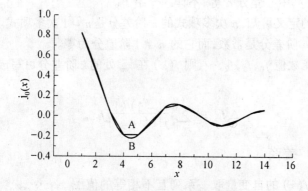

图 6.1 $j_0(x)$ 曲线 A 与插值曲线 B

6.2 差分、差商与数值微商

对于连续变量的函数,常用它的微商来研究它的性质,对于用离散变量描述的函数(数表),则需要用差分来代替微分,用差商来代替微商。

6.2.1 差分

将连续函数 $f(x)$ 的自变量 x 和函数值以步长 h 离散化,即在一系列自变量 x 点 $x_0, x_0+h, x_0+2h, \cdots, x_0+nh$ 上的函数值分别为 $f_0, f_1, f_2, \cdots, f_n$。

将上述函数值中相邻两个数相减,得到

$$\Delta f_0 = f_1 - f_0, \quad \Delta f_1 = f_2 - f_1, \quad \cdots, \Delta f_{n-1} = f_n - f_{n-1}$$

把 $\Delta f_0, \Delta f_1, \cdots, \Delta f_{n-1}$ 分别称之为函数 $f(x)$ 在点 $x_0, x_1, \cdots, x_{n-1}$ 处关于步长 h 的一阶差分。

类似地,将一阶差分中相邻两数相减,得到

$$\Delta^2 f_0 = \Delta f_1 - \Delta f_0, \quad \Delta^2 f_1 = \Delta f_2 - \Delta f_1, \quad \cdots, \Delta^2 f_{n-2} = \Delta f_{n-1} - \Delta f_{n-2}$$

把 $\Delta^2 f_0, \Delta^2 f_1, \cdots, \Delta^2 f_{n-2}$ 分别称二阶差分。

推广到更一般的情况,若已知 $k-1$ 阶差分 $\Delta^{k-1} f_0, \Delta^{k-1} f_1, \Delta^{k-1} f_2, \cdots$,则将

$$\Delta^k f_0 = \Delta^{k-1} f_1 - \Delta^{k-1} f_0$$
$$\Delta^k f_1 = \Delta^{k-1} f_2 - \Delta^{k-1} f_1$$
$$\vdots$$
$$\Delta^k f_{n-k} = \Delta^{k-1} f_{n-k-1} - \Delta^{k-1} f_{n-k}$$

称之为 k 阶差分。

严格地说,上述差分应称为向前差分,它是一种常用的差分格式。此外,还有向后差分 ∇,中心差分 δ 等,不详细介绍了。

由差分的定义可知,n 次多项式的一阶差分是 $n-1$ 次多项式。由此可知,n 次多项式的 n 阶差分是常数,而它的 $n+1$ 阶差分为零。

若已知函数值 $f_0, f_1, f_2, \cdots$,则 $f(x)$ 在 x_m 处的 k 阶差分可写成函数值的线性组和

$$\Delta^k f_m = \sum_{j=0}^{k} \frac{(-1)^j k!}{j!(k-j)!} f_{k+m-j}$$

6.2.2 差商

若函数 $f(x)$ 的自变量取一系列互不相等的值 $x_0, x_1, \cdots, x_n$,则函数 $f(x)$ 在点 x_i, x_j 处的一阶差商记为

$$f(x_i, x_j) = \frac{f(x_i) - f(x_j)}{x_i - x_j} \quad (i \neq j)$$

函数 $f(x)$ 在点 x_i, x_j, x_k 处的二阶差商为

$$f(x_i, x_j, x_k) = \frac{f(x_i, x_j) - f(x_j, x_k)}{x_i - x_k} \quad (i \neq k)$$

更一般地,函数 $f(x)$ 在点 $x_0, x_1, \cdots, x_k$ 处的 k 阶差商为

$$f(x_0, x_1, \cdots, x_k) = \frac{f(x_0, x_1, \cdots, x_{k-1}) - f(x_1, x_2, \cdots, x_k)}{x_0 - x_k} \quad (k \neq 0)$$

若 $x_0, x_1, \cdots, x_n$ 是等间距的,且步长为 h,即

$$x_1 = x_0 + h, \quad x_2 = x_0 + 2h, \quad \cdots, x_n = x_0 + nh$$

则 k 阶差商与 k 阶差分有如下关系

$$f(x_0, x_1, \cdots, x_k) = \frac{\Delta^k f_0}{k! h^k}$$

例如

$$f(x_0, x_1) = \frac{f(x_1) - f(x_0)}{x_1 - x_0} = \frac{\Delta f_0}{h}$$

$$f(x_0, x_1, x_2) = \frac{f(x_0, x_1) - f(x_1, x_2)}{x_0 - x_2} = -\frac{1}{2h}\left[\frac{\Delta f_0}{h} - \frac{\Delta f_1}{h}\right] = \frac{\Delta^2 f_0}{2h^2}$$

6.2.3 数值微商

插值多项式 $L_n(x)$ 是 $f(x)$ 的近似,它很容易求导,可以将 $L_n(x)$ 的导数值作为 $f(x)$ 导数的近似值,于是

$$f^{(k)}(x) \approx L_n^{(k)}(x) = \sum_{i=0}^{n} y_i l_i^{(k)}(x)$$

其中

$$l_i(x) = \frac{(x - x_0)\cdots(x - x_{i-1})(x - x_{i+1})\cdots(x - x_n)}{(x_i - x_0)\cdots(x_i - x_{i-1})(x_i - x_{i+1})\cdots(x_i - x_n)}$$

利用上式可以得到如下常用的数值微分公式。

1. 一阶两点公式

$$f'(x_0) = (y_1 - y_0)/h$$
$$f'(x_1) = (y_1 - y_0)/h$$

2. 一阶三点公式

$$f'(x_0) = (-3y_0 + 4y_1 - y_2)/(2h)$$
$$f'(x_1) = (-y_0 + y_2)/(2h)$$
$$f'(x_2) = (y_0 - 4y_1 + 3y_2)/(2h)$$

3. 二阶三点公式

$$f''(x_0) = (y_0 - 2y_1 + y_2)/h^2$$
$$f''(x_1) = (y_0 - 2y_1 + y_2)/h^2$$
$$f''(x_2) = (y_0 - 2y_1 + y_2)/h^2$$

例题 6.2 已知函数 $y = e^x$ 的下列数值

x	2.5	2.6	2.7	2.8	2.9
y	12.1825	13.4637	14.8797	16.4446	18.1714

分别用两点与三点数值微商公式计算 $x = 2.7$ 处函数的一阶和二阶导数值。

解 当取 $h = 0.2$ 时，有

$$f'(2.7) = (14.8797 - 12.1825)/0.2 = 13.486$$
$$f'(2.7) = (-12.1825 + 18.1714)/2/0.2 = 14.972$$
$$f''(2.7) = (12.1825 - 2 \times 14.8797 + 18.1714)/0.2^2 = 14.863$$

当取 $h = 0.1$ 时，有

$$f'(2.7) = (14.8797 - 13.4637)/0.1 = 14.160$$
$$f'(2.7) = (16.4446 - 13.4637)/2/0.1 = 14.904$$
$$f''(2.7) = (13.4637 - 2 \times 14.8797 + 16.4446)/0.1^2 = 14.890$$

由于 $f'(2.7)$ 与 $f''(2.7)$ 的精确值为 14.87973，上面的计算结果表明，三点公式比两点公式准确，且步长越小越准确。

数值微商的函数子程序 WF

```
      FUNCTION WF(M,L,IH,N,Y)
      DIMENSION Y(N)
      WF = 0.0
      Y0 = Y(L - IH)
      Y1 = Y(L)
      Y2 = Y(L + IH)
      H = FLOAT(IH) * 0.1
      IF(M.NE.12) GOTO 1
      WF = (Y1 - Y0)/H
      RETURN
    1 IF(M.NE.13) GOTO 2
      WF = 0.5 * (Y2 - Y0)/H
      RETURN
```

```
2       IF(M.NE.23) GOTO 3
        WF =（Y0 - 2.0 * Y1 + Y2)/H/H
3       RETURN
        END
```

使用说明

（1）子程序语句
FUNCTION WF(M,L,IH,N,Y)

（2）哑元说明

  M 整变量,输入参数,控制数,取12、13、23时分别使用一阶两点、一阶三点、二阶三点数值微分公式。

  L 整变量,输入参数,欲求导节点的编号。

  IH 整变量,输入参数,自变量的间距 $H = 0.1 * IH$。

  N 整变量,输入参数,自变量及函数值的个数。

  Y N个元素的一维实数组,输入参数,存放函数值。

例题6.3 利用数值微商程序WF计算例题6.2。

```
        PROGRAM TWF
        DIMENSION X(5),Y(5)
        DATA X/2.5,2.6,2.7,2.8,2.9/
        DATA Y/12.1825,13.4637,14.8797,16.4446,18.1714/
        OPEN(2,FILE = 'DT.DAT')
        N = 5
        IH = 0
10      IH = IH + 1
        IF(IH.GT.2) STOP
        F12 = WF(12,3,IH,N,Y)
        F13 = WF(13,3,IH,N,Y)
        F23 = WF(23,3,IH,N,Y)
        WRITE(2,1) IH,X(3),F12,F13,F23
        WRITE( * ,1) IH,X(3),F12,F13,F23
1       FORMAT(2X,'H,X(3) = ',I1,2X,F15.7,/,2X,'D = ',3F15.7)
        GOTO 10
        STOP
        END
```

计算结果

H,X(3) = 1   2.7000000
D =   14.1599900   14.9044900   14.8900000
H,X(3) = 2   2.7000000
D =   13.4860000   14.9722500   14.8625100

6.3 牛顿插值公式

对于给定的插值节点和相应的函数值,插值多项式是惟一的,但插值多项式的表达形式却可以不同,上节给出的拉格朗日插值公式是函数形式的,本节将介绍差商形式的牛顿公式。

6.3.1 牛顿插值公式

由 k 阶差商的定义

$$f(x_0,x_1,\cdots,x_k) = \frac{f(x_0,x_1,\cdots,x_{k-1}) - f(x_1,x_2,\cdots,x_k)}{x_0 - x_k} \quad (k \neq 0)$$

知

$$f(x) = f(x_0) + (x - x_0)f(x,x_0) \tag{1}$$

$$f(x,x_0) = f(x_0,x_1) + (x - x_1)f(x,x_0,x_1) \tag{2}$$

$$f(x,x_0,x_1) = f(x_0,x_1,x_2) + (x - x_2)f(x,x_0,x_1,x_2) \tag{3}$$

$$\vdots$$

$$f(x,x_0,x_1,\cdots,x_{n-1}) = f(x_0,x_1,\cdots,x_n) + (x - x_n)f(x,x_0,x_1,\cdots,x_{n-1}) \tag{4}$$

分别用 $(x - x_0), (x - x_0)(x - x_1), \cdots, (x - x_0)(x - x_1)\cdots(x - x_{n-1})$ 乘上面的式(2)~(4),然后将各式两端相加,整理之后,得到

$$\begin{aligned}f(x) = {}& f(x_0) + (x - x_0)f(x_0,x_1) + (x - x_0)(x - x_1)f(x_0,x_1,x_2) + \cdots + \\ & (x - x_0)(x - x_1)\cdots(x - x_{n-1})f(x_0,x_1,\cdots,x_n) + \\ & (x - x_0)(x - x_1)\cdots(x - x_n)f(x,x_0,x_1,\cdots,x_{n-1}) \end{aligned} \tag{5}$$

若令

$$\begin{aligned}N_n(x) = {}& f(x_0) + (x - x_0)f(x_0,x_1) + (x - x_0)(x - x_1)f(x_0,x_1,x_2) + \cdots + \\ & (x - x_0)(x - x_1)\cdots(x - x_{n-1})f(x_0,x_1,\cdots,x_n) \end{aligned}$$

$$R_n(x) = (x - x_0)(x - x_1)\cdots(x - x_n)f(x,x_0,x_1,\cdots,x_{n-1})$$

则式(5)可以简化成

$$f(x) = N_n(x) + R_n(x)$$

其中，$N_n(x)$ 称为 n 次牛顿插值多项式，$R_n(x)$ 为截断误差。显然，$N_n(x)$ 是 x 的 n 次代数多项式，可以证明 $N_n(x)$ 满足插值条件

$$N_n(x_i) = f(x_i) \quad (i = 0,1,2,\cdots,n)$$

例题 6.4 已知 $x = 0,2,3,5$ 对应的函数值为 $y = 1,3,2,5$，作牛顿插值三次多项式。

解 作差商表

x	y	差商		
		1	2	3
0	1			
		1		
2	3		-2/3	
		-1		3/10
3	2		5/6	
		3/2		
5	5			

此例的三次牛顿插值公式的具体形式为

$$N_3(x) = 1 + x - 2x(x-2)/3 + 3x(x-2)(x-3)/10$$

三次牛顿插值子程序 NEWT3

```
        SUBROUTINE NEWT3(N,X,Y,X0,Y0)
        DIMENSION X(N),Y(N),Z1(3),Z2(2)
        DO 1 J = 1,3
        J1 = J + 1
1       Z1(J) = (Y(J1) - Y(J))/(X(J1) - X(J))
        DO 2 J = 1,2
        J1 = J + 1
        J2 = J + 2
2       Z2(J) = (Z1(J1) - Z1(J))/(X(J2) - X(J))
        Z3 = (Z2(2) - Z2(1))/(X(4) - X(1))
        Y0 = Y(1) + Z1(1)*(X0 - X(1)) + Z2(1)*(X0 - X(1))*(X0
       * - X(2)) + Z3*(X0 - X(1))*(X0 - X(2))*(X0 - X(3))
        RETURN
```

END

使用说明

(1) 子程序语句

SUBROUTINE NEWT3(N,X,Y,X0,Y0)

(2) 哑元说明

N　　整变量,输入参数,插值节点个数。

X,Y　　N个元素的一维实数组,输入参数,分别存放给定插值节点与相应的函数值。

X0　　实变量,输入参数,欲求插值结果的自变量值。

Y0　　实变量,输出参数,插值结果。

例题 6.5　利用牛顿插值程序 NEWT3 计算例题 6.4。

```
       PROGRAM TNEWT3
       DIMENSION X(4),Y(4)
       DATA X/0.,2.,3.,5./
       DATA Y/1.,3.,2.,5./
       OPEN(2,FILE = 'DT.DAT')
       N = 4
       DO 10 I = 1,5
       X0 = I * 1.0
       CALL NEWT3(N,X,Y,X0,Y0)
       WRITE( * ,1) X0,Y0
       WRITE(2,1) X0,Y0
1      FORMAT(2X,'X,Y = ',2F15.7)
10     CONTINUE
       STOP
       END
```

计算结果

X,Y =	1.0000000	3.2666670
X,Y =	2.0000000	3.0000000
X,Y =	3.0000000	2.0000000
X,Y =	4.0000000	2.0666670
X,Y =	5.0000000	5.0000000

6.3.2 等距节点的牛顿插值公式

当节点是等距分布时,用差分表示插值多项式是很方便的,利用前面给出的差分与差商之间的关系式

$$f(x_0, x_1, \cdots, x_k) = \Delta^k f_0 / (k! h^k)$$

可以得到 n 次牛顿插值多项式

$$N_n(x) = f_0 + (x - x_0)\Delta f_0/h + (x - x_0)(x - x_1)\Delta^2 f_0/(2! h^2) + \cdots +$$
$$(x - x_0)(x - x_1)\cdots(x - x_{n-1})\Delta^n f_0/(n! h^n)$$

若令 $x = x_0 + th$ ($x \in [x_0, x_n]$),则有

$$(x - x_0)/h = t, \quad (x - x_1)/h = t - 1, \cdots, (x - x_{n-1})/h = t - n + 1$$

于是

$$N_n(x) = f_0 + t\Delta f_0/1! + t(t-1)\Delta^2 f_0/2! + t(t-1)\cdots(t-n+1)\Delta^n f_0/n!$$

例题 6.6 已知 $f(x) = \sin x$ 数值表如下,用牛顿插值公式求 $\sin(0.57891)$ 的近似值。

x	0.4	0.5	0.6	0.7
y	0.38942	0.47943	0.56464	0.64422

解 显然,x 是等距的,做差商表

x	$\sin x$	Δ	Δ^2	Δ^3
0.4	0.38942			
		0.09001		
0.5	0.47943		0.00480	
		0.08521		-0.00083
0.6	0.56464		-0.00563	
		0.07958		
0.7	0.64422			

取 $x_0 = 0.5, x_1 = 0.6, x_2 = 0.7$,于是有

$$h = 0.1, \quad t = (x - x_0)/h = 0.7891$$

做二次牛顿插值多项式插值

$$N_2(0.57891) \approx f_0 + t\Delta f_0 + t(t-1)\Delta^2 f_0/2 =$$
$$0.47943 + 0.7891 \times 0.08521 + 0.7891 \times (0.7891 - 1) \times$$
$$(-0.000563)/2 = 0.54714$$

6.4 厄米插值公式

对于函数 $f(x)$，若不仅知道它在一些点的函数值，而且，还知道它在这些点的导数值，这时的插值函数 $\varphi(x)$ 就一定要同时满足函数值与导数值的要求，这就是厄米插值问题。

6.4.1 厄米多项式插值

已知函数 $y = f(x)$ 在 n 个互不相同的点 $x_1, x_2, \cdots, x_n$ 处的函数值 $y_1, y_2, \cdots, y_n$ 及导数值 $y_1', y_2', \cdots, y_n'$，所谓厄米插值问题就是寻找次数不超过 $2n-1$ 的多项式 $H_{2n-1}(x)$，使其满足

$$\begin{cases} H_{2n-1}(x_1) = y_1, & H_{2n-1}(x_2) = y_2, \cdots, H_{2n-1}(x_n) = y_n \\ H_{2n}'(x_1) = y_1', & H_{2n}'(x_2) = y_2', \cdots, H_{2n}'(x_n) = y_n' \end{cases}$$

设想 $H_{2n-1}(x)$ 具有如下形式

$$H_{2n-1}(x) = \sum_{j=1}^{n} y_j h_j(x) + \sum_{j=1}^{n} y_j' g_j(x) \tag{1}$$

其中 $h_j(x)$、$g_j(x)$ 都是 $2n-1$ 次多项式，且满足条件

$$h_j(x_i) = \delta_{ij}, \quad h_j'(x_i) = 0$$
$$g_j(x_i) = 0, \quad g_j'(x_i) = \delta_{ij}$$

其中 $i, j = 1, 2, 3, \cdots, n$。

由前二个条件可知，$x_i (i \neq j)$ 为 $h_j(x)$ 的二重零点，所以 $h_j(x)$ 的函数形式为

$$h_j(x) = (Ax + B) W_j^2(x) \tag{2}$$

其中

$$W_j(x) = \frac{(x - x_1) \cdots (x - x_{j-1})(x - x_{j+1}) \cdots (x - x_n)}{(x_j - x_1) \cdots (x_j - x_{j-1})(x_j - x_{j+1}) \cdots (x_j - x_n)}$$

由于 $h_j(x)$ 还必须满足

$$h_j(x_j) = 1, \quad h_j'(x_j) = 0$$

故有

$$\begin{cases} Ax_j + B = 1 \\ A + 2(Ax_j + B) W_j'(x_j) = 0 \end{cases}$$

解之得

$$A = -2 W_j'(x_j), \quad B = 1 + 2 x_j W_j'(x_j)$$

将上式代入式(2)，得到

$$h_j(x) = [1 - 2W_j'(x_j)(x - x_j)] W_j^2(x) \tag{3}$$

对于 $g_j(x)$，由于 $x_i(i \neq j)$ 都是它的二重零点，x_j 是一重零点，所以 $g_j(x)$ 可写为

$$g_j(x) = C(x - x_j) W_j^2(x)$$

由 $g_j'(x_j) = 1$ 得 $CW_j^2(x_j) = 1$，所以 $C = 1$，进而可知

$$g_j(x) = (x - x_j) W_j^2(x) \tag{4}$$

最后，将式(3) 与式(4) 代入式(1)，得到厄米插值多项式为

$$H_{2n-1}(x) = \sum_{j=1}^{n} [1 - 2W_j'(x_j)(x - x_j)] W_j^2(x) y_j + \sum_{j=1}^{n} (x - x_j) W_j^2(x) y_j'$$

特别是，当 $n = 2$ 时，要求 $H_3(x)$ 使得

$$H_3(x_1) = y_1, \quad H_3(x_2) = y_2, \quad H_3'(x_1) = y_1', \quad H_3'(x_2) = y_2'$$

于是得到三次厄米特插值多项式

$$H_3(x) = \left(1 - 2\frac{x - x_1}{x_1 - x_2}\right)\left(\frac{x - x_2}{x_1 - x_2}\right)^2 y_1 + \left(1 - 2\frac{x - x_2}{x_2 - x_1}\right)\left(\frac{x - x_1}{x_2 - x_1}\right)^2 y_2 +$$
$$(x - x_1)\left(\frac{x - x_2}{x_1 - x_2}\right)^2 y_1' + (x - x_2)\left(\frac{x - x_1}{x_2 - x_1}\right)^2 y_2' \tag{5}$$

6.4.2 厄米多项式插值程序

厄米多项式插值子程序 HMT

```
      SUBROUTINE HMT(N,X,Y,Y1,T,F)
      DIMENSION X(N),Y(N),Y1(N)
      F = 0.0
      DO 20 I = 1,N
      H = 1.0
      A = 0.0
      DO 10 J = 1,N
      IF(I.EQ.J) GOTO 10
      H = H * (T - X(J))/(X(I) - X(J))
      H = H * (T - X(J))/(X(I) - X(J))
      A = A + 1.0/(X(I) - X(J))
10    CONTINUE
20    F = F + H * ((X(I) - T) * (2.0 * A * Y(I) - Y1(I)) + Y(I))
      RETURN
      END
```

使用说明

(1) 子程序语句

SUBROUTINE HMT (N,X,Y,Y1,T,F)

(2) 哑元说明

N　　　　　整变量,输入参数,插值节点个数。

X,Y,Y1　　N 个元素的一维实数组,输入参数,分别存放插值节点、相应的函数值与相应的函数一阶导数值。

T　　　　　实变量,输入参数,欲求插值结果的自变量值。

F　　　　　实变量,输出参数,插值结果。

6.4.3　厄米插值程序的应用

例题 6.7　已知函数 $y(x)$ 的函数值与导数值如下表

x	0.1	0.3	0.5
$y(x)$	0.099833	0.295520	0.479426
$y'(x)$	0.995004	0.955336	0.877583

求 $y(x)$ 在 $x = 0.25$ 处的值。

```
        PROGRAM THMT
        DIMENSION X(3),Y(3),Y1(3)
        DATA X/0.1,0.3,0.5/
        DATA Y/0.099833,0.295520,0.479426/
        DATA Y1/0.995004,0.955336,0.877583/
        OPEN(2,FILE = 'DT.DAT')
        CALL HMT(3,X,Y,Y1,0.25,F)
        WRITE(2,1) F
        WRITE( * ,1) F
1       FORMAT(2X,'F = ',E15.7)
        STOP
        END
```

计算结果

F =　　　　.2474038E + 00

6.5 曲线拟合

在物理实验中,如果测出了 N 对数据(x_i, y_i),如何求得自变量 x 和因变量 y 的一个近似的函数关系式 $y = f(x)$?在理论推导中,有时也希望将一复杂的函数关系用一个简单的函数关系来近似,从而使得问题处理起来更便捷。曲线拟合可以解决上述问题。

虽然曲线拟合与插值问题类似,但两者还是有着明显的差异。插值问题要求插值函数在插值点上精确满足 $y_i = f(x_i)$,而曲线拟合问题并不要求曲线必须通过所有的插值点(x_i, y_i),但要求画出来的近似曲线能反映数据的一般趋势,尽量不出现局部的波动,通常用最小二乘法原理来实现这个目标。

6.5.1 直线拟合

如果 N 对数据$(x_i, y_i)(i = 1, 2, \cdots, N)$,在 $x - y$ 平面上画出的曲线接近直线,则可用直线 $y = a + bx$ 去拟合它。这样就可以选择适当的参数 a 和 b,使误差平方和

$$Q(a, b) = \sum_{j=1}^{N} [y_j - (a + bx_j)]^2$$

达到最小值。

根据求极值的方法,参数 a、b 必须满足联立方程

$$\begin{cases} \dfrac{\partial Q}{\partial a} = -2\sum_{j=1}^{N} [y_j - (a + bx_j)] = 0 \\ \dfrac{\partial Q}{\partial b} = -2\sum_{j=1}^{N} [y_j - (a + bx_j)] x_j = 0 \end{cases}$$

解之得到

$$a = \frac{\bar{y}\sum_{j=1}^{N} x_j^2 - \bar{x}\sum_{j=1}^{N} x_j y_j}{\sum_{j=1}^{N} x_j^2 - N\bar{x}^2}$$

$$b = \frac{\sum_{j=1}^{N} x_j y_j - N\bar{x}\bar{y}}{\sum_{j=1}^{N} x_j^2 - N\bar{x}^2}$$

其中

$$\bar{x} = \frac{1}{N}\sum_{j=1}^{N} x_j, \quad \bar{y} = \frac{1}{N}\sum_{j=1}^{N} y_j$$

6.5.2 指数函数拟合

若 N 对数据 $(x_i, y_i)(i = 1, 2, \cdots, N)$，在 $x-y$ 平面上的图形类似 e 指数函数的曲线，则可试用 $y = ae^{bx}$（a、b 为实常数）来拟合它。

不失一般性地设 $a > 0$（否则取绝对值，求出结果后再加负号），对 $y = ae^{bx}$ 两边取对数，有

$$\ln y = \ln a + bx$$

若令

$$\tilde{y} = \ln y, \quad \tilde{a} = \ln a, \quad \tilde{b} = b$$

则有

$$\tilde{y} = \tilde{a} + \tilde{b}x$$

于是，指数拟合问题又变为直线拟合问题。利用直线拟合的公式求出 $\tilde{a}$、$\tilde{b}$ 后，可得

$$a = e^{\tilde{a}}, \quad b = \tilde{b}$$

指数函数拟合曲线的子程序 EZSNH

```
      SUBROUTINE EZSNH(N,X,Y,A,B)
      DIMENSION X(N),Y(N)
      AN = FLOAT(N)
      XIF = 0.0
      XP = 0.0
      YCP = 0.0
      XYH = 0.0
      DO 10 I = 1,N
      XIF = XIF + X(I)**2
      XP = XP + X(I)
      YC = ALOG(Y(I))
      YCP = YCP + YC
   10 XYH = XYH + X(I)*YC
      XP = XP/AN
      YCP = YCP/AN
      GT = XIF - AN*XP*XP
      AC = (YCP*XIF - XP*XYH)/GT
      B = (XYH - AN*XP*YCP)/GT
      A = EXP(AC)
```

RETURN
END

使用说明

(1) 子程序语句

SUBROUTINE EZSNH(N,X,Y,A,B)

(2) 哑元说明

N　　整变量,输入参数,数据点个数。

X,Y　　N个元素的一维实数组,输入参数,分别存放自变量值和函数值。

A,B　　实变量,输出参数,指数函数中的两个常数。

例题 6.8　已知函数列表

x_j	1	2	3	4	5	6	7	8
y_j	15.3	20.5	27.4	36.6	49.1	65.6	89.8	117.6

用指数曲线 $f(x) = ae^{bx}$ 拟合之。

```
      PROGRAM TEZSNH
      DIMENSION X(8),Y(8)
      DATA X/1.0,2.0,3.0,4.0,5.0,6.0,7.0,8.0/
      DATA Y/15.3,20.5,27.4,36.6,49.1,65.6,87.8,117.6/
      OPEN(2,FILE = 'DT.DAT')
      CALL EZSNH(8,X,Y,A,B)
      WRITE(2,1) A,B
      WRITE( * ,1) A,B
1     FORMAT(2X,'A,B = ',2F15.7,/,2X,'X,Y,T')
      DO 2 I = 1,8
      XX = X(I)
      YE = Y(I)
      YT = A * EXP(B * XX)
      WRITE( * ,3) XX,YE,YT
      WRITE(2,3) XX,YE,YT
3     FORMAT(2X,3E15.7)
2     CONTINUE
      STOP
      END
```

计算结果

A, B =   11.4370800   .2912158

X, Y, T

.1000000E + 01	.1530000E + 02	.1530342E + 02
.2000000E + 01	.2050000E + 02	.2047680E + 02
.3000000E + 01	.2740000E + 02	.2739904E + 02
.4000000E + 01	.3660000E + 02	.3666138E + 02
.5000000E + 01	.4910000E + 02	.4905488E + 02
.6000000E + 01	.6560000E + 02	.6563805E + 02
.7000000E + 01	.8780000E + 02	.8782720E + 02
.8000000E + 01	.1176000E + 03	.1175175E + 03

6.5.3 m 次代数多项式拟合

用 m 次代数多项式

$$P_m(x) = \sum_{j=1}^{m+1} a_j x^{j-1} \quad (m < N)$$

去拟合 N 对已知数据点 (x_j, y_j)，问题变为选择适当的系数 $a_1, a_2, \cdots, a_{m+1}$ 使得误差平方和

$$Q(a_1, a_2, \cdots, a_{m+1}) = \sum_{i=1}^{N} \left(\sum_{j=1}^{m+1} a_j x_i^{j-1} - y_i \right)^2$$

取最小值。

这就要求参数 $a_1, a_2, \cdots, a_{m+1}$ 必须满足下列方程组

$$\frac{\partial Q}{\partial a_k} = 2 \sum_{i=1}^{N} \left(\sum_{j=1}^{m+1} a_j x_i^{j-1} - y_i \right) x_i^{k-1} = 0 \quad (k = 1, 2, \cdots, m+1)$$

或者写成

$$\sum_{i=1}^{N} y_i x_i^{k-1} = \sum_{j=1}^{m+1} a_j \sum_{i=1}^{N} x_i^{j+k-2}$$

若令

$$S_k = \sum_{i=1}^{N} x_i^{k-1}, \quad T_k = \sum_{i=1}^{N} y_i x_i^{k-1}$$

则方程组变为正规方程组

$$\sum_{j=1}^{m+1} a_j S_{j+k-1} = T_k \quad (k = 1, 2, \cdots, m+1)$$

这是含有 $m+1$ 个未知数 a_j 的 $m+1$ 个联立方程组，算出 S_k、T_k 后，可利用求解 $m+1$ 未知数的代数方程组的程序（例如高斯消元法，见 5.1 节），求得系数 a_1,

$a_2, \cdots, a_{m+1}$，从而得到 m 次的拟合多项式

$$P_m(x) = \sum_{j=1}^{m+1} a_j x^{j-1}$$

多项式曲线拟合的子程序 DXSNH

```
      SUBROUTINE DXSNH(N,M,X,Y,S,T)
      DIMENSION X(N),Y(N),S(M,M),T(M)
      M1 = M - 1
      DO 5 I = 1,M
      T(I) = 0.0
      DO 5 J = 1,M
5     S(I,J) = 0.0
      S(1,1) = N
      DO 6 J = 1,N
6     T(1) = T(1) + Y(J)
      DO 7 I = 2,M
      I1 = I - 1
      MI = M + I - 2
      DO 7 J = 1,N
      S(I,1) = S(I,1) + X(J) ** I1
      S(M,I) = S(M,I) + X(J) ** MI
7     T(I) = T(I) + X(J) ** I1 * Y(J)
      DO 8 J = 2,M1
      DO 8 I = J,M1
8     S(I,J) = S(I+1,J-1)
      DO 9 I = 1,M1
      I1 = I + 1
      DO 9 J = I1,M
9     S(I,J) = S(J,I)
      CALL GSL(M,S,T,1.E-10)
      RETURN
      END
```

使用说明

(1) 子程序语句
SUBROUTINE DXSNH (N,M,X,Y,S,T)

(2) 哑元说明

N　　　整变量,输入参数,数据点的个数。

M　　　整变量,输入参数,为所要拟合多项式的次数加1。

X,Y　　N个元素的一维实数组,输入参数,分别放自变量及其相应的函数值。

S　　　M×M个元素的二维实数组,工作单元,存放S的矩阵元。

T　　　M个元素的一维实数组,开始放列矢量T的元素,最后存放拟合多项式的系数,既是输入参数也是输出参数。

(3) 所调用的子程序

GSL(N,A,B,EPS)　　高斯消元法程序。

例题 6.9　已知球贝塞尔函数 $j_0(x)$ 在 $x = 1 \sim 14$ 之间的130个值(记在通道号为2的 DT.DAT 文件中),求出4次多项式的拟合系数。

```
        PROGRAM TDXSNH
        DIMENSION X(130),Y(130),S(5,5),T(5)
        OPEN(2,FILE = 'DT.DAT')
        OPEN(3,FILE = 'DT1.DAT')
        OPEN(4,FILE = 'DT2.DAT')
        DO 10 I = 1,130
        READ(2,1) X(I),Y(I)
1       FORMAT(2X,2E15.7)
10      CONTINUE
        CALL DXSNH(130,5,X,Y,S,T)
        WRITE(3,2) T
        WRITE(*,2) T
2       FORMAT(2X,'T = ',3F13.7)
        DO 20 I = 10,140
        X(I) = 0.1*I
        Y(I) = T(5)*X(I)**4 + T(4)*X(I)**3 +
       * T(3)*X(I)**2 + T(2)*X(I) + T(1)
        WRITE(4,3) X(I),Y(I)
3       FORMAT(2X,2E15.7)
20      CONTINUE
        STOP
        END
```

计算结果

T =   2.1764350   − 1.4188920   .3040314
T =   − .0263395   .0007961

利用拟合出来的4次多项式画出的曲线与 $j_0(x)$ 曲线的比较绘在图6.2中。

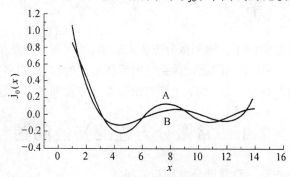

图6.2　4次多项式画出的曲线 B 与 $j_0(x)$ 曲线 A

第7章 常微分方程

在许多物理问题中会遇到微分方程的求解,薛定谔方程就是关于时间的一阶微分方程,只有个别的问题能得到它的解析形式的解,而对多数问题而言,通常需要对它进行数值求解。本章主要讨论常微分方程的初值问题与边值问题。

7.1 常微分方程的初值问题

本节讨论如下一阶常微分方程初值问题

$$\begin{cases} y'(x) = f(x, y(x)) & (a \leqslant x \leqslant b) \\ y(a) = y_0 \end{cases} \quad (1)$$

的解法。假定式(1)的解在区间$[a,b]$上存在且惟一,我们将讨论如何求$y(x)$在一系列点$a = x_0 < x_1 < x_2 < \cdots < x_{N-1} < x_N = b$处的近似值$y(x_n)$,$(n = 0,1,2,\cdots,N)$,即所谓数值解。解析解$y(x)$是连续的,而数值解$y(x_n)$是离散的。步长$h = x_{n+1} - x_n$为常数。

7.1.1 欧拉法及其改进

式(1)中的一阶微商可以写成

$$y'(x_n) = \lim_{x_{n+1} \to x_n} \frac{y(x_{n+1}) - y(x_n)}{x_{n+1} - x_n} \approx \frac{y(x_{n+1}) - y(x_n)}{h} \quad (2)$$

将式(2)代入式(1),整理后得到

$$y(x_{n+1}) \approx y(x_n) + hf(x_n, y(x_n))$$

为了书写的简捷,用y_i代替$y(x_i)$,并将$\approx$改为$=$,则有

$$y_{n+1} = y_n + hf(x_n, y_n) \quad (3)$$

此即序列$\{y_n\}$满足的差分方程,称为欧拉法公式。

由于数值微商公式不只有式(2)的形式,因此求解微分方程(1)还有其他的计算公式。

例如,由三点数值微商公式

$$y'(x_n) = [y(x_{n+1}) - y(x_{n-1})]/(2h)$$

可得

$$y_{n+1} = y_{n-1} + 2hf(x_n, y_n) \tag{4}$$

称为中点法公式。

另外,还有后退欧拉法公式

$$y_{n+1} = y_n + hf(x_{n+1}, y_{n+1}) \tag{5}$$

及梯形法公式

$$y_{n+1} = y_n + h[f(x_n, y_n) + f(x_{n+1}, y_{n+1})]/2 \tag{6}$$

用式(3)代入式(6)右端的 y_{n+1},得到

$$y_{n+1} = y_n + h[f(x_n, y_n) + f(x_{n+1}, y_n + hf(x_n, y_n))]/2 \tag{7}$$

式(7)为改进的欧拉法公式。

解常微分方程初值问题的子程序 OLA0

```
        SUBROUTINE OLA0(IJK,N,X,Y)
        DIMENSION X(N),Y(N),RT(3)
        COMMON/A/XJ,XJ1,YJ1,H
        EXTERNAL F3,F4
        IF(IJK.NE.1.AND.IJK.NE.5) GOTO 111
        DO 10 J = 2,N
        J1 = J - 1
        XJ1 = X(J1)
        YJ1 = Y(J1)
        Y(J) = Y(J1) + H * FF(XJ1,YJ1)
10      CONTINUE
        WRITE( * ,1) Y
        WRITE(2,1) Y
1       FORMAT(2X,'Y = ',3E13.7)
111     IF(IJK.NE.2.AND.IJK.NE.5) GOTO 222
        Y(2) = Y(1) + H * FF(X(1),Y(1))
        DO 20 J = 3,N
        J1 = J - 1
        J2 = J - 2
        XJ1 = X(J1)
        YJ1 = Y(J1)
        Y(J) = Y(J2) + 2.0 * H * FF(XJ1,YJ1)
20      CONTINUE
        WRITE( * ,1) Y
```

```
              WRITE(2,1) Y
       222    IF(IJK.NE.3.AND.IJK.NE.5) GOTO 333
              DO 30 J = 2,N
              J1 = J - 1
              XJ = X(J)
              YJ1 = Y(J - 1)
              CALL ROOT2(X(1),Y(1),0.1*H,3,M1,1.E-7,1.E-8,F3,RT)
              Y(J) = RT(1)
       30     CONTINUE
              WRITE(*,1) Y
              WRITE(2,1) Y
       333    CONTINUE
              IF(IJK.NE.4.AND.IJK.NE.5) GOTO 444
              DO 40 J = 2,N
              J1 = J - 1
              XJ = X(J)
              XJ1 = X(J1)
              YJ1 = Y(J1)
              CALL ROOT2(X(1),Y(1),0.1*H,3,M1,1.E-7,1.E-8,F4,RT)
              Y(J) = RT(1)
       40     CONTINUE
              WRITE(*,1) Y
              WRITE(2,1) Y
       444    CONTINUE
              RETURN
              END
```

使用说明

(1) 子程序语句

SUBROUTINE OLA0(IJK,N,X,Y)

(2) 哑元说明

IJK　　整变量,输入参数,控制数,IJK = 1,2,3,4 时,分别选用欧拉法,中点法后退欧拉法,梯形法,IJK = 5 时 4 种方法都用。

N　　整变量,输入参数,N - 1 为分点数。

X,Y　　N 个元素一维实数组,输入参数,分别存放自变量分点值与相应的函数值。

(3) 所调用的子程序

FF(XJ,YJ)　　计算在分点 X(J),Y(J) 处函数 $f(x,y)$ 值的函数子程序,根据实际问题自编。

ROOT2(AA,BB,H,N,M1,E1,E2,F,RT)　　求根子程序。

F3(Y)　　使用后退欧拉法时,调用 ROOT2 时的函数子程序。

F4(Y)　　使用梯形法时,调用 ROOT2 时的函数子程序。

例题 7.1　选 $H = 0.1$,分别用欧拉法、中点法、后退欧拉法及梯形法求解常微分方程的初值问题

$$\begin{cases} y'(x) = -y(x) & (0 \leqslant x \leqslant 1) \\ y(0) = 1 \end{cases}$$

```
        PROGRAM TOLA0
        DIMENSION X(11),Y(11)
        COMMON/A/XJ,XJ1,YJ1,H
        OPEN(2,FILE = 'DT.DAT')
        OPEN(3,FILE = 'DT1.DAT')
        N = 11
999     CONTINUE
        WRITE( * ,1)
1       FORMAT(2X,'IJK,X0,Y0,H = ?')
        READ( * ,2) IJK,X0,Y0,H
2       FORMAT(I5,3F15.7)
        IF(IJK.EQ.0) STOP
        WRITE( * ,3) IJK,X0,Y0,H
        WRITE(2,3) IJK,X0,Y0,H
3       FORMAT(2X,'IJK = ',I2,2X,'X0,Y0,H = ',3F8.3)
        Y(1) = Y0
        X(1) = X0
        DO 10 I = 2,N
        X(I) = X(1) + H * (I - 1.0)
10      CONTINUE
        CALL OLA0(IJK,N,X,Y)
        DO 20 I = 1,11
        WRITE (3,30) X(I),Y(I)
```

```
30      FORMAT(2X,2E15.7)
20      CONTINUE
        GOTO 999
        STOP
        END

        FUNCTION FF(X,Y)
        FF = - Y + X - X
        RETURN
        END

        FUNCTION F3(Y)
        COMMON/A/XJ,XJ1,YJ1,H
        F3 = Y - YJ1 - H * FF(XJ,Y)
        RETURN
        END

        FUNCTION F4(Y)
        COMMON/A/XJ,XJ1,YJ1,H
        F4 = Y - YJ1 - 0.5 * H * FF(XJ1,YJ1) - 0.5 * H * FF(XJ,Y)
        RETURN
        END
```

计算结果

IJK = 1	X0,Y0,H =	.000	1.000	.100
Y =	.1000000E + 01	.9000000E + 00	.8100000E + 00	
Y =	.7290000E + 00	.6561000E + 00	.5904900E + 00	
Y =	.5314410E + 00	.4782969E + 00	.4304672E + 00	
Y =	.3874205E + 00	.3486784E + 00		
IJK = 2	X0,Y0,H =	.000	1.000	.100
Y =	.1000000E + 01	.9000000E + 00	.8200000E + 00	
Y =	.7360000E + 00	.6728000E + 00	.6014400E + 00	
Y =	.5525120E + 00	.4909376E + 00	.4543245E + 00	
Y =	.4000727E + 00	.3743099E + 00		
IJK = 3	X0,Y0,H =	.000	1.000	.100
Y =	.7513148E + 00	.6830135E + 00	.6209214E + 00	

Y =	.5644740E + 00	.5131581E + 00	.4665074E + 00
Y =	.4240976E + 00	.3855433E + 00	
IJK = 4	X0, Y0, H =	.000 1.000	.100
Y =	.1000000E + 01	.9047619E + 00	.8185941E + 00
Y =	.7406328E + 00	.6700963E + 00	.6062776E + 00
Y =	.5485369E + 00	.4962953E + 00	.4490291E + 00
Y =	.4062644E + 00	.3675725E + 00	

由所给微分方程可知，精确解为 $y(x) = e^{-x}$，其精确的数值结果为

Y =	.1000000E + 01	.9048374E + 00	.8187308E + 00
Y =	.7408182E + 00	.6703200E + 00	.6065307E + 00
Y =	.5488116E + 00	.4965853E + 00	.4493290E + 00
Y =	.4065697E + 00	.3678795E + 00	

就计算结果的精度而言，欧拉法与后退欧拉法差不多，前者偏小，后者偏大；而中点法较好，梯形法为最好。当步长 h 变小时，4 种方法的精度都将提高。

7.1.2 龙格 – 库塔法

求解一阶常微分方程初值问题，也可以采用龙格(Runge) – 库塔(Kutta)方法。

m 级龙格 – 库塔法的形式为

$$y_{n+1} = y_n + \lambda_1 k_1 + \lambda_2 k_2 + \cdots + \lambda_m k_m \tag{8}$$

其中

$$k_1 = hf(x_n, y_n)$$
$$k_2 = hf(x_n + \alpha_2 h, y_n + \beta_{21} k_1)$$
$$k_3 = hf(x_n + \alpha_3 h, y_n + \beta_{31} k_1 + \beta_{32} k_2)$$
$$\vdots$$
$$k_m = hf(x_n + \alpha_m h, y_n + \beta_{m1} k_1 + \cdots + \beta_{mm-1} k_{m-1})$$

式中的 λ_i、α_j、β_{kl} 都是待定常数，可用待定系数法确定。确定的原则是将局部截断误差按泰勒级数展开，选取系数使它关于 h 的阶数尽可能高一些。

略去繁琐的推导过程，给出最常用的 4 级 4 阶龙格 – 库塔方法的具体形式

$$y_{n+1} = y_n + (k_1 + 2k_2 + 2k_3 + k_4)/6 \tag{9}$$

其中

$$k_1 = hf(x_n, y_n)$$
$$k_2 = hf(x_n + h/2, y_n + k_1/2)$$
$$k_3 = hf(x_n + h/2, y_n + k_2/2)$$
$$k_4 = hf(x_n + h, y_n + k_3)$$

龙格 – 库塔法解常微分方程初值问题的子程序 RK

```
      SUBROUTINE RK(A,B,YA,X,Y,N)
      DIMENSION X(N),Y(N)
      AN = FLOAT(N)
      H = (B - A)/AN
      HALF = 0.5 * H
      X1 = A
      Y1 = YA
      DO 10 I = 1,N
      Y0 = Y1
      X0 = X1
      X1 = X0 + H
      X2 = X0 + HALF
      H1 = F(X0,Y0) * H
      H2 = F(X2,Y0 + H1 * 0.5) * H
      H3 = F(X2,Y0 + H2 * 0.5) * H
      H4 = F(X1,Y0 + H3) * H
      Y1 = (H1 + 2.0 * (H2 + H3) + H4)/6.0 + Y0
      X(I) = X1
      Y(I) = Y1
10    CONTINUE
      RETURN
      END
```

使用说明

(1) 子程序语句

SUBROUTINE RK(A,B,YA,X,Y,N)

(2) 哑元说明

A,B　　实变量,输入参数,分别为区间左端点与右端点的值。

N　　　整变量,输入参数,x、y 矢量的分点数。

YA　　实变量,输入参数,y 的初值。

X,Y　　N 个元素的一维实数组,输出参数,分别为自变量与函数值。

(3) 所调用的子程序

F(X,Y)　　计算右端函数 $f(x,y)$ 的函数子程序,由使用者自编。

例题 7.2　在区间 $[0,1.6]$ 内以步长 $h=0.2$ 求解如下初值问题

$$\begin{cases} y'(x) = y(x) - \dfrac{2x}{y(x)} \\ y(0) = 1 \end{cases}$$

```
        PROGRAM TRK
        DIMENSION X(8),Y(8)
        OPEN(2,FILE = 'DT.DAT')
        CALL RK(0.0,1.6,1.0,X,Y,8)
        DO 10 I = 1,8
        WRITE(2,1) I,X(I),Y(I)
        WRITE( * ,1) I,X(I),Y(I)
1       FORMAT(2X,'I,X(I),Y(I) = ',I2,2F14.7)
10      CONTINUE
        STOP
        END

        FUNCTION F(X,Y)
        F = Y - 2.0 * X/Y
        RETURN
        END
```

计算结果

```
I,X(I),Y(I) = 1        .2000000      1.1832290
I,X(I),Y(I) = 2        .4000000      1.3416670
I,X(I),Y(I) = 3        .6000000      1.4832810
I,X(I),Y(I) = 4        .8000000      1.6125140
I,X(I),Y(I) = 5       1.0000000      1.7321420
I,X(I),Y(I) = 6       1.2000000      1.8440400
I,X(I),Y(I) = 7       1.4000000      1.9495470
I,X(I),Y(I) = 8       1.6000000      2.0496600
```

7.1.3 龙格-库塔法解常微分方程组

解一阶常微分方程初值的龙格-库塔方法,容易推广至处理相应的方程组的问题。

一阶常微分方程组初值问题可以写成

$$\begin{cases} y_i' = f_i(t, y_1, y_2, \cdots, y_n) \\ y_i(t_0) = y_{i0} \end{cases} \quad (i = 1, 2, \cdots, n)$$

类似前面用过的龙格-库塔方法,可以得到相应的4阶龙格-库塔公式如下

$$y_{im+1} = y_{im} + h(k_{i1} + 2k_{i2} + 2k_{i3} + k_{i4})/6$$

其中

$$k_{i1} = f_i(t_m, y_{1m}, y_{2m}, \cdots, y_{nm})$$
$$k_{i2} = f_i(t_m + h/2, y_{1m} + hk_{11}/2, \cdots, y_{nm} + hk_{n1}/2)$$
$$k_{i3} = f_i(t_m + h/2, y_{1m} + hk_{12}/2, \cdots, y_{nm} + hk_{n2}/2)$$
$$k_{i4} = f_i(t_m + h, y_{1m} + hk_{13}, \cdots, y_{nm} + hk_{n3})$$

式中, $i = 1, 2, \cdots, n; m = 0, 1, 2, \cdots, y_{im}$ 是第 i 个因变量 y_i 在节点 $t_m = t_0 + mh$ 处的近似值, h 是步长。

龙格-库塔法解常微分方程组初值的子程序 RK1

```
      SUBROUTINE RK1(N,H,L,Y,DY,B,C)
      DIMENSION A(4),Y(N),DY(N),B(N),C(N)
      A(1) = H/2.0
      A(2) = A(1)
      A(3) = H
      A(4) = H
      IF(L.GT.0) GOTO 4
2     DO 3 I = 1,N
3     B(I) = Y(I)
      CALL DERY(N,Y,DY)
      RETURN
4     DO 5 K = 1,3
      DO 6 I = 1,N
      C(I) = B(I) + A(K) * DY(I)
6     Y(I) = Y(I) + A(K + 1) * DY(I)/3.0
5     CALL DERY(N,C,DY)
```

```
          DO 7 I = 1,N
7         Y(I) = Y(I) + A(1) * DY(I)/3.0
          GOTO 2
          END
```

使用说明

(1) 子程序语句

SUBROUTINE RK1(N,H,L,Y,DY,B,C)

(2) 哑元说明

  N 整变量,输入参数,方程个数。

  H 实变量,输入参数,积分步长。

  L 整变量,输入参数,控制程序走向的参数。当第一次调用时,L = 0 或 – 1,做积分的准备工作,并对右函数求值一次;以后各次调用时 L = 1,且调用一次积分换一个积分步长。

  Y N个元素的一维实数组,输入、输出参数,调用前需要把积分初值存放到本数组,调用后,它存放积分一个步长后的结果。

  DY N个元素的一维实数组,输出参数,存放右函数值。

  B,C N个元素的一维实数组,工作单元,调用前无需赋值。

(3) 所调用的子程序

  DERY(N,Y,DY) 计算右函数的子程序,由使用者自编,其中 N 为整变量,是方程的个数;Y 是 N 个元素的一维实数组,存放右函数自变量 $t, y_1, y_2, \cdots, y_n$,这里 N = $n + 1$,因此,编写右函数程序时,右函数自变量取自该数组;DY 是 N 个元素的一维实数组,存放右函数值 $1, f_1, f_2, \cdots, f_n$。

例题 7.3 求解初值问题

$$\begin{cases} \dfrac{dt}{dt} = 1 \\ \dfrac{dy_1}{dt} = y_2, & y_1(0) = -1 \\ \dfrac{dy_2}{dt} = -y_1, & y_2(0) = 0 \\ \dfrac{dy_3}{dt} = -y_3, & y_3(0) = 1 \end{cases}$$

求解区间为 $[0, 0.2]$,步长 $h = 0.01$,结果输出步长为 0.01。

```
          PROGRAM TRK1
          DIMENSION Y(4),DY(4),B(4),C(4)
```

```
        DATA Y/0.0, -1.0,0.0,1.0/
        OPEN(2,FILE = 'DT.DAT')
        H = 0.01
        CALL RK1(4,H,0,Y,DY,B,C)
        WRITE(2,10) Y
        WRITE( * ,10) Y
10      FORMAT(1X,4F10.7)
1       CALL RK1(4,H,1,Y,DY,B,C)
        WRITE(2,10) Y
        WRITE( * ,10) Y
        IF(Y(1).LT.0.2) GOTO 1
        STOP
        END

        SUBROUTINE DERY(N,Y,DY)
        DIMENSION Y(N),DY(N)
        DY(1) = 1.0
        DY(2) = Y(3)
        DY(3) = - Y(2)
        DY(4) = - Y(4)
        RETURN
        END
```

计算结果

t	$-y_1$	y_2	y_3
.0000000	-1.0000000	.0000000	1.0000000
.0100000	-.9999499	.0099998	.9900498
.0200000	-.9997999	.0199987	.9801987
.0300000	-.9995499	.0299955	.9704455
.0400000	-.9992000	.0399893	.9607894
.0500000	-.9987501	.0499792	.9512293
.0600000	-.9982004	.0599640	.9417644
.0700000	-.9975508	.0699428	.9323937
.0800000	-.9968015	.0799147	.9231161
.0900000	-.9959525	.0898785	.9139310
.1000000	-.9950039	.0998334	.9048373

.1099999	−.9939558	.1097783	.8958341
.1199999	−.9928083	.1197122	.8869205
.1299999	−.9915617	.1296341	.8780955
.1399999	−.9902157	.1395431	.8693584
.1499999	−.9887707	.1494381	.8607081
.1599999	−.9872269	.1593182	.8521439
.1699999	−.9855843	.1691823	.8436649
.1799999	−.9838432	.1790295	.8352703
.1899999	−.9820037	.1888589	.8269593
.1999999	−.9800661	.1986693	.8187309
.2099999	−.9780305	.2084599	.8105844

已知精确解为

$$y_1 = -\cos t, \quad y_2 = \sin t, \quad y_3 = e^{-t}$$

7.2 薛定谔方程的辛算法

20世纪80年代,有限元方法的奠基人冯康又建立了哈密顿力学的辛算法,对于体系的长时间演化而言,与通常的算法相比较,辛算法显示出明显的优越性。

量子力学是近代物理学的理论基础,支配量子演化的是薛定谔方程。能否及如何把适用于哈密顿力学的辛算法移植到量子力学中,显然是一个重要的课题。粗看起来,哈密顿力学的数学框架是辛几何,而量子力学的数学框架是希尔伯特(Hilbert)空间理论,二者相去甚远。但是,我们将薛定谔方程做适当的变换后,发现它也具有辛结构,从而使哈密顿力学的辛算法推广应用到量子力学中。

7.2.1 薛定谔方程的辛结构

设量子体系矩阵形式的薛定谔方程为

$$i\hbar \frac{d}{dt}\psi = H\psi \tag{1}$$

式中 ψ 是复的列矩阵,而 H 是厄米矩阵。把 ψ 和 H 分别写成它们的实部与虚部之和,即

$$\psi = R + iI \tag{2}$$

$$H = H_R + iH_I \tag{3}$$

式中,H_R 是实对称矩阵,H_I 是实反对称矩阵。将式(2)和式(3)代入式(1),得到

$$\hbar \frac{d}{dt}\begin{pmatrix} R \\ I \end{pmatrix} = \begin{pmatrix} H_I & H_R \\ -H_R & H_I \end{pmatrix}\begin{pmatrix} R \\ I \end{pmatrix} \tag{4}$$

简记为

$$\hbar \frac{d}{dt}\psi = K\psi \tag{5}$$

可以证明 K 是实反对称矩阵,而且还是无穷小辛阵,亦即

$$K^T = -K \tag{6}$$

$$K^T J + JK = 0 \tag{7}$$

式中上标 T 表示矩阵转置,而

$$J = \begin{pmatrix} 0 & E \\ -E & 0 \end{pmatrix}$$

这里的 E 是单位矩阵。经过变换后的薛定谔方程(4)或(5),具有与经典线性哈密顿系统的正则运动方程一样的辛结构,于是线性哈密顿系统的辛算法完全可以应用到薛定谔方程中。

7.2.2 中子在旋转磁场中的演化

作为示例来研究中子在旋转磁场中的演化问题。体系的哈密顿算符为

$$\hat{H} = -\mu \hat{\boldsymbol{\sigma}} \cdot \boldsymbol{B}(t) \tag{8}$$

式中,μ 是中子自旋磁矩值。设均匀磁场按下面方式随时间变化

$$\boldsymbol{B}(t) = B_0(\boldsymbol{i}\cos\omega t - \boldsymbol{j}\sin\omega t) \tag{9}$$

其中,$\boldsymbol{i}$ 与 $\boldsymbol{j}$ 分别表示坐标 x 与 y 方向的单位矢量。在 $t = 0$ 时刻,中子处在自旋向上的状态,即

$$\psi(0) = x_+ = (1 \quad 0)^T \tag{10}$$

薛定谔方程(1)满足这一初始条件的解为

$$\psi(t) = \left(\frac{\Omega - \omega}{2\Omega} e^{i\frac{\Omega+\omega}{2}t} + \frac{\Omega + \omega}{2\Omega} e^{-i\frac{\Omega+\omega}{2}t} \right)\begin{pmatrix}1\\0\end{pmatrix} + \frac{\mu B_0}{\hbar\Omega}(e^{i\frac{\Omega+\omega}{2}t} - e^{-i\frac{\Omega+\omega}{2}t})\begin{pmatrix}0\\1\end{pmatrix}$$

$$\tag{11}$$

式中

$$\Omega = [\omega^2 + (2\mu B_0/\hbar)^2]^{1/2} \tag{12}$$

这一问题的辛形式的薛定谔方程(5)变成

$$\frac{d}{dt}\begin{pmatrix} R_+ \\ R_- \\ I_+ \\ I_- \end{pmatrix} = \frac{\mu B_0}{\hbar}\begin{pmatrix} 0 & -\sin\omega t & 0 & -\cos\omega t \\ \sin\omega t & 0 & -\cos\omega t & 0 \\ 0 & \cos\omega t & 0 & -\sin\omega t \\ \cos\omega t & 0 & \sin\omega t & 0 \end{pmatrix}\begin{pmatrix} R_+ \\ R_- \\ I_+ \\ I_- \end{pmatrix} \tag{13}$$

上式满足初始条件

$$\psi(0) = (1 \ 0 \ 0 \ 0)^T \tag{14}$$

的严格解为

$$\psi(t) = \begin{pmatrix} \cos\dfrac{\Omega t}{2}\cos\dfrac{\omega t}{2} + \dfrac{\omega}{\Omega}\sin\dfrac{\Omega t}{2}\sin\dfrac{\omega t}{2} \\ \dfrac{2\mu B_0}{\hbar \Omega}\sin\dfrac{\Omega t}{2}\sin\dfrac{\omega t}{2} \\ \cos\dfrac{\Omega t}{2}\sin\dfrac{\omega t}{2} - \dfrac{\omega}{\Omega}\sin\dfrac{\Omega t}{2}\cos\dfrac{\omega t}{2} \\ \dfrac{2\mu B_0}{\hbar \Omega}\sin\dfrac{\Omega t}{2}\cos\dfrac{\omega t}{2} \end{pmatrix} \tag{15}$$

下面分别用二阶精度的通常差分格式

$$\psi^{(n+1)} = (1 + hK + h^2K^2/2)\psi^{(n)} \tag{16}$$

与辛差分格式

$$\psi^{(n+1)} = (1 - hK/2)^{-1}(1 + hK/2)\psi^{(n)} \tag{17}$$

求解方程(13),其中 h 为步长。

7.2.3 程序与计算结果

对于 $t = 10^6 h, 10^7 h, 10^8 h, 10^9 h$,步长 $h = 0.0001$,分别计算严格解及两种差分格式的解。为简捷计,设 $\hbar = \omega = B_0 = \mu = 1$。

严格解及两种差分格式的计算主程序 XINSF

```
        PROGRAM TXINSF
        IMPLICIT DOUBLE PRECISION(A - H, O - Z)
        DIMENSION RIJ(4), RI1(4), RI2(4), RJ1(4), RJ2(4), DK(4,4),
     *  DK21(4,4), DK22(4,4), DK31(4,4), DK32(4,4), DK42(4,4)
        OPEN(2, FILE = 'DT.DAT')
999     WRITE( * ,1)
1       FORMAT(2X,'N, DT = ?')
        READ( * ,2) N, DT
2       FORMAT(I5, F15.7)
        IF(N.EQ.0) STOP
        WRITE( * ,21) N, DT
        WRITE(2,21) N, DT
21      FORMAT(2X,'N, DT = ', I3, 2X, F12.5)
        EP = 1.D - 15
```

```
      T = DT * 10 * * N
      T2 = T/2.D0
      DOM = DSQRT(5.D0)
      RIJ(1) = DCOS(DOM * T2) * DCOS(T2) +
    * DSIN(DOM * T2) * DSIN(T2)/DOM
      RIJ(2) = 2.D0 * DSIN(DOM * T2) * DSIN(T2)/DOM
      RIJ(3) = DCOS(DOM * T2) * DSIN(T2) -
    * DSIN(DOM * T2) * DCOS(T2)/DOM
      RIJ(4) = 2.D0 * DSIN(DOM * T2) * DCOS(T2)/DOM
      WRITE( * ,3) RIJ
      WRITE(2,3) RIJ
3     FORMAT(2X,'PP = ',4E13.7)
      DO 10 NN = 1,10 * * N
      XT = NN * DT
      DO 20 I = 1,4
      DO 20 J = 1,4
20    DK(I,J) = 0.D0
      DK(1,2) = - DSIN(XT)
      DK(1,4) = - DCOS(XT)
      DK(2,1) = DSIN(XT)
      DK(2,3) = - DCOS(XT)
      DK(3,2) = DCOS(XT)
      DK(3,4) = - DSIN(XT)
      DK(4,1) = DCOS(XT)
      DK(4,3) = DSIN(XT)
      CALL JZCF2(4,DK,DK,DK21)
      DO 30 I = 1,4
      DO 30 J = 1,4
      DD = 0.D0
      IF(I.EQ.J) DD = 1.D0
      DK31(I,J) = DD + DT * DK(I,J) + 0.5D0 * DT * DT * DK21(I,J)
30    CONTINUE
      IF(NN.NE.1) GOTO 80
      DO 50 I = 1,4
```

```
              RI1(I) = 0.D0
              RI2(I) = 0.D0
              IF(I.EQ.1) RI1(I) = 1.D0
       50     IF(I.EQ.1) RI2(I) = 1.D0
       80     CONTINUE
              CALL JZCF1(4,DK31,RI1,RJ1)
              DO 90 I = 1,4
       90     RI1(I) = RJ1(I)
              DO 200 I = 1,4
              DO 200 J = 1,4
              DD = 0.D0
              IF(I.EQ.J) DD = 1.D0
              DK22(I,J) = DD - 0.5D0 * DT * DK(I,J)
              DK32(I,J) = DD + 0.5D0 * DT * DK(I,J)
       200    CONTINUE
              CALL IVSNC(4,DK22,EP)
              IF(EP.LT.0.D0) STOP
              CALL JZCF2(4,DK22,DK32,DK42)
              CALL JZCF1(4,DK42,RI2,RJ2)
              DO 900 I = 1,4
       900    RI2(I) = RJ2(I)
       10     CONTINUE
              WRITE( * ,4) RI1
              WRITE(2,4) RI1
       4      FORMAT(2X,'P1 = ',4E13.7)
              DR2 = 0.D0
              DO 91 I = 1,4
       91     DR2 = DR2 + (RI1(I) - RIJ(I)) * *2
              DR = DSQRT(DR2)
              WRITE( * ,41) DR
              WRITE(2,41) DR
       41     FORMAT(2X,'JFGWC = ',E13.7)
              WRITE( * ,5) RI2
              WRITE(2,5) RI2
```

```
5       FORMAT(2X,'P2 = ',4E13.7)
        DR2 = 0.D0
        DO 92 I = 1,4
92      DR2 = DR2 + (RI2(I) - RIJ(I))**2
        DR = DSQRT(DR2)
        WRITE(*,51) DR
        WRITE(2,51) DR
51      FORMAT(2X,'JFGWC = ',E13.7)
        GOTO 999
        STOP
        END
```

使用说明

(1) 主程序语句

PROGRAM TXINSF

(2) 输入参数

DT　　双精度变量，关于时间的步长。

N　　整型变量，演化时间为 $10^N \times DT$。

(3) 输出参数

PP,P1,P2　　分别表示严格求解、二阶差分、辛算法得到的波函数四个分量。

JFGWC　　双精度变量，为相应算法的波函数与严格解的均方根误差。

(4) 所调用的子程序

JZCF1(4,DK42,RI2,RJ2)，JZCF2(4,DK,DK,DK21)　　矩阵乘法运算的子程序。

IVSNC(4,DK22,EP)　　求逆矩阵的子程序。

计算结果

N,DT =　　6　　.00010

PP =　　.3766294E+00　　.2257384E+00　　.3433955E+00　　-.8302241E+00

P1 =　　.3766295E+00　　.2256969E+00　　.3433954E+00　　-.8302353E+00

JFGWC =　　.4301845E-04

P2 =　　.3766293E+00　　.2256969E+00　　.3433955E+00　　-.8302354E+00

JFGWC =　　.4301845E-04

N,DT =　　7　　.00010

PP = -.7468439E+00　　.1524634E+00　　-.5796467E+00　　.2880779E+00

```
P1 = -.7468445E+00   .1524774E+00  -.5796464E+00   .2880694E+00
JFGWC =     .1633506E-04
P2 = -.7468433E+00   .1524783E+00  -.5796469E+00   .2880711E+00
JFGWC =     .1633511E-04
N,DT =      8        .00010
PP = -.3738788E+00  -.4904362E+00   .7834488E+00   .7677891E-01
P1 = -.3738756E+00  -.4904242E+00   .7834555E+00   .7680215E-01
JFGWC =     .2722217E-04
P2 = -.3738819E+00  -.4904406E+00   .7834420E+00   .7680472E-01
JFGWC =     .2722255E-04
N,DT =      9        .00010
PP = -.1903966E+00  -.3478545E+00  -.9179911E+00  -.6219678E-02
P1 = -.1904419E+00  -.3479469E+00  -.9179468E+00  -.6203927E-02
JFGWC =     .1131489E-03
P2 = -.1903514E+00  -.3477627E+00  -.9180354E+00  -.6200643E-02
JFGWC =     .1131482E-03
```

7.3 常微分方程的边值问题

7.3.1 简单二阶常微分方程的边值问题

设有常微分方程边值问题

$$\begin{cases} y'' - q(x)y = f(x) & (a < x < b) \\ y(a) = d_1, y(b) = d_2 & (q(x) \geq 0) \end{cases} \quad (1)$$

把求解的区间 $[a,b]$ 分为 n 段,令节点 $x_i = a + ih$,步长 $h = (b-a)/n$。下面来研究如何求式(1)的解 $y(x)$ 在节点 $x_i (i = 0,1,2,\cdots,n)$ 处的近似值 $y_i = y(x_i)$。

显然,在节点 x_0 与 x_n 处有

$$y(x_0) = d_1, \quad y(x_n) = d_2 \quad (2)$$

于是

$$y_0 = d_1, \quad y_n = d_2 \quad (3)$$

已得到,剩下的问题是求 $[a,b]$ 内部节点 $x_i (1 \leq i \leq n-1)$ 处 $y(x_i)$ 的近似值 y_i。在这些点处,边值问题式(1)的解 $y(x)$ 满足

$$y''(x_i) - q(x_i)y(x_i) - f(x_i) = 0 \quad (4)$$

由 6.2 节中二阶三点微分公式知

$$y''(x_i) = [y(x_{i+1}) - 2y(x_i) + y(x_{i-1})]/h^2 \tag{5}$$

将式(5)代入式(4),则得

$$[y(x_{i+1}) - 2y(x_i) + y(x_{i-1})]/h^2 - q(x_i)y(x_i) - f(x_i) = 0$$

上式可以简写成

$$(y_{i+1} - 2y_i + y_{i-1})/h^2 - q_i y_i - f_i = 0 \tag{6}$$

其中

$$y_i = y(x_i), \quad q_i = q(x_i), \quad f_i = f(x_i)$$

称式(3)与式(6)为逼近边值问题式(1)的差分方程。该方程亦可改写成

$$\begin{cases} y_0 = d_1 \\ y_n = d_2 \\ y_{i-1} - (2 + q_i h^2) y_i + y_{i+1} = h^2 f_i \end{cases} \tag{7}$$

式(7)是弱对角占优的三对角方程组,可用追赶法求解。

例题 7.4 取 $h = 0.25$,用差分法解如下微分方程的边值问题

$$\begin{cases} y'' - y + x = 0 \quad (0 < x < 1) \\ y(0) = y(1) = 0 \end{cases}$$

解 $n = 1/0.25 = 4, q(x) = 1, f(x) = -x$,差分方程(7)可具体写为

$$\begin{cases} y_0 = y_4 = 0 \\ y_{i-1} - (2 + 0.25^2) y_i + y_{i+1} = -(0.25)^2 * 0.25i \quad (i = 1,2,3) \end{cases}$$

上式可简化为

$$\begin{cases} y_0 = y_4 = 0 \\ y_{i-1} - 2.0625 y_i + y_{i+1} = -0.015625 i \quad (i = 1,2,3) \end{cases}$$

将其写成更明显的形式

$$\begin{cases} y_0 = 0 \\ y_0 - 2.0625 y_1 + y_2 = -0.015625 \\ y_1 - 2.0625 y_2 + y_3 = -0.031250 \\ y_2 - 2.0625 y_3 + y_4 = -0.046875 \\ y_4 = 0 \end{cases}$$

解之,得

$$y_0 = 0, \quad y_1 = 0.0348852, \quad y_2 = 0.0563258, \quad y_3 = 0.0500368, \quad y_4 = 0$$

该问题的解析解为

$$y(x) = x - \text{sh}\, x/\text{sh}\, 1$$

第7章 常微分方程

它的值为

$y_0 = 0$, $y_1 = 0.0350476$, $y_2 = 0.0565908$, $y_3 = 0.0502758$, $y_4 = 0$

由上述结果可知,差分解准确到小数点后三位。若令 $h = 1/44$,可得准确到小数点后 6 位的差分解。

求解简单常微分方程边值问题的子程序 CWB0

```
      SUBROUTINE CWB0(N,N1,XA,XB,D1,D2,A,B,C,D)
      IMPLICIT DOUBLE PRECISION (A - H,O - Z)
      DIMENSION A(N1),B(N),C(N1),D(N)
      H = (XB - XA)/(N + 1.D0)
      H2 = H * H
      DO 1 I = 1,N
      IF(I.EQ.1) D(I) = H2 * F(XA + I * H) - D1
      IF(I.EQ.N) D(I) = H2 * F(XA + I * H) - D2
      IF(I.NE.1.AND.I.NE.N) D(I) = H2 * F(XA + I * H)
1     CONTINUE
      DO 2 I = 1,N1
      A(I) = 1.D0
      C(I) = 1.D0
2     CONTINUE
      DO 3 I = 1,N
3     B(I) = - 2.D0 - Q(XA + I * H) * H2
      CALL TRID(N,N1,A,B,C,D)
      WRITE( * ,10) D1,D,D2
      WRITE(2,10) D1,D,D2
10    FORMAT(2X,'X = ',3E15.7)
      RETURN
      END
```

使用说明

(1) 子程序语句

SUBROUTINE CWB0(N,N1,XA,XB,D1,D2,A,B,C,D)

(2) 哑元说明

N,N1　　整变量,输入参数,为分点数减 1 和减 2。

XA,XB　　实变量,输入参数,x 取值下限、上限。

D1,D2　　实变量,输入参数,D1 = Y(XA),D2 = Y(XB)。

A,C　　　N1 个元素一维实数组,工作数组,存放三对角矩阵的对角线下、上的元素。

B　　　　N 个元素的一维实数组,工作数组,存放三对角矩阵的对角元素。

D　　　　N 个元素的一维实数组,输出参数,存放解出的 N 个值。

(3) 调用的子程序

TRID (N,M,A,B,C,F)　追赶法求解三对角线性联立方程组子程序。

Q(X),F(X)　计算 $q(x),f(x)$ 函数值的函数子程序,由使用者自编。

例题 7.5　利用 CWB0 程序计算例题 7.4。

```
PROGRAM TCWB0
IMPLICIT DOUBLE PRECISION (A - H,O - Z)
DIMENSION A(2),B(3),C(2),D(3)
OPEN(2,FILE = 'DT.DAT')
D1 = 0.D0
D2 = 0.D0
XA = 0.D0
XB = 1.D0
N = 3
CALL CWB0(N,N - 1,XA,XB,D1,D2,A,B,C,D)
STOP
END

DOUBLE PRECISION FUNCTION Q(X)
IMPLICIT DOUBLE PRECISION (A - H,O - Z)
Q = 1.D0 + X - X
RETURN
END

DOUBLE PRECISION FUNCTION F(X)
IMPLICIT DOUBLE PRECISION (A - H,O - Z)
F = - X
RETURN
END
```

计算结果

X =　　　　.0000000E + 00　　　.3488525E - 01　　　.5632582E - 01

X =　　　　.5003676E - 01　　　.0000000E + 00

7.3.2 一般的二阶微分方程边值问题

设有更一般的边值问题

$$\begin{cases} y'' + p(x)y' + q(x)y = f(x) \quad (a < x < b) \\ \alpha_0 y'(a) + \alpha_1 y(a) = \alpha_2 \\ \beta_0 y'(b) + \beta_1 y(b) = \beta_2 \end{cases} \quad (8)$$

假定它有解且惟一。

类似于上述的步骤,取 $h = (b-a)/n$,利用数值微分公式导出 $y(x_i)$ 的近似值 y_i 满足的差分方程。

在 $x = a = x_0, x = b = x_n, x = x_i$ 处的一阶导数分别使用如下三点公式

$$\begin{cases} y'(x_0) = [-3y(x_0) + 4y(x_1) - y(x_2)]/(2h) \\ y'(x_n) = [y(x_{n-2}) - 4y(x_{n-1}) + 3y(x_n)]/(2h) \\ y'(x_i) = [y(x_{i+1}) - y(x_{i-1})]/(2h) \end{cases} \quad (9)$$

其中,$i = 1, 2, \cdots, n-1$(下同)。

将式(9)与用式(5)表示的二阶导数代入式(8),整理后得差分方程组

$$\begin{cases} (y_{i-1} - 2y_i + y_{i+1})/h^2 + p_i(y_{i+1} - y_{i-1})/(2h) + q_i y_i = f_i \\ \alpha_0(-3y_0 + 4y_1 - y_2)/(2h) + \alpha_1 y_0 = \alpha_2 \\ \beta_0(y_{n-2} - 4y_{n-1} + 3y_n)/(2h) + \beta_1 y_n = \beta_2 \end{cases}$$

求解此方程组,可得差分解 $y_0, y_1, \cdots, y_n$。

为了使用方便,可将其改写成如下形式

$$\begin{cases} 2y_{i-1} - 4y_i + 2y_{i+1} + p_i h y_{i+1} - p_i h y_{i-1} + 2h^2 q_i y_i = 2h^2 f_i \\ -3\alpha_0 y_0 + 4\alpha_0 y_1 - \alpha_0 y_2 + 2h\alpha_1 y_0 = 2h\alpha_2 \\ \beta_0 y_{n-2} - 4\beta_0 y_{n-1} + (3\beta_0 + 2h\beta_1)y_n = 2h\beta_2 \end{cases}$$

进而有

$$\begin{cases} (2 - p_i h)y_{i-1} + (2h^2 q_i - 4)y_i + (2 + p_i h)y_{i+1} = 2h^2 f_i \\ (2h\alpha_1 - 3\alpha_0)y_0 + 4\alpha_0 y_1 - \alpha_0 y_2 = 2h\alpha_2 \\ \beta_0 y_{n-2} - 4\beta_0 y_{n-1} + (3\beta_0 + 2h\beta_1)y_n = 2h\beta_2 \end{cases}$$

求解一般二阶微分方程边值问题的子程序 CWB

```
      SUBROUTINE CWB(N,XA,XB,A0,A1,A2,
     * B0,B1,B2,A,B,EPS)
      IMPLICIT DOUBLE PRECISION (A-H,O-Z)
      DIMENSION A(N,N),B(N)
      H = (XB - XA)/(N - 1.D0)
```

```
                H2 = H * H
                DO 1 I = 1, N
                IF(I.EQ.1) B(I) = 2.D0 * H * A2
                IF(I.EQ.N) B(I) = 2.D0 * H * B2
                IF(I.NE.1.AND.I.NE.N) B(I) = 2.D0 * H2 * F(XA + (I - 1.D0) * H)
1               CONTINUE
                DO 3 I = 1, N
                DO 3 J = 1, N
3               A(I,J) = 0.D0
                A(1,1) = 2.D0 * H * A1 - 3.D0 * A0
                A(1,2) = 4.D0 * A0
                A(1,3) = - A0
                A(N,N - 2) = B0
                A(N,N - 1) = - 4.D0 * B0
                A(N,N) = 3.D0 * B0 + 2.D0 * H * B1
                DO 2 I = 2, N - 1
                I1 = I - 1.D0
                DO 2 J = I - 1, I + 1
                IF(I - 1.EQ.J) A(I,J) = 2.D0 - P(XA + I1 * H) * H
                IF(I.EQ.J) A(I,J) = 2.D0 * H2 * Q(XA + I1 * H) - 4.D0
                IF(I + 1.EQ.J) A(I,J) = 2.D0 + P(XA + I1 * H) * H
2               CONTINUE
                CALL GSL(N, A, B, EPS)
                WRITE( * ,10) B
                WRITE(2,10) B
10              FORMAT(2X,'X = ',3E15.7)
                RETURN
                END
```

使用说明

(1) 子程序语句

SUBROUTINE CWB(N,XA,XB,A0,A1,A2,B0,B1,B2,A,B,EPS)

(2) 哑元说明

N　　　整变量,输入参数,为分点数加1。

XA,XB　同 CWB0 程序。

第 7 章　常微分方程

A0, A1, A2, B0, B1, B2　　实变量,输入参数,分别为 $\alpha_0, \alpha_1, \alpha_2, \beta_0, \beta_1, \beta_2$。

A　　N×N 个元素的二维实数组,工作数组,存放形成的系数矩阵。

B　　N 个元素的一维实数组,开始存放方程组右端矢量,结束时存放解矢量,也是输出参数。

EPS　　实变量,输入参数,利用高斯消去法解线性代数方程组时的误差控制数。

(3) 所调用的子程序

GSL(N, A, B, EPS)　　用高斯消去法解线性代数组程序。

P(X), Q(X), F(X)　　计算式(8)中 $p(x), q(x), f(x)$ 函数值的双精度函数子程序,由使用者自编。

例题 7.6　利用 CWB 程序计算例题 7.4。

```
PROGRAM TCWB
IMPLICIT DOUBLE PRECISION (A – H, O – Z)
DIMENSION A(5,5), B(5)
OPEN(2, FILE = 'DT.DAT')
A0 = 0.D0
A1 = 1.D0
A2 = 0.D0
B0 = 0.D0
B1 = 1.D0
B2 = 0.D0
XA = 0.D0
XB = 1.D0
N = 5
EPS = 1.D – 10
CALL CWB(N, XA, XB, A0, A1, A2, B0, B1, B2, A, B, EPS)
STOP
END
DOUBLE PRECISION FUNCTION Q(X)
IMPLICIT DOUBLE PRECISION (A – H, O – Z)
Q = – 1.D0 + X – X
RETURN
END
```

```
DOUBLE PRECISION FUNCTION P(X)
IMPLICIT DOUBLE PRECISION (A - H,O - Z)
P = 0.D0 + X - X
RETURN
END

DOUBLE PRECISION FUNCTION F(X)
IMPLICIT DOUBLE PRECISION (A - H,O - Z)
F = - X
RETURN
END
```

计算结果

X =   .0000000E + 00   .3488525E - 01   .5632582E - 01
X =   .5003676E - 01   .0000000E + 00

7.4 有限元法

有限元法是微分方程边值问题的另一种有用解法,特别适合于几何及物理上比较复杂的问题。

讨论如下常微分方程边值问题

$$\begin{cases} -(py')' + qy = f(x) & (a < x < b) \\ y(a) = d_1, \quad y(b) = d_2 \end{cases} \quad (1)$$

其中 $p(x), q(x), f(x)$ 都是 $[a,b]$ 上已知的连续函数,且 $p'(x)$ 也连续,$p(x) > 0, q(x) \geq 0$。

7.4.1 等价性定理

假定 μ 是 $[a,b]$ 上满足式(1)中边界条件、具有连续二阶导数的函数集合,常微分方程边值问题(1)的解 $y(x)$,就是 μ 中满足微分方程(1)的函数,其实它也是 μ 中使积分

$$I(z) = \int_a^b [pz'^2 + qz^2 - 2fz] dx \quad (2)$$

取极小值的函数。积分 $I(z)$ 的值与函数 $z(x)$ 有关,是"函数的函数",称为泛函。可以证明如下等价性定理成立。

等价性定理:如果 $y(x)$ 是边值问题(1)的解,则 $y(x)$ 是 μ 中使泛函 $I(z)$

取极小值的函数;反之,如果 $y(x)$ 是 μ 中使泛函 $I(z)$ 取极小值的函数,则 $y(x)$ 一定是边值问题(1)的解。

在 μ 中求函数 y,使
$$I(y) = \min_{z \in \mu} I(z) \tag{3}$$
的问题,称为变分问题。等价性定理说明,边值问题可转化为变分问题,变分问题也可转化为边值问题。定理的证明略去。

7.4.2 有限元法

等价性定理说明,边值问题(1)可转化为变分问题(3)。现在来求变分问题(3)的数值解。

把求解区间$[a,b]$剖分为 n 个小区间(或称单元),设节点为
$$a = x_0, \quad x_1, \quad \cdots, \quad x_{n-1}, \quad x_n = b$$
我们的目标是要求变分问题(3)的真正解 $y(x)$ 在这些节点处的近似值 y_0, $y_1, \cdots, y_{n-1}, y_n$。

在将区间$[a,b]$剖分为 n 个小区间$[x_{i-1}, x_i]$ $(i = 1,2,\cdots,n)$之后,泛函 $I(y)$ 可改写为
$$I(y) = \int_a^b [py'^2 + qy^2 - 2fy] \mathrm{d}x = \sum_{i=1}^n I_i \tag{4}$$
其中
$$I_i = \int_{x_{i-1}}^{x_i} [py'^2 + qy^2 - 2fy] \mathrm{d}x \tag{5}$$

为了计算这个积分,一种简单的近似方法是把 p、q、f 都看成是常数,数值上等于区间$[x_{i-1}, x_i]$上某点(比如中点)的值 p_i、q_i、f_i,而 $y(x)$ 用线性插值函数来代替。

已知线性插值公式
$$y(x) \approx \lambda_1(x) y_{i-1} + \lambda_2(x) y_i \tag{6}$$
其中
$$\lambda_1(x) = \frac{x - x_i}{x_{i-1} - x_i} = \frac{x_i - x}{l_i}$$
$$\lambda_2(x) = \frac{x - x_{i-1}}{x_i - x_{i-1}} = \frac{x - x_{i-1}}{l_i} \tag{7}$$
而 $l_i = x_i - x_{i-1}$ 是区间$[x_{i-1}, x_i]$的长度。将其代入式(5),得
$$I_i \approx \int_{x_{i-1}}^{x_i} [p(\lambda_1' y_{i-1} + \lambda_2' y_i)^2 + q(\lambda_1 y_{i-1} + \lambda_2 y_i)^2 - 2f(\lambda_1 y_{i-1} + \lambda_2 y_i)] \mathrm{d}x =$$

$$\int_{x_{i-1}}^{x_i} [y_{i-1}^2(p\lambda_1'^2 + q\lambda_1^2) + y_i^2(p\lambda_2'^2 + q\lambda_2^2) +$$
$$2y_{i-1}y_i(p\lambda_1'\lambda_2' + q\lambda_1\lambda_2) - 2f(\lambda_1 y_{i-1} + \lambda_2 y_i)]dx \tag{8}$$

注意到

$$\int_{x_{i-1}}^{x_i} \lambda_1^m \lambda_2^n dx = \int_{x_{i-1}}^{x_i} \left(\frac{x_i - x}{l_i}\right)^m \left(\frac{x - x_{i-1}}{l_i}\right)^n dx = l_i \int_0^1 (1-t)^m t^n dt = \frac{m!n!l_i}{(m+n+1)!}$$

$$\int_{x_{i-1}}^{x_i} (\lambda_1')^m (\lambda_2')^n dx = \int_{x_{i-1}}^{x_i} \left(-\frac{1}{l_i}\right)^m \left(\frac{1}{l_i}\right)^n dx = \frac{(-1)^m}{l_i^{m+n-1}}$$

则得

$$K_{11}^{(i)} = \int_{x_{i-1}}^{x_i} (p_i \lambda_1'^2 + q_i \lambda_1^2) dx = \frac{p_i}{l_i} + \frac{l_i q_i}{3}$$

$$K_{12}^{(i)} = K_{21}^{(i)} = \int_{x_{i-1}}^{x_i} (p_i \lambda_1'\lambda_2' + q_i \lambda_1 \lambda_2) dx = -\frac{p_i}{l_i} + \frac{l_i q_i}{6}$$

$$K_{22}^{(i)} = \int_{x_{i-1}}^{x_i} (p_i \lambda_2'^2 + q_i \lambda_2^2) dx = \frac{p_i}{l_i} + \frac{l_i q_i}{3}$$

$$b_1^{(i)} = \int_{x_{i-1}}^{x_i} f_i \lambda_1 dx = \frac{l_i f_i}{2}$$

$$b_2^{(i)} = \int_{x_{i-1}}^{x_i} f_i \lambda_2 dx = \frac{l_i f_i}{2}$$

将上述结果代入式(8),得到

$$I_i \approx K_{11}^{(i)} y_{i-1}^2 + 2K_{12}^{(i)} y_{i-1} y_i + K_{22}^{(i)} y_i^2 - 2b_1^{(i)} y_{i-1} - 2b_1^{(i)} y_i =$$
$$(y_{i-1}, y_i) \begin{pmatrix} K_{11}^{(i)} & K_{12}^{(i)} \\ K_{21}^{(i)} & K_{22}^{(i)} \end{pmatrix} \begin{pmatrix} y_{i-1} \\ y_i \end{pmatrix} - 2(b_1^{(i)}, b_2^{(i)}) \begin{pmatrix} y_{i-1} \\ y_i \end{pmatrix}$$

若令第 i 个区间$[x_{i-1}, x_i]$的单元刚度矩阵 $\boldsymbol{K}^{(i)}$ 和右端矢量 $\boldsymbol{b}^{(i)}$ 分别为

$$\boldsymbol{K}^{(i)} = \begin{pmatrix} K_{11}^{(i)} & K_{12}^{(i)} \\ K_{21}^{(i)} & K_{22}^{(i)} \end{pmatrix} = \frac{p_i}{l_i}\begin{pmatrix} 1 & -1 \\ -1 & 1 \end{pmatrix} + \frac{l_i q_i}{6}\begin{pmatrix} 2 & 1 \\ 1 & 2 \end{pmatrix}$$

$$\boldsymbol{b}^{(i)} = \frac{l_i f_i}{2}\begin{pmatrix} 1 \\ 1 \end{pmatrix} \tag{9}$$

则有

$$I_i \approx (y_{i-1}, y_i) K^{(i)} \begin{pmatrix} y_{i-1} \\ y_i \end{pmatrix} - 2 b^{(i)\mathrm{T}} \begin{pmatrix} y_{i-1} \\ y_i \end{pmatrix}$$

再令

$$y = (y_0, y_1, y_2, \cdots, y_n)^\mathrm{T}$$

$$C^{(i)} = \begin{pmatrix} 0 & \cdots & 0 & 1 & 0 & 0 & \cdots & 0 \\ 0 & \cdots & 0 & 0 & 1 & 0 & \cdots & 0 \end{pmatrix}$$

则

$$\begin{pmatrix} y_{i-1} \\ y_i \end{pmatrix} = C^{(i)} y$$

从而得到

$$I_i \approx (C^{(i)} y)^\mathrm{T} K^{(i)} (C^{(i)} y) - 2 b^{(i)\mathrm{T}} (C^{(i)} y) =$$
$$y^\mathrm{T} C^{(i)\mathrm{T}} K^{(i)} C^{(i)} y - 2 (C^{(i)\mathrm{T}} b^{(i)})^\mathrm{T} y$$

$$I(y) = \sum_{i=1}^n I_i \approx y^\mathrm{T} K y - 2 b^\mathrm{T} y \tag{10}$$

其中,K 为总刚度矩阵,b 为右端矢量,具体形式如下

$$K = \sum_{i=1}^n C^{(i)\mathrm{T}} K^{(i)} C^{(i)} = \sum_{i=1}^n \begin{pmatrix} 0 & \cdots & 0 & 0 & 0 & 0 & \cdots & 0 \\ \vdots & & \vdots & \vdots & \vdots & \vdots & & \vdots \\ 0 & \cdots & 0 & K_{11}^{(i)} & K_{12}^{(i)} & 0 & \cdots & 0 \\ 0 & \cdots & 0 & K_{21}^{(i)} & K_{22}^{(i)} & 0 & \cdots & 0 \\ 0 & \cdots & 0 & 0 & 0 & 0 & \cdots & 0 \\ \vdots & & \vdots & \vdots & \vdots & \vdots & & \vdots \\ 0 & \cdots & 0 & 0 & 0 & 0 & \cdots & 0 \end{pmatrix}$$

$$b = \sum_{i=1}^n b^{(i)}, \quad b^{(i)} = \sum_{i=1}^n (0 \ \cdots \ 0 \ b_1^{(i)} \ b_2^{(i)} \ 0 \ \cdots \ 0)^\mathrm{T}$$

上述结果表明,总刚度矩阵是一个 $n+1$ 阶方阵(其行、列编号由 0 算起),它是零矩阵把第 $i-1$、i 行,第 $i-1$、i 列元素换为单元刚度矩阵 $K^{(i)}$ 对应元素以后,累加起来的结果。也可以说,总刚度矩阵 K 是在一个 $n+1$ 阶最初为零的方阵上,逐步在各单元刚度矩阵 $K^{(i)}$ 元素对应位置加上该元素的结果。对右端矢量 b 也有类似的结论。

由于 $y(x)$ 是使 $I(z)$ 取极小值的函数,所求的 $y_0, y_1, \cdots, y_n$ 自然应该使式 (10) 的右边取极小值,从而应有

$$\frac{\mathrm{d}}{\mathrm{d} y_i}(y^\mathrm{T} K y - 2 b^\mathrm{T} y) = 0$$

即

$$\frac{d}{dy_i}\left\{\sum_{r=0}^{n}\left(\sum_{s=0}^{n}K_{rs}y_s\right)y_r - 2\sum_{r=0}^{n}b_r y_r\right\} =$$

$$\sum_{r=0}^{n}K_{ri}y_r + \sum_{s=0}^{n}K_{is}y_s - 2b_i = 2\left(\sum_{r=0}^{n}K_{ir}y_r - b_i\right) = 0$$

或

$$\sum_{r=0}^{n}K_{ir}y_r = b_i \quad (i = 0,1,\cdots,n) \tag{11}$$

$$\mathbf{Ky} = \mathbf{b} \tag{12}$$

注意到 $y_0 = d_1$ 和 $y_n = d_2$ 是已知值,不能任意选取,因此不能要求方程(10)的右端对 y_0、y_n 的导数为零,从而方程组(11)或(12)中应当除去首末二个方程,且把其他方程中包含的 y_0、y_n 改为已知值,所得方程组就是未知量 y_1,$y_2,\cdots,y_{n-1}$ 满足的代数方程组。解此方程组,即得变分问题(3)解的近似值,也即边值问题(1)解的近似值。这种求解的方法称为有限单元法,或有限元法。

由上面的推导可见,为了用有限元法求解边值问题(1),应该按着如下步骤操作,即

1. 将求解区间剖分为若干个小区间,求出它们的长度 l_i 及中点的坐标。

2. 按照式(9)计算各单元刚度矩阵及右端矢量的元素,并逐步形成总刚度矩阵 $\mathbf{K}$ 及右端矢量 $\mathbf{b}$。

3. 在方程组(11)中删去已知量对应的方程,并把其余方程中这些量代为已知值。

4. 求解所得代数方程组。

等距分点的有限元法子程序 YXY

```
      SUBROUTINE YXY(N,N1,XA,XB,A,B,C,D)
      IMPLICIT DOUBLE PRECISION (A-H,O-Z)
      DIMENSION A(N1),B(N),C(N1),D(N)
      H = (XB - XA)/(N + 1.D0)
      DO 10 I = 1,N
      XI = XA + H * I
      XJ = XA + H * (I + 1.D0)
10    B(I) = P(XI)/H + H * Q(XI)/3.D0 + P(XJ)/H + H * Q(XJ)/3.D0
      DO 20 I = 1,N1
      XI = XA + H * I
      A(I) = - P(XI)/H + H * Q(XI)/6.D0
20    C(I) = A(I)
```

```
              DO 30 I = 1,N
              XI = XA + (2.D0 * I - 1.D0)/8.D0
              XJ = XA + (2.D0 * I + 1.D0)/8.D0
30            D(I) = (F(XI) + F(XJ)) * H/2.D0
              CALL TRID(N,N1,A,B,C,D)
              WRITE( * ,1) D
              WRITE(2,1) D
1             FORMAT(2X,'X = ',3E15.7)
              RETURN
              END
```

使用说明

(1) 子程序语句

SUBROUTENE YXY(N,N1,XA,XB,A,B,C,D)

(2) 哑元说明

N　　　　整变量,输入参数,方程个数,或分点数减1。

N1　　　整变量,输入参数,N1 = N - 1。

XA,XB　　实变量,输入参数,分别为自变量值下限与上限。

B　　　　N 个元素的一维实数组,工作数组,存放三对角矩阵主对角元。

A,C　　　N1 个元素的一维实数组,工作数组,分别存放对角元以下、上的元素。

D　　　　N 个元素的一维实数组,开始存放右端矢量,结束时存放解矢量,也是输出参数。

(3) 所调用的子程序

TRID(N,M,A,B,C,F)　　追赶法求解三对角形线性方程组程序。

F(X),P(X),Q(X)　　分别为计算 $f(x),p(x),q(x)$ 的双精度函数子程序,由使用者自编。

例题 7.7　用有限元法解边值问题

$$\begin{cases} y'' - y + x = 0 & (0 < x < 1) \\ y(0) = 0, \quad y(1) = 0 \end{cases}$$

将区间[0,1]等分为4个小区间。

```
              PROGRAM TYXY
              IMPLICIT DOUBLE PRECISION (A - H,O - Z)
              DIMENSION A(2),B(3),C(2),D(3)
```

```
      OPEN (2,FILE = 'DT.DAT')
      XA = 0.D0
      XB = 1.D0
      N = 3
      N1 = N - 1
      CALL YXY(N,N1,XA,XB,A,B,C,D)
      STOP
      END

      DOUBLE PRECISION FUNCTION F(X)
      IMPLICIT DOUBLE PRECISION (A - H,O - Z)
      F = X
      RETURN
      END

      DOUBLE PRECISION FUNCTION P(X)
      IMPLICIT DOUBLE PRECISION (A - H,O - Z)
      P = 1.D0 + X - X
      RETURN
      END

      DOUBLE PRECISION FUNCTION Q(X)
      IMPLICIT DOUBLE PRECISION (A - H,O - Z)
      Q = 1.D0 + X - X
      RETURN
      END
```

计算结果

X =   .3521250E - 01   .5685947E - 01   .5051862E - 01

比较上节中的第一个例题的计算(那里用差分法解同一边值问题),似乎有限元法很繁,而计算结果的精度跟差分法差不多,然而有限元法的求解步骤很规范,即使求解区间的剖分不是等分,求解步骤也不用改变,不难在计算机上实现。总刚度矩阵 K 不仅是三对角的,而且对称正定,这给计算机求解代数方程组带来不少方便。

当然,上述求解步骤是针对边值问题(1)来说的,如果要用有限元法求解其他边值问题,还要导出等价的变分问题,选择适当的插值函数(不一定选线性插值函数)和积分的计算方法,推导出计算单元刚度矩阵及右端项的计算公式。

第 8 章 数值积分

量子力学的基本问题是求解算符满足的本征方程,如果已知算符的矩阵元,则可以利用数学方法(例如第 9 章介绍的雅可比方法)求出其本征解。在坐标表象下,算符的矩阵元就是一个定积分的数值,因此,定积分的计算是解决量子力学问题的关键之一。

对于求给定函数 $f(x)$ 的定积分问题,往往因为 $f(x)$ 很复杂或者只能用一个数表来表示,难以求得原函数,于是需要用数值方法来求定积分的近似值。

辛普生(Simpson)公式是最常用的数值积分方法,它的特点是精度较高,没有系数和插值点的舍入误差,又可以使用递推公式,因此计算速度较快。在此基础上,还介绍了如何用变步长辛普生方法求二重积分。龙贝格(Romberg)求积方法,类似于辛普生公式,精度比辛普生方法要高。最后,给出一些积分问题的处理技巧,其中关于 r^k 阵元的计算及主值积分的计算都是有实用价值的。

8.1 辛普生求积公式

8.1.1 基本求积公式

求定积分的基本问题是,利用已知函数 $f(x)$ 计算

$$I = \int_a^b f(x) \mathrm{d}x$$

从图形上看,就是要求出在区间 $[a,b]$ 内曲线 $f(x)$ 下的面积。

由于多项式的积分容易求出,所以,通常用 $f(x)$ 的拉格朗日插值多项式 $L_n(x)$ 来代替 $f(x)$,求得积分 I 的近似值 Q。

若设 $a \leqslant x_0 < x_1 < x_2 < \cdots < x_n \leqslant b$,则

$$I \approx Q = \int_a^b L_n(x)\mathrm{d}x = \int_a^b \sum_{i=0}^n l_i(x)f(x_i)\mathrm{d}x = \sum_{i=0}^n \left[\int_a^b l_i(x)\mathrm{d}x\right]f(x_i) = \sum_{i=0}^n A_i f(x_i) \tag{1}$$

其中

$$A_i = \int_a^b l_i(x)dx = \int_a^b \frac{(x-x_0)(x-x_1)\cdots(x-x_{i-1})(x-x_{i+1})\cdots(x-x_n)}{(x_i-x_0)(x_i-x_1)\cdots(x_i-x_{i-1})(x_i-x_{i+1})\cdots(x_i-x_n)}dx \tag{2}$$

A_i 仅与第 i 个节点有关,而与被积函数 $f(x)$ 无关,称为求积系数。式(1) 称为牛顿 – 柯特斯(Cotes) 公式。

在等距节点的情况下,有

$$h = (b-a)/n, \quad x_i = a + ih \quad (i = 0,1,2,\cdots,n) \tag{3}$$

将式(3) 代入式(2),若令 $x = a + th$,则

$$A_i = \frac{(-1)^{n-i}h}{i!(n-i)!}\int_0^n t(t-1)\cdots(t-i+1)(t-i-1)\cdots(t-n)dt \tag{4}$$

当 $n = 1$ 时,称为梯形公式

$$I \approx Q = h[f(x_0) + f(x_1)]/2 \tag{5}$$

当 $n = 2$ 时,称为辛普生公式

$$I \approx Q = h[f(x_0) + 4f(x_1) + f(x_2)]/3 \tag{6}$$

当 $n = 4$ 时,称为柯特斯公式

$$I \approx Q = 2h[7f(x_0) + 32f(x_1) + 12f(x_2) + 32f(x_3) + 7f(x_4)]/45 \tag{7}$$

8.1.2 复化求积公式

在实际计算积分 I 时,常常把积分区间 $[a,b]$ 划分成许多小区间应用基本求积公式,再相加得出新的求积公式,称之为复化求积公式。

例如,把区间 $[a,b]$ 分成 n 个小区间,令 $h = (b-a)/n$,然后,在每个小区间应用梯形公式(5),得复化梯形求积公式

$$I = \int_{x_0}^{x_1} f(x)dx + \int_{x_1}^{x_2} f(x)dx + \cdots + \int_{x_{n-1}}^{x_n} f(x)dx \approx$$
$$h[f(x_0) + f(x_1)]/2 + h[f(x_1) + f(x_2)]/2 + \cdots + h[f(x_{n-1}) + f(x_n)]/2 =$$
$$h[f(x_0)/2 + f(x_1) + f(x_2) + \cdots + f(x_{n-1}) + f(x_n)/2] =$$
$$h\left\{\frac{1}{2}[f(a) + f(b)] + \sum_{k=1}^{n-1} f(x_k)\right\} \tag{8}$$

类似地,将区间 $[a,b]$ 等分为 $2n$ 个小区间,令 $h = (b-a)/2n$,在相邻的两个小区间上应用辛普生求积公式(6),得复化辛普生求积公式

$$I \approx \frac{h}{3}\left\{f(a) + f(b) + 4\sum_{k=1}^{n} f(x_{2k-1}) + 2\sum_{k=1}^{n-1} f(x_{2k})\right\} \tag{9}$$

8.1.3 等距节点辛普生求积公式

为使用方便可将式(9)改写为

$$I \approx \frac{b-a}{3n}\left\{\frac{1}{2}[f(a)-f(b)] + \sum_{k=1}^{n}[2f(a+2kh-h)+f(a+2kh)]\right\}$$

等距节点辛普生求积的子程序 SIMP

```
      SUBROUTINE SIMP(A,B,N,S)
      IMPLICIT DOUBLE PRECISION(A-H,O-Z)
      H = (B-A)/2/N
      S = 0.5D0*(F(A)-F(B))
      DO 1 I = 1,N
1     S = S + 2.D0*F(A+(2*I-1)*H) + F(A+2.D0*H*I)
      S = (B-A)*S/3/N
      RETURN
      END
```

使用说明

(1) 子程序语句

SUBROUTINE SIMP (A,B,N,S)

(2) 哑元说明

A,B　　双精度变量,输入参数,分别为积分下限与上限。

N　　　整变量,输入参数,2N 为积分区间的分点数。

S　　　双精度变量,输出参数,积分结果。

(3) 所调用的子程序

F(X)　　计算被积函数 $f(x)$ 的函数子程序,由使用者自编。

例题 8.1 已知线谐振子第 n 个本征函数为

$$\psi_n(x) = \sqrt{\frac{\alpha}{2^n n! \sqrt{\pi}}} H_n(\alpha x)\exp\left(-\frac{1}{2}\alpha^2 x^2\right)$$

计算矩阵元 $\langle 1|x|1\rangle, \langle 1|x^2|1\rangle, \langle 3|x^2|3\rangle$。为方便计,取

$$\alpha = \sqrt{m\omega/\hbar} = A_0$$

```
      PROGRAM TSIMP
      IMPLICIT DOUBLE PRECISION(A-H,O-Z)
      COMMON/LNFJ/ SLNI(164),SLNF(164),SLNJ(164)
      COMMON/M/M,N,K,A0
```

```
            OPEN(2,FILE = 'DT.DAT')
            CALL SLNN
            EPS = 1.E - 5
999         WRITE( * ,1)
1           FORMAT(2X,'M,N,K,A0 = ?')
            READ( * ,2) M,N,K,A0
2           FORMAT(3I3,F15.7)
            IF(M.EQ.0.AND.N.EQ.0.AND.K.EQ.0) STOP
            NN = 50
            CALL SIMP(- 1.D1,1.D1,NN,S)
            WRITE(2,3) M,N,K,A0,S
            WRITE( * ,3) M,N,K,A0,S
3           FORMAT(2X,'M,N,K = ',3I5,/,2X,'A0,S = ',2E15.7)
            GOTO 999
            STOP
            END

            DOUBLE PRECISION FUNCTION F(X)
            IMPLICIT DOUBLE PRECISION(A - H,O - Z)
            COMMON/LNFJ/ SLNI(164),SLNF(164),SLNJ(164)
            COMMON/M/M,N,K,A0
            C = A0/DSQRT(3.14159265D0)
            B = 2.D0 * *(M + N) * DEXP(SLNF(M + 1) + SLNF(N + 1))
            B2 = 1.D0/DSQRT(B)
            F = C * B2 * HE(M,A0 * X) * X * * K * HE(N,A0 * X) *
           *    DEXP(- A0 * A0 * X * X)
            RETURN
            END
```

程序中调用了 SLNN 与 HE(N,X) 两个子程序。

计算结果

M,N,K = 1   1   1
A0,S =   .1000000E + 01   .2553802E - 16
M,N,K = 1   1   2
A0,S =   .1000000E + 01   .1500000E + 01

M,N,K =　　3　　　　3　　　　2
A0,S =　　　　.1000000E + 01　　　.3500000E + 01

利用上述程序可以求出线谐振子基底下坐标任意次幂的矩阵元,从而为解决与线谐振子相关的问题创造了条件。

8.1.4 变步长辛普生求积公式

等距节点辛普生求积公式的分点数是给定的,为了改善计算结果,可将步长缩小为原来的一半,再将计算结果与原来的结果比较,直至两次结果之差满足精度的要求为止。

例如,对复化的梯形公式(8),若取

$$x_i = a + ih \quad (i = 0,1,2,\cdots,n),\quad (n \text{ 为偶数})$$

则

$$Q(2h) = 2h[f(a)/2 + f(x_2) + f(x_4) + \cdots + f(x_{n-2}) + f(b)/2] \quad (10)$$

当步长变为 h 时,有

$$\begin{aligned}Q(h) &= h[f(a)/2 + f(x_1) + f(x_2) + \cdots + f(x_{n-1}) + f(b)/2] = \\ &\quad 2h[f(a)/2 + f(x_2) + f(x_4) + \cdots + f(x_{n-2}) + f(b)/2]/2 + \\ &\quad h[f(x_1) + f(x_3) + \cdots + f(x_{n-1})] = \\ &\quad Q(2h)/2 + h[f(x_1) + f(x_3) + \cdots + f(x_{n-1})]\end{aligned} \quad (11)$$

上式表明,当步长由 $2h$ 缩小为 h 时,$Q(h)$ 等于 $Q(2h)$ 的一半再加上新增加的节点处的函数值乘以当前步长 h。

变步长辛普生数值积分的子程序 SIMPSN

```
      SUBROUTINE SIMPSN(A,B,EPS,K,N,S)
      IMPLICIT DOUBLE PRECISION(A - H,O - Z)
      N = 1
      C = DABS(A) + DABS(B)
      H = (B - A)/2.D0
      T1 = H * (F(A) + F(B))
1     X = A - H
      T2 = 0.5D0 * T1
      DO 2 I = 1,N
      X = X + 2.D0 * H
2     T2 = T2 + H * F(X)
      S = (4.D0 * T2 - T1)/3.D0
```

```
            N = N + N
            IF(N.LE.K) GOTO 3
            IF(DABS(S - S0).LE.(1.D0 + DABS(S)) * EPS) RETURN
    3       S0 = S
            T1 = T2
            H = 0.5D0 * H
            IF(C + H.NE.C) GOTO 1
            N = - N
            RETURN
            END
```

使用说明

(1) 子程序语句

SUBROUTINE SIMPSN(A,B,EPS,K,N,S)

(2) 哑元说明

A,B　　双精度变量,输入参数,分别为积分下限与上限。

EPS　　双精度变量,输入参数,积分精度控制数,为小正数。

K　　整变量,输入参数,判断收敛与否的阈值,一般可取 K = 2,若有可能出现假收敛,则可适当放大为 K = 4,8,16 等,使积分步长 H ≤ (B - A)/K。

N　　整变量,输出参数,其绝对值加 1 表示被积函数求值次数,同时也是标志,当 N 为正时,表示在给定精度下求积成功;当 N 为负时,表示不满足精度,但积分步长 H 已为零。

S　　双精度变量,输出参数,积分结果。

(3) 所调用的子程序

F(X)　　计算被积函数的函数 $f(x)$ 子程序,由使用者自编。

例题 8.2 取 $A0 = 1.0$,在球谐振子基底下,利用变步长辛普生积分程序计算下列矩阵元

$$\langle 100|r|100\rangle, \langle 200|r|200\rangle, \langle 210|r|210\rangle, \langle 210|r^2|110\rangle$$

解 球谐振子的本征函数为

$$\psi_{nlm}(r) = N_{nl}(\alpha r)^l \exp(-\alpha^2 r^2/2) L_n^{l+1/2}(\alpha^2 r^2) Y_{lm}(\theta,\varphi)$$

其中

$$N_{nl} = \sqrt{\frac{2^{n+l+2}\alpha^3 n!}{\sqrt{\pi}(2n+2l+1)!!}}$$

第8章 数值积分

```
              PROGRAM TSIMPSN
              IMPLICIT DOUBLE PRECISION(A - H,O - Z)
              COMMON/LNFJ/ SLNI(164),SLNF(164),SLNJ(164)
              COMMON/M/N1,L1,M1,N2,L2,M2,K,A0
              OPEN(2,FILE = 'DT.DAT')
              CALL SLNN
              S = 0.D0
              EPS = 1.E - 5
      999     WRITE( * ,1)
      1       FORMAT(2X,'N1,L1,M1,N2,L2,M2,K,A0 = ?')
              READ( * ,2) N1,L1,M1,N2,L2,M2,K,A0
      2       FORMAT(7I3,F15.7)
              IF(N1.EQ.0.AND.N2.EQ.0.AND.K.EQ.0) STOP
              IF(M1.NE.M2) GOTO 888
              CALL SIMPSN(0.1D - 5,7.D0,EPS,4,NN,S)
      888     WRITE(2,3) N1,L1,M1,N2,L2,M2,K,A0,S
              WRITE( * ,3) N1,L1,M1,N2,L2,M2,K,A0,S
      3       FORMAT(2X,'N1,L1,M1,N2,L2,M2,K = ',7I3,/,
             * 2X,'A0,S = ',2E15.7)
              GOTO 999
              STOP
              END

              DOUBLE PRECISION FUNCTION F(X)
              IMPLICIT DOUBLE PRECISION(A - H,O - Z)
              COMMON/LNFJ/ SLNI(164),SLNF(164),SLNJ(164)
              COMMON/M/N1,L1,M1,N2,L2,M2,K,A0
              C = A0 * *3/DSQRT(3.14159265D0)
              DN1 = DSQRT(2 * *(N1 + L1 + 2) * DEXP(SLNF(N1 + 1) -
             * SLNJ(2 * N1 + 2 * L1 + 2)))
              DN2 = DSQRT(2 * *(N2 + L2 + 2) * DEXP(SLNF(N2 + 1) -
             * SLNJ(2 * N2 + 2 * L2 + 2)))
              AR = A0 * A0 * X * X
              DL1 = ALNLX(N1,0.5D0 + L1,AR)
              DL2 = ALNLX(N2,0.5D0 + L2,AR)
```

```
      DE = DEXP( - AR)
      F = C * DN1 * DN2 * (A0 * X) * * (L1 + L2) * DE *
     * DL1 * DL2 * X * * (K + 2)
      RETURN
      END
```

计算结果

N1,L1,M1,N2,L2,M2,K = 1   0   0   1   0   0   1
A0,S =   .1000000E + 01   .1692568E + 01
N1,L1,M1,N2,L2,M2,K = 2   0   0   2   0   0   1
A0,S =   .1000000E + 01   .2115710E + 01
N1,L1,M1,N2,L2,M2,K = 2   1   0   2   1   0   1
A0,S =   .1000000E + 01   .2326610E + 01
N1,L1,M1,N2,L2,M2,K = 2   1   0   1   1   0   2
A0,S =   .1000000E + 01   - .2645751E + 01

8.2 龙贝格积分法

8.2.1 龙贝格积分法

通过较复杂的推导可以证明,复化梯形公式的值 $Q(h)$ 与积分值 I 之间由欧拉 – 麦克劳林(Maclaurin)求和公式相联系,即

$$I = Q(h) + a_1 h^2 + a_2 h^4 + \cdots \tag{1}$$

当复化梯形公式的步长取为 h 的一半时,上式变成

$$I = Q(h/2) + a_1 h^2/4 + a_2 h^4/16 + \cdots \tag{2}$$

将式(2)乘4再减去式(1),得到

$$I = [4Q(h/2) - Q(h)]/3 + b_2 h^4 + b_3 h^6 + \cdots \tag{3}$$

若令

$$Q_0(h) = Q(h)$$
$$Q_1(h) = [4Q_0(h/2) - Q_0(h)]/3$$

则式(3)可简写为

$$I = Q_1(h) + b_2 h^4 + b_3 h^6 + \cdots \tag{4}$$

用 $Q_1(h)$ 作为 I 的近似值时,误差为 $O(h^4)$,它明显地小于式(1)的误差 $O(h^2)$。

按上述步骤继续作下去,就可以得到逐次分半加速法(亦称龙贝格积分法)
$$Q_0(h) = Q(h)$$
$$Q_k(h) = \frac{2^{2k}Q_{k-1}(h/2) - Q_{k-1}(h)}{2^{2k} - 1} \tag{5}$$

8.2.2 龙贝格积分程序

龙贝格积分的子程序 ROMBG

```
      SUBROUTINE ROMBG(A,B,EPS,KSW,N,S)
      IMPLICIT DOUBLE PRECISION(A - H,O - Z)
      DIMENSION W(50,50)
      N = 1
      K = 0
      C = DABS(A) + DABS(B)
      H = 0.5D0 * (B - A)
      W(1,1) = H * (F(A) + F(B))
4     K = K + 1
      X = A - H
      SIG = 0.D0
      DO 1 J = 1,N
      X = X + 2.D0 * H
1     SIG = SIG + F(X)
      W(K + 1,1) = W(K,1) * 0.5D0 + H * SIG
      H = 0.5D0 * H
      N = N + N
      DO 2 L = 1,K
      I1 = K + 1 - L
      I2 = L + 1
2     W(I1,I2) = (4.D0 * *(I2 - 1) * W(I1 + 1,I2 - 1) -
     * W(I1,I2 - 1))/(4.D0 * *(I2 - 1) - 1.D0)
      S = W(1,I2)
      IF(N.LE.KSW) GOTO 4
      IF(ABS(W(I1,I2) - W(I1,I2 - 1)).LE.
     * (DABS(W(I1,I2)) + 1.D0) * EPS) RETURN
      IF(K.GE.49) GOTO 3
```

```
        IF(C + H.NE.C) GOTO 4
3       N = - N
        RETURN
        END
```

使用说明

(1) 子程序语句

SUBROUTINE ROMBG(A,B,EPS,KSW,N,S)

(2) 哑元说明

A,B　　双精度变量,输入参数,分别为积分下限与上限。

EPS　　双精度变量,输入参数,精度控制,为小正数。

KSW　　整变量,输入参数,是否要进行收敛判断的阈值,一般可取 KSW = 8。

N　　整变量,输出参数,其绝对值加1为被积函数求值次数,当 N > 0 时表示满足精度要求；N < 0 时,表示未满足要求,但步长已为零。

S　　双精度变量,输出参数,积分结果。

(3) 所调用的子程序

F(X)　　计算被积函数 $f(x)$ 的函数子程序,由使用者自编。

8.2.3 龙贝格积分的应用

例题 8.3 取 $A_0 = 1.0$,在氢原子基底下,利用龙贝格积分程序计算下列矩阵元

$$\langle 100|1/r|100\rangle, \langle 100|r|100\rangle, \langle 211|r|211\rangle, \langle 200|r^2|100\rangle$$

解 氢原子的径向本征函数为

$$R_{nl}(r) = N_{nl}\exp\left(-\frac{r}{na_0}\right)\left(\frac{2r}{na_0}\right)^l L_{n-l-1}^{2l+1}\left(\frac{2r}{na_0}\right)$$

其中归一化常数

$$N_{nl} = \sqrt{\left(\frac{2}{na_0}\right)^3 \frac{(n-l-1)!}{2n(n+l)!}}$$

玻尔半径 $a_0 = 0.052917726$ nm。

```
        PROGRAM TROMBG
        IMPLICIT DOUBLE PRECISION(A - H,O - Z)
        COMMON/LNFJ/ SLNI(164),SLNF(164),SLNJ(164)
        COMMON/N/N1,L1,M1,N2,L2,M2,K,A0
        OPEN(2,FILE = 'DT.DAT')
```

第8章 数值积分

```
            CALL SLNN
            A0 = 0.052917726D0
            EPS = 0.5D - 10
999         WRITE( * ,1)
1           FORMAT(2X,'N1,L1,M1,N2,L2,M2,K = ?')
            READ( * ,2) N1,L1,M1,N2,L2,M2,K
2           FORMAT(7I5)
            IF(N1.EQ.0) STOP
            WRITE(2,3) N1,L1,M1,N2,L2,M2,K
            WRITE( * ,3) N1,L1,M1,N2,L2,M2,K
3           FORMAT(2X,'N1,L1,M1,N2,L2,M2,K = ',7I4)
            S = 0.D0
            IF(M1.NE.M2) GOTO 888
            CALL ROMBG(0.D0,1.D1,EPS,8,N,S)
888         WRITE(2,4) S
            WRITE( * ,4) S
4           FORMAT(7X,'S(NM) = ',E15.7)
            GOTO 999
            STOP
            END

            DOUBLE PRECISION FUNCTION F(X)
            IMPLICIT DOUBLE PRECISION(A - H,O - Z)
            COMMON/N/N1,L1,M1,N2,L2,M2,K,A0
            COMMON/LNFJ/ SLNI(164),SLNF(164),SLNJ(164)
            DN1 = DSQRT((2.D0/A0/N1) * *3/2.D0/N1 *
          * DEXP(SLNF(N1 - L1) - SLNF(N1 + L1 + 1)))
            DN2 = DSQRT((2.D0/A0/N2) * *3/2.D0/N2 *
          * DEXP(SLNF(N2 - L2) - SLNF(N2 + L2 + 1)))
            X1 = X/N1/A0
            X2 = X/N2/A0
            DL1 = ALNLX(N1 - L1 - 1,2.D0 * L1 + 1.D0,2.D0 * X1)
            DL2 = ALNLX(N2 - L2 - 1,2.D0 * L2 + 1.D0,2.D0 * X2)
            DE = DEXP( - X1 - X2)
            F = DN1 * DN2 * (2.D0 * X1) * *L1 * (2.D0 * X2) * *L2 *
```

```
   * DE * DL1 * DL2 * X * * (K + 2)
   RETURN
   END
```

计算结果

N1,L1,M1,N2,L2,M2,K = 1　0　0　1　0　0　-1
S(nm) =　　　　.1889726E + 02
N1,L1,M1,N2,L2,M2,K = 1　0　0　1　0　0　1
S(nm) =　　　　.7937659E - 01
N1,L1,M1,N2,L2,M2,K = 2　1　1　2　1　1　1
S(nm) =　　　　.2645886E + 00
N1,L1,M1,N2,L2,M2,K = 2　0　0　1　0　0　2
S(nm) =　　　-.8344129E - 02

实际上,前两个矩阵元$\langle 100|1/r|100\rangle$与$\langle 100|r|100\rangle$就是$1/r$与$r$在基态下的平均值,由理论推导可知

$$\langle 100|1/r|100\rangle = 1/a_0, \quad \langle 100|r|100\rangle = 3a_0/2$$

将a_0的数值代入上式,立即得到与数值计算相同的结果。

8.3　二重积分

8.3.1　二重积分

计算函数$f(x,y)$的二重定积分

$$I = \int_a^b dx \int_{y_1(x)}^{y_2(x)} f(x,y) dy$$

可分两步进行。

首先,固定x为$\bar{x}$,用变步长辛普生方法求出以y为自变量的积分

$$S(\bar{x}) = \int_{y_1(\bar{x})}^{y_2(\bar{x})} f(\bar{x},y) dy$$

其次,再用变步长辛普生方法求出以x为自变量的积分

$$I = \int_a^b S(x) dx$$

8.3.2 二重积分程序

变步长辛普生方法求二重积分的子程序 SIMPS2

```
       SUBROUTINE SIMPS2(A,B,EPS,KFL,N,SUM)
       N2 = 1
       KFL = 0
       C = ABS(A) + ABS(B)
       H2 = 0.5 * (B - A)
       CALL SIMPS1(A,EPS,KFL,N1,SS1)
       CALL SIMPS1(B,EPS,KFL,N3,SS2)
       N = N1 + N3 + 2
       TB1 = H2 * (SS1 + SS2)
4      X = A - H2
       TB2 = 0.5 * TB1
       DO 5 I = 1,N2
       X = X + 2.0 * H2
       CALL SIMPS1(X,EPS,KFL,N1,S)
       N = N + N1 + 1
5      TB2 = TB2 + H2 * S
       SUM = (4.0 * TB2 - TB1)/3.0
       N2 = N2 + N2
       IF(N2.LT.8) GOTO 6
       IF(ABS(SUM - SUM0).LE.(1.0 + ABS(SUM)) * EPS)
     * RETURN
6      SUM0 = SUM
       TB1 = TB2
       H2 = 0.5 * H2
       IF(C + H2.NE.C) GOTO 4
       N = - N
       RETURN
       END
```

使用说明

(1) 子程序语句

SUBOUTINE SIMPS2(A,B,EPS,KFL,N,SUM)
(2) 哑元说明
A,B　　实变量,输入参数,分别为积分的下限与上限。
EPS　　实变量,输入参数,给定的积分精度。
KFL　　整变量,输出参数,当 KFL = 0 时,表示内层单积分 S 精度被满足；当 KFL $\neq$ 0 时,表示内层单积分 S 有 KFL 个精度未被满足(虽然积分步长 H1 = 0)。
N　　整变量,输出参数,被积函数求值的次数。当 N 为负时,表示积分精确度仍不满足,而步长 H2 已为零。
SUM　　实变量,输出参数,积分结果。
(3) 所调用的子程序
F(X,Y)　　计算被积函数 $f(x,y)$ 的函数子程序,由使用者自编。
FLS(X,Y1,Y2)　　计算积分下限 $y_1(x)$ 和积分上限 $y_2(x)$ 的子程序,其中哑元 x 是积分自变量,由使用者自编。
SIMPS1(X,EPS,KFL,N1,S)　　计算 x 取确定值时积分值的程序,其哑元的说明与 SIMPS2 类似。

8.3.3　应用举例

例题 8.4　计算二重积分

$$I = \int_0^1 dx \int_{-\sqrt{1-x^2}}^{\sqrt{1-x^2}} e^{x^2+y^2} dy$$

```
        PROGRAM TSIMPS2
        OPEN(2,FILE = 'DT.DAT')
        EPS = 5.0E - 5
        CALL SIMPS2(0.0,1.0,EPS,KFL,N,S)
        WRITE(2,1) KFL,N,S
        WRITE( * ,1) KFL,N,S
1       FORMAT(2X,'K,N,S = ',I2,I10,2X,F15.7)
        STOP
        END

        SUBROUTINE FLS(X,Y1,Y2)
        Y1 = - SQRT(1.0 - X * X)
        Y2 = - Y1
```

第8章 数值积分

```
        RETURN
        END
        FUNCTION F(X,Y)
        F = EXP(X*X + Y*Y)
        RETURN
        END
        SUBROUTINE SIMPS1(X,EPS,KFL,N1,S)
        N1 = 1
        CALL FLS(X,Y1,Y2)
        H1 = 0.5*(Y2 - Y1)
        E = ABS(Y1) + ABS(Y2)
        T1 = H1*(F(X,Y1) + F(X,Y2))
1       Y = Y1 - H1
        T2 = 0.5*T1
        DO 2 I = 1,N1
        Y = Y + 2.*H1
2       T2 = T2 + H1*F(X,Y)
        S = (4.0*T2 - T1)/3.0
        N1 = N1 + N1
        IF(N1.LT.8) GOTO 3
        IF(ABS(S - S0).LE.(1.0 + ABS(S))*EPS) RETURN
3       S0 = S
        T1 = T2
        H1 = 0.5*H1
        IF(E + H1.NE.E) GOTO 1
        IF(Y1.EQ.Y2) RETURN
        KFL = KFL + 1
        RETURN
        END
```

计算结果

K,N,S =   0   14683   2.6990220

8.4 主值积分

若被积函数 $f(x)$ 在给定的积分区间 $[a,b]$ 上有一个奇点 $x=c$，即函数 $f(x)$ 在 $x=c$ 点邻域内无界，则不能使用前面给出的程序计算定积分 $\int_a^b f(x)\mathrm{d}x$，为了解决这类问题，吴式枢从理论上给出一种实用的方法。

8.4.1 主值积分

设 $f(x)$ 在 $[a, c-\varepsilon]$ 及 $[c+\varepsilon', b]$ 上可积，其中 ε 与 ε' 为任意小的正数，若 ε 和 ε' 独立地趋于零时，极限

$$\lim_{\substack{\varepsilon \to 0 \\ \varepsilon' \to 0}} \left[\int_a^{c-\varepsilon} f(x)\mathrm{d}x + \int_{c+\varepsilon'}^b f(x)\mathrm{d}x \right]$$

存在，则用上式定义无界函数从 a 到 b 的瑕积分，记作

$$\int_a^b f(x)\mathrm{d}x = \lim_{\substack{\varepsilon \to 0 \\ \varepsilon' \to 0}} \left[\int_a^{c-\varepsilon} f(x)\mathrm{d}x + \int_{c+\varepsilon'}^b f(x)\mathrm{d}x \right]$$

有时上述极限不存在，但若设 $\varepsilon = \varepsilon' \to 0$，这个极限存在，则称它为瑕积分 $\int_a^b f(x)\mathrm{d}x$ 的主值，记作

$$\mathrm{P.V.} \int_a^b f(x)\mathrm{d}x = \lim_{\varepsilon \to 0} \left[\int_a^{c-\varepsilon} f(x)\mathrm{d}x + \int_{c+\varepsilon}^b f(x)\mathrm{d}x \right]$$

这时称无界函数广义积分在主值意义下收敛，否则称为发散。

设无界函数为

$$f(x) = \frac{g(x)}{x-c}$$

其瑕积分的主值为

$$\mathrm{P.V.} \int_a^b \frac{g(x)}{x-c}\mathrm{d}x = \int_a^{c-\Delta} \frac{g(x)}{x-c}\mathrm{d}x + \int_{c+\Delta}^b \frac{g(x)}{x-c}\mathrm{d}x + \mathrm{P.V} \int_{c-\Delta}^{c+\Delta} \frac{g(x)}{x-c}\mathrm{d}x \quad (1)$$

式中 Δ 为一小量。式(1) 右端的第三项可以改写成

$$\mathrm{P.V.} \int_{c-\Delta}^{c+\Delta} \frac{g(x)}{x-c}\mathrm{d}x = \mathrm{P.V.} \int_{c-\Delta}^{c+\Delta} \frac{g(x)-g(c)}{x-c}\mathrm{d}x + \mathrm{P.V.} \int_{c-\Delta}^{c+\Delta} \frac{g(c)}{x-c}\mathrm{d}x \quad (2)$$

为了计算上式右端的第一项，将 $g(x)$ 在 c 点做泰勒展开，即

$$g(x) = g(c) + g'(c)(x-c) + \frac{1}{2!}g''(c)(x-c)^2 + \cdots$$

若只取前两项,则有

$$\text{P.V.}\int_{c-\Delta}^{c+\Delta}\frac{g(x)-g(c)}{x-c}dx = \text{P.V}\int_{c-\Delta}^{c+\Delta}g'(c)dx = 2\Delta g'(c) =$$
$$g(c+\Delta)-g(c-\Delta) \tag{3}$$

而式(2)右端的第二项为

$$\text{P.V}\int_{c-\Delta}^{c+\Delta}\frac{g(c)}{x-c}dx = g(c)\lim_{\varepsilon\to 0}[\ln(x-c)\big|_{c-\Delta}^{c-\varepsilon} + \ln(x-c)\big|_{c+\varepsilon}^{c+\Delta}] =$$
$$g(c)\lim_{\varepsilon\to 0}\left(\ln\frac{\varepsilon}{\Delta}+\ln\frac{\Delta}{\varepsilon}\right) = \ln 1 = 0 \tag{4}$$

将式(3)与式(4)代回式(2),有

$$\text{P.V}\int_{c-\Delta}^{c+\Delta}\frac{g(x)}{x-c}dx = g(c+\Delta)-g(c-\Delta) \tag{5}$$

再将式(5)代回式(1),得

$$\text{P.V.}\int_a^b\frac{g(x)}{x-c}dx = \int_a^{c-\Delta}\frac{g(x)}{x-c}dx + \int_{c+\Delta}^b\frac{g(x)}{x-c}dx + g(c+\Delta)-g(c-\Delta) \tag{6}$$

式(6)即为计算此类函数积分主值的公式。

8.4.2 计算主值积分的程序

计算主值积分的子程序 PIN

```
      SUBROUTINE PIN(A,B,D,EPS,SS)
      IMPLICIT DOUBLE PRECISION (A - H,O - Z)
      COMMON/C/ C
      CALL SIMPSN(A,C - D,EPS,2,N1,S1)
      CALL SIMPSN(C + D,B,EPS,2,N2,S2)
      S0 = F0(C + D) - F0(C - D)
      SS = S1 + S2 + S0
      WRITE(2,5) S1,S2,S1 + S2,SS,SS - S1 - S2
      WRITE( * ,5) S1,S2,S1 + S2,SS,SS - S1 - S2
5     FORMAT(2X,'S1,S2,S12 = ',3D15.7,
     * /,2X,'SS,CA = ',2D15.7)
      RETURN
      END
```

使用说明

(1) 子程序语句

SUBROUTINE PIN(A,B,D,EPS,SS)
(2) 哑元说明
A,B   实变量,输入参数,分别为积分的下限与上限。
D   实变量,输入参数,一个正的小量,越小积分越精确。
EPS   实变量,输入参数,辛普生积分精度控制量。
SS   实变量,输出参数,积分值。
(3) 公用块 C
C   实变量,输入参数,被积函数奇点值。
(4) 所调用的子程序
SIMPSN(A,B,EPS,K,N,S)   变步长辛普生积分子程序。
F(X)   计算被积函数的函数子程序,由使用者自编。
F0(X)   计算去掉 $\dfrac{1}{x-c}$ 后的被积函数的函数子程序,由使用者自编。

8.4.3 主值积分的应用

例题 8.5   计算主值积分

$$\int_1^5 \frac{x\sin x \cos x}{x-3}\mathrm{d}x$$

```
        PROGRAM TPIN
        IMPLICIT DOUBLE PRECISION (A - H, O - Z)
        COMMON/C/ C
        OPEN(2, FILE = 'DT.DAT')
        EPS = 1.D - 6
999     WRITE( * ,10)
10      FORMAT(2X,'A,B,C = ?')
        READ( * ,20) A,B,C
20      FORMAT(3F15.7)
        IF(A.EQ.0.D0.AND.B.EQ.0.D0) GOTO 888
777     WRITE( * ,30)
30      FORMAT(2X,'D = ?')
        READ( * ,40) D
40      FORMAT(F15.7)
        IF(D.EQ.0.D0) GOTO 999
        WRITE( * ,50) A,B,C,D
```

```
        WRITE(2,50) A,B,C,D
50      FORMAT(2X,'A,B,C,D = ',4E11.3)
        CALL PIN(A,B,D,EPS,SS)
        GOTO 777
888     STOP
        END

        DOUBLE PRECISION FUNCTION F(X)
        IMPLICIT DOUBLE PRECISION (A - H,O - Z)
        COMMON/C/ C
        F = DSIN(X) * DCOS(X) * X/(X - C)
        RETURN
        END

        DOUBLE PRECISION FUNCTION F0(X)
        IMPLICIT DOUBLE PRECISION (A - H,O - Z)
        F0 = DSIN(X) * DCOS(X) * X
        RETURN
        END
```

计算结果

$D = 0.1, 0.01, 0.001, 0.0001, 0.0000,\quad \varepsilon = 10^{-6}$。

```
A,B,C,D =      .100E + 01   .500E + 01   .300E + 01   .100E + 00
S1,S2,S12 =    .2297157D + 01   .2326029D + 01   .4623187D + 01
SS,CA =        .5168071D + 01   .5448846D + 00

A,B,C,D =      .100E + 01   .500E + 01   .300E + 01   .100E - 01
S1,S2,S12 =    .3499471D + 01   .1615968D + 01   .5115439D + 01
SS,CA =        .5170252D + 01   .5481278D - 01

A,B,C,D =      .100E + 01   .500E + 01   .300E + 01   .100E - 02
S1,S2,S12 =    .4489116D + 01   .6756568D + 00   .5164773D + 01
SS,CA =        .5170255D + 01   .5481603D - 02

A,B,C,D =      .100E + 01   .500E + 01   .300E + 01   .100E - 03
S1,S2,S12 =    .5456649D + 01  -.2869425D + 00   .5169706D + 01
SS,CA =        .5170254D + 01   .5481606D - 03

A,B,C,D =      .100E + 01   .500E + 01   .300E + 01   .100E - 04
S1,S2,S12 =    .6421966D + 01  -.1251763D + 01   .5170203D + 01
```

SS, CA =　　　　.5170258D + 01　.5481606D − 04

其中,SS 为式(6) 的计算结果,S1 + S2 为只取式(6) 中的前两项的计算结果,CA 为两种算法所得结果之差。

8.5　积分转化为有限项求和

线谐振子、球谐振子及类氢离子的基底是量子力学中的常用基底,常用基底下 r^k(或 x^k,k 为整数) 的矩阵元的计算是解决量子力学问题的基础。实际上,这些矩阵元都是十分复杂的积分,前面的几节给出了积分的数值算法,由于是数值计算,不但计算工作量大,而且总会给计算结果带来误差。在这一节中,通过一些简单的变换使复杂的积分问题转化为有限项求和,不但计算程序易于实现,而且消除了数值积分带来的误差。

8.5.1　线谐振子基

质量为 μ 角频率为 ω 的线谐振子的哈密顿算符

$$\hat{H} = -\frac{\hbar^2}{2\mu}\frac{d^2}{dx^2} + \frac{1}{2}\mu\omega^2 x^2 \tag{1}$$

满足本征方程

$$\hat{H}|n\rangle = E_n|n\rangle \tag{2}$$

已知它的解为

$$E_n = (n + 1/2)\hbar\omega \tag{3}$$

$$|n\rangle = N_n e^{-\alpha^2 x^2/2} H_n(\alpha x) \tag{4}$$

其中

$$N_n = \sqrt{\frac{\alpha}{2^n n! \sqrt{\pi}}} \tag{5}$$

$$\alpha^2 = \mu\omega/\hbar \tag{6}$$

$$H_n(\alpha x) = \sum_{i=0}^{[n/2]} \frac{(-1)^i n!}{i!(n-2i)!}(2\alpha x)^{n-2i} \tag{7}$$

式中,$H_n(\alpha x)$ 为厄米多项式,符号 $[n/2]$ 表示不超过 $n/2$ 的最大整数。

x^k 的矩阵元为

$$\langle m|x^k|n\rangle = \int_{-\infty}^{\infty} N_m e^{-\alpha^2 x^2/2} H_m(\alpha x) x^k N_n e^{-\alpha^2 x^2/2} H_n(\alpha x) dx =$$

$$N_m N_n \sum_{i=0}^{[m/2]} \sum_{j=0}^{[n/2]} \frac{(-1)^{i+j} m! n! (2\alpha)^{m+n-2i-2j}}{i! j! (m-2i)!(n-2j)!} \times$$

$$\int_{-\infty}^{\infty} x^{k+m+n-2i-2j} e^{-a^2 x^2} dx \tag{8}$$

当 $k + m + n$ 为奇数时,上式中的积分为零,于是有

$$\langle m | x^k | n \rangle = 0 \tag{9}$$

当 $k + m + n$ 为偶数时,利用积分公式

$$\int_0^{\infty} x^{2n} e^{-a^2 x^2} dx = \frac{(2n)! \sqrt{\pi}}{n!(2a)^{2n+1}} \tag{10}$$

可以得到

$$\langle m | x^k | n \rangle = \frac{1}{(2a)^k} \sqrt{\frac{m! n!}{2^{m+n}}} \sum_{i=0}^{[m/2]} \sum_{j=0}^{[n/2]} \times \frac{(-1)^{i+j}(k+m+n-2i-2j)!}{i! j!(m-2i)!(n-2j)![(k+m+n)/2-i-j]!} \tag{11}$$

计算阵元 $\langle m | x^k | n \rangle$ 的函数子程序 OHO

```
      DOUBLE PRECISION FUNCTION OHO(M,N,K,A0)
      IMPLICIT DOUBLE PRECISION(A - H,O - Z)
      COMMON/LNFJ/ SLNI(164),SLNF(164),SLNJ(164)
      OHO = 0.D0
      KMN = K + M + N
      IF((KMN/2) * 2.NE.KMN) RETURN
      AA = DSQRT(DEXP(SLNF(N + 1) + SLNF(M + 1))
     * /(2.D0 * *(M + N)))/(2.D0 * A0) * *K
      S = 0.D0
      DO 10 I = 0,M/2
      DO 10 J = 0,N/2
      S = S + (-1.D0) * *(I + J) * DEXP(SLNF(KMN - 2 * I - 2 * J + 1) -
     * SLNF(I + 1) - SLNF(J + 1) - SLNF(M - 2 * I + 1) -
     * SLNF(N - 2 * J + 1) - SLNF(KMN/2 - I - J + 1))
 10   CONTINUE
      OHO = AA * S
      RETURN
      END
```

使用说明

(1) 子程序语句

DOUBLE PRECISION FUNCTION OHO(M,N,K,A0)

(2) 哑元说明

M,N　　整变量,输入参数,为阵元$\langle m|x^k|n\rangle$中的m,n。

K　　　整变量,输入参数,为阵元$\langle m|x^k|n\rangle$中的k。

A0　　双精度变量,输入参数,为$\sqrt{\mu\omega/\hbar}$。

(3) 所调用的子程序

SLNN　计算阶乘与双阶乘对数的子程序。

例题 8.6　在线谐振子基底下,计算下列矩阵元
$$\langle 1|x|1\rangle,\langle 1|x^2|1\rangle,\langle 3|x^2|3\rangle$$

```
      PROGRAM TOHO
      IMPLICIT DOUBLE PRECISION(A - H,O - Z)
      COMMON/LNFJ/ SLNI(164),SLNF(164),SLNJ(164)
      OPEN(2,FILE = 'DT.DAT')
      CALL SLNN
999   WRITE( * ,5)
5     FORMAT(2X,'M,N,K,A0 = ?')
      READ( * ,6) M,N,K,A0
6     FORMAT(3I5,F15.7)
      IF(M.EQ.0.AND.N.EQ.0.AND.K.EQ.0.
     * AND.A0.EQ.0.D0) GOTO 888
      W = OHO(M,N,K,A0)
      WRITE( * ,77) M,N,K,A0,W
      WRITE(2,77) M,N,K,A0,W
77    FORMAT(2X,'M,N,K = ',3I3,/,2X,'A0,W = ',2E15.7)
      GOTO 999
888   STOP
      END
```

计算结果

M,N,K =　　　　1　　　1　　　1

A0,W =　　　　.1000000E + 01　　　.0000000E + 00

M,N,K =　　　　1　　　1　　　2

A0,W =　　　　.1000000E + 01　　　.1500000E + 01

M,N,K =　　　　3　　　3　　　2

A0,W =　　　　.1000000E + 01　　　.3500000E + 01

上述结果与例题 8.1 完全一致,只是精度高一些。

8.5.2 球谐振子基

质量为 μ 角频率为 ω 的球谐振子的哈密顿算符

$$\hat{H} = -\frac{\hbar^2}{2\mu}\nabla^2 + \frac{1}{2}\mu\omega^2 r^2 \tag{12}$$

满足本征方程

$$\hat{H}|nlm\rangle = E_{nl}|nlm\rangle \tag{13}$$

已知它的解为

$$E_{nl} = (2n + l + 3/2)\hbar\omega \tag{14}$$

$$|nlm\rangle = R_{nl}(r)Y_{lm}(\theta,\varphi) \tag{15}$$

其中

$$R_{nl}(r) = N_{nl}e^{-\alpha^2 r^2/2}(\alpha r)^l L_{n+l+1/2}^{l+1/2}(\alpha^2 r^2) \tag{16}$$

$$L_{n+l+1/2}^{l+1/2}(\alpha^2 r^2) = \sum_{i=0}^{n}\frac{(-2)^i n!(2l+1)!!(\alpha r)^{2i}}{i!(n-i)!(2l+2i+1)!!} \tag{17}$$

$$N_{nl} = \sqrt{\frac{2^{l-n-2}(2l+2n+1)!!\alpha^3}{\sqrt{\pi}n![(2l+1)!!]^2}} \tag{18}$$

$$\alpha^2 = \mu\omega/\hbar \equiv G \tag{19}$$

由球谐函数 $Y_{lm}(\theta,\varphi)$ 的性质可知

$$\langle nlm|r^k|n'l'm'\rangle = \langle nl|r^k|n'l'\rangle\delta_{ll'}\delta_{mm'} \tag{20}$$

其中,与磁量子数无关的矩阵元

$$\langle nl|r^k|n'l'\rangle =$$
$$N_{nl}N_{n'l'}\sum_{i=0}^{n}\sum_{j=0}^{n'}\frac{(-2)^{i+j}n!n'!(2l+1)!!(2l'+1)!!}{i!j!(n-i)!(n'-j)!(2l+2i+1)!!(2l'+2j+1)!!} \times$$
$$\alpha^{l+l'+2i+2j}\int_0^\infty r^{k+l+l'+2i+2j+2}e^{-\alpha^2 r^2}dr \tag{21}$$

当 $k + l + l'$ 为偶数时,由式(10)可知

$$\langle nl|r^k|n'l'\rangle =$$
$$\frac{1}{\alpha^k}[2^{-(k+n+n')}n!n'!(2l+2n+1)!!(2l'+2n'+1)!!]^{1/2} \times$$
$$\sum_{i=0}^{n}\sum_{j=0}^{n'}\frac{(-1)^{i+j}(k+l+l'+2i+2j+1)!!}{i!j!(n-i)!(n'-j)!(2l+2i+1)!!(2l'+2j+1)!!} \tag{22a}$$

当 $k + l + l'$ 为奇数时,利用积分公式

$$\int_0^\infty x^n e^{-\alpha x}dx = n!/\alpha^{n+1}$$

可得

$$\langle nl|r^k|n'l'\rangle =$$

$$\frac{1}{\alpha^k}[2^{-n-n'+l+l'+2}n!n'!(2l+2n+1)!!(2l'+2n'+1)!!/\pi]^{1/2} \times$$

$$\sum_{i=0}^{n}\sum_{j=0}^{n'}\frac{(-2)^{i+j}[(k+l+l'+2i+2j+1)/2]!}{i!j!(n-i)!(n'-j)!(2l+2i+1)!!(2l'+2j+1)!!} \quad (22b)$$

计算 $\langle n_1l_1m_1|r^k|n_2l_2m_2\rangle$ 的函数子程序 PHO

```
      DOUBLE PRECISION FUNCTION PHO(N1,
     * L1,M1,N2,L2,M2,KZ,A0)
      IMPLICIT DOUBLE PRECISION(A - H,O - Z)
      COMMON/LNFJ/ SLNI(164),SLNF(164),SLNJ(164)
      PHO = 0.D0
      IF(L1.NE.L2.OR.M1.NE.M2) RETURN
      AA = DSQRT(DEXP(SLNF(N1 + 1) + SLNF(N2 + 1)
     * + SLNJ(2 * N1 + 2 * L1 + 2) +
     * SLNJ(2 * N2 + 2 * L2 + 2)))/A0 * * KZ
      A1 = DSQRT(2.D0 * * ( - KZ - N1 - N2))
      A2 = DSQRT(2.D0 * * ( - N1 - N2 + L1 + L2 + 2)/3.14159265D0)
      A1 = A1 * AA
      A2 = A2 * AA
      K12 = KZ + L1 + L2
      IF((K12/2) * 2.NE.K12) GOTO 999
      PHO = 0.D0
      DO 1 I = 0,N1
      BI = ( - 1.D0) * * I/DEXP(SLNF(I + 1) +
     * SLNF(N1 - I + 1) + SLNJ(2 * L1 + 2 * I + 2))
      DO 2 J = 0,N2
      BJ = ( - 1.D0) * * J/DEXP(SLNF(J + 1) +
     * SLNF(N2 - J + 1) + SLNJ(2 * L2 + 2 * J + 2))
      PHO = PHO + A1 * BI * BJ * DEXP(SLNJ(K12 + 2 * I + 2 * J + 2))
    2 CONTINUE
    1 CONTINUE
      RETURN
  999 CONTINUE
```

```
          PHO = 0.D0
          DO 3 I = 0, N1
          BI = (-2.D0)**I/DEXP(SLNF(I + 1) +
     *    SLNF(N1 - I + 1) + SLNJ(2*L1 + 2*I + 2))
          DO 4 J = 0, N2
          BJ = (-2.D0)**J/DEXP(SLNF(J + 1) +
     *    SLNF(N2 - J + 1) + SLNJ(2*L2 + 2*J + 2))
          PHO = PHO + A2*BI*BJ*
     *    DEXP(SLNF((K12 + 2*I + 2*J + 1)/2 + 1))
4         CONTINUE
3         CONTINUE
          RETURN
          END
```

使用说明

(1) 子程序语句

DOUBLE PRECISION FUNCTION PHO(N1, L1, M1, M2, L2, M2, KZ, A0)

(2) 哑元说明

N1, L1, M1, N2, L2, M2, KZ　　整变量,输入参数,分别对应阵元 $\langle n_1 l_1 m_1 | r^k | n_2 l_2 m_2 \rangle$ 中的 $n_1, l_1, m_1, n_2, l_2, m_2, k$。

A0　　双精度变量,输入参数,为 $\sqrt{\mu\omega/\hbar}$。

(3) 所调用的子程序

SLNN　　计算阶乘与双阶乘对数的子程序。

例题 8.7　取 $A_0 = 1.0$,在球谐振子基底下计算下列矩阵元

$$\langle 100 | r | 100 \rangle, \langle 200 | r | 200 \rangle, \langle 210 | r | 210 \rangle, \langle 210 | r^2 | 110 \rangle$$

```
          PROGRAM TPHO
          IMPLICIT DOUBLE PRECISION(A - H, O - Z)
          COMMON/LNFJ/ SLNI(164), SLNF(164), SLNJ(164)
          OPEN(2, FILE = 'DT.DAT')
          CALL SLNN
999       WRITE(*, 55)
55        FORMAT(2X, 'NI, LI, MI, NJ, LJ, MJ, K, A0 = ?')
          READ(*, 66) NI, LI, MI, NJ, LJ, MJ, KZ, A0
```

```
 66     FORMAT(7I5,F15.7)
        IF(KZ.EQ.0) GOTO 888
        W = PHO(NI,LI,MI,NJ,LJ,MJ,KZ,A0)
        WRITE( * ,77) NI,LI,MI,NJ,LJ,MJ,KZ,A0,W
        WRITE(2,77) NI,LI,MI,NJ,LJ,MJ,KZ,A0,W
 77     FORMAT(2X,'NI,LI,MI,NJ,LJ,MJ,KZ = ',7I3,/,
     *  2X,'A0,W = ',2E15.7)
        GOTO 999
888     STOP
        END
```

计算结果

NI,LI,MI,NJ,LJ,MJ,KZ =   1   0   0   1   0   0   1
A0,W =   .1000000E + 01   .1692569E + 01
NI,LI,MI,NJ,LJ,MJ,KZ =   2   0   0   2   0   0   1
A0,W =   .1000000E + 01   .2115711E + 01
NI,LI,MI,NJ,LJ,MJ,KZ =   2   1   0   2   1   0   1
A0,W =   .1000000E + 01   .2326610E + 01
NI,LI,MI,NJ,LJ,MJ,KZ =   2   1   0   1   1   0   2
A0,W =   .1000000E + 01   -.2645751E + 01

上述结果与例题 8.2 完全一致,只是在精度上略有不同。

8.5.3 类氢离子基

约化质量为 μ 正电荷数为 Z 的类氢离子的哈密顿算符

$$\hat{H} = -\frac{\hbar^2}{2\mu}\nabla^2 - \frac{ze^2}{r} \tag{23}$$

满足本征方程

$$\hat{H}|nlm\rangle = E_n|nlm\rangle \tag{24}$$

已知它的解为

$$E_n = -\frac{z^2 e^2}{2an^2} \tag{25}$$

$$|nlm\rangle = R_{nl}(r)Y_{lm}(\theta,\varphi) \tag{26}$$

式中

$$R_{nl}(r) = N_{nl}\mathrm{e}^{-\frac{zr}{an}}\left(\frac{2zr}{an}\right)^l L_{n+l}^{2l+1}\left(\frac{2zr}{an}\right) \tag{27}$$

$$L_{n+l}^{2l+1}\left(\frac{2zr}{an}\right) = \sum_{i=0}^{n-l-1} \frac{(-1)^{i+1}[(n+l)!]^2}{(n-l-1-i)!(2l+1+i)!i!}\left(\frac{2zr}{an}\right)^i \tag{28}$$

$$N_{nl} = -\sqrt{\left(\frac{2z}{an}\right)^3 \frac{(n-l-1)!}{2n[(n+l)!]^3}} \tag{29}$$

$$a = \hbar^2/\mu e^2 \tag{30}$$

同前可知

$$\langle nlm|r^k|n'l'm'\rangle = \langle nl|r^k|n'l'\rangle \delta_{ll'}\delta_{mm'} \tag{31}$$

其中

$$\langle nl|r^k|n'l'\rangle = N_{nl}N_{n'l'}\left(\frac{2z}{an}\right)^l\left(\frac{2z}{an'}\right)^{l'} \times$$

$$\sum_{i=0}^{n-l-1}\sum_{j=0}^{n'-l'-1} \frac{(-1)^{i+j}[(n+l)!(n'+l')!]^2\left(\frac{2z}{an}\right)^i\left(\frac{2z}{an'}\right)^j}{(n-l-1-i)!(2l+1+i)!i!(n'-l'-1-j)!(2l'+1+j)!j!} \times$$

$$\int_0^\infty r^{k+l+l'+i+j+2}e^{-\frac{z}{a}\left(\frac{1}{n}+\frac{1}{n'}\right)r}dr \tag{32}$$

当 $k \geq -(l+l'+2)$ 时,上式中的积分

$$\int_0^\infty r^{k+l+l'+i+j+2}e^{-\frac{z}{a}\left(\frac{1}{n}+\frac{1}{n'}\right)r}dr = (k+l+l'+i+j+2)!\left[\frac{ann'}{z(n+n')}\right]^{k+l+l'+i+j+3}$$

将其代回原式,整理后得

$$\langle nl|r^k|n'l'\rangle = M(n,l)M(n',l')\left[\frac{ann'}{z(n+n')}\right]^{k+l+l'+3} \times$$

$$\sum_{i=0}^{n-l-1}\sum_{j=0}^{n'-l'-1} A(n,l,i)A(n',l',j)(k+l+l'+i+j+2)!\left[\frac{ann'}{z(n+n')}\right]^{i+j} \tag{33}$$

其中

$$M(n,l) = -\left[\frac{(n-l-1)!(n+l)!}{2n}\right]^{1/2}\left(\frac{2z}{an}\right)^{l+3/2} \tag{34}$$

$$A(n,l,i) = \frac{(-1)^{i+1}}{(n-l-1-i)!(2l+1+i)!i!}\left(\frac{2z}{an}\right)^i \tag{35}$$

计算 $\langle n_1 l_1 m_1|r^k|n_2 l_2 m_2\rangle$ 的函数子程序 HA

```
      DOUBLE PRECISION FUNCTION HA(N1,L1,
     * M1,N2,L2,M2,K,Z)
      IMPLICIT DOUBLE PRECISION(A - H,O - Z)
      COMMON/LNFJ/ SLNI(164),SLNF(164),SLNJ(164)
      HA = 0.D0
      IF(L1.NE.L2.OR.M1.NE.M2) RETURN
```

```
      A1 = .052917726D0
      DN1 = DBLE(FLOAT(N1))
      DN2 = DBLE(FLOAT(N2))
      AZ = DN1 * DN2 * A1/(Z * (DN1 + DN2))
      L12 = L1 + L2 + K + 3
      HA = 0.D0
      IF(K.LT. - L1 - L2 - 2) RETURN
      R = 0.D0
      DO 1 I = 0, N1 - L1 - 1
      DO 1 J = 0, N2 - L2 - 1
      R = R + AAA(N1,L1,I,Z) * AAA(N2,L2,J,Z)
     *    * AZ * * (I + J) * DEXP(SLNF(L12 + I + J))
1     CONTINUE
      HA = R * DM(N1,L1,Z) * DM(N2,L2,Z) * AZ * * L12
      RETURN
      END
```

使用说明

(1) 子程序语句

DOUBLE PRECISION FUNCTION HA(N1,L1,M1,N2,L2,M2,K,Z)

(2) 哑元说明

N1,L1,M1,N2,L2,M2,K　　整变量,输入参数,分别对应阵元 $\langle n_1 l_1 m_1 | r^k | n_2 l_2 m_2 \rangle$ 中的 $n_1, l_1, m_1, n_2, l_2, m_2, k$。

Z　　双精度变量,输入参数,正电荷数。

(3) 所调用的子程序

SLNN　　计算阶乘与双阶乘对数的子程序。

AAA(N,L,I)　　计算 $A(n,l,i)$ 的函数子程序。

DM(N,L)　　计算 $M(n,l)$ 的函数子程序。

例题 8.8　对 $A_0 = 1.0$,在类氢离子基底下计算下列矩阵元

$\langle 100 | 1/r | 100 \rangle, \langle 100 | r | 100 \rangle, \langle 211 | r | 211 \rangle, \langle 200 | r^2 | 100 \rangle$

```
      PROGRAM THA
      IMPLICIT DOUBLE PRECISION(A - H, O - Z)
      COMMON/LNFJ/ SLNI(164), SLNF(164), SLNJ(164)
      OPEN(2, FILE = 'DT.DAT')
```

```
              CALL SLNN
999           WRITE( * ,55)
55            FORMAT(2X,'NI,LI,MI,NJ,LJ,MJ,K,Z = ?')
              READ( * ,66) NI,LI,MI,NJ,LJ,MJ,K,Z
66            FORMAT(7I5,F15.7)
              IF(K.EQ.0) GOTO 888
              W = HA(NI,LI,MI,NJ,LJ,MJ,K,Z)
              WRITE( * ,77) NI,LI,MI,NJ,LJ,MJ,K,Z,W
              WRITE(2,77) NI,LI,MI,NJ,LJ,MJ,K,Z,W
77            FORMAT(2X,'NI,LI,MI,NJ,LJ,MJ,K = ?',7I4,
     *  /,2X,'Z,W(nm) = ',2E15.7)
              GOTO 999
888           STOP
              END
              DOUBLE PRECISION FUNCTION AAA(N,L,I,Z)
              IMPLICIT DOUBLE PRECISION(A - H,O - Z)
              COMMON/LNFJ/ SLNI(164),SLNF(164),SLNJ(164)
              A1 = .052917726D0
              DN = DBLE(FLOAT(N))
              ZN = 2.D0 * Z/(A1 * DN)
              AAA = ( - 1.D0) * * (I + 1) * ZN * * I * DEXP( - SLNF
     *  (N - L - I) - SLNF(2 * L + I + 2) - SLNF(I + 1))
              RETURN
              END
              DOUBLE PRECISION FUNCTION DM(N,L,Z)
              IMPLICIT DOUBLE PRECISION(A - H,O - Z)
              COMMON/LNFJ/ SLNI(164),SLNF(164),SLNJ(164)
              A1 = .052917726D0
              DN = DBLE(FLOAT(N))
              ZN = 2.D0 * Z/(A1 * DN)
              DM = - ZN * * L * DSQRT(ZN * * 3/(2.D0 * DN) *
     *  DEXP(SLNF(N - L) + SLNF(N + L + 1)))
              RETURN
              END
```

计算结果

NI, LI, MI, NJ, LJ, MJ, K = 1　　0　　0　　1　　0　　0　　−1
Z, W(nm) =　　　.1000000E + 01　　.1889726E + 02
NI, LI, MI, NJ, LJ, MJ, K = 1　　0　　0　　1　　0　　0　　1
Z, W(nm) =　　　.1000000E + 01　　.7937659E − 01
NI, LI, MI, NJ, LJ, MJ, K = 2　　1　　1　　2　　1　　1　　1
Z, W(nm) =　　　.1000000E + 01　　.2645886E + 00
NI, LI, MI, NJ, LJ, MJ, K = 2　　0　　0　　1　　0　　0　　2
Z, W(nm) =　　　.1000000E + 01　　−.8344129E − 02

上述结果与例题 8.3 完全一致，只是精度略有不同。

8.5.4 空间转子基下 $\cos\theta$ 阵元的计算

转动惯量为 I 的空间转子的哈密顿算符

$$\hat{H} = \frac{1}{2I}\hat{L}^2 \tag{36}$$

满足本征方程

$$\hat{H}|lm\rangle = E_l|lm\rangle \tag{37}$$

已知它的解为

$$E_l = \frac{1}{2I}l(l+1)\hbar^2 \tag{38}$$

$$|lm\rangle = Y_{lm}(\theta,\varphi) \tag{39}$$

利用球谐函数 $Y_{lm}(\theta,\varphi)$ 的性质，容易导出 $\cos\theta$ 阵元的表达式

$$\langle lm|\cos\theta|l'm'\rangle = (a_{l-1,m}\delta_{l',l-1} + a_{l,m}\delta_{l',l+1})\delta_{mm'} \tag{40}$$

其中

$$a_{l,m} = \sqrt{\frac{(l+1)^2 - m^2}{(2l+1)(2l+3)}} \tag{41}$$

计算 $\langle lm|\cos\theta|l'm'\rangle$ 的函数子程序 YLM

```
DOUBLE PRECISION FUNCTION YLM(L1,M1,L2,M2)
IMPLICIT DOUBLE PRECISION (A − H, O − Z)
YLM = 0.D0
IF(M1.NE.M2) RETURN
IF(L1.NE.L2 − 1) GOTO 1
YLM = BBB(L2 − 1, M2)
RETURN
```

```
1       IF(L1.NE.L2 + 1) RETURN
        YLM = BBB(L2,M2)
        RETURN
        END
```

使用说明

(1) 子程序语句

DOUBLE PRECISION FUNCTION YLM(L1,M1,L2,M2)

(2) 哑元说明

L1,M1,L2,M2　　整变量,输入参数,分别为 $\langle lm|\cos\theta|l'm'\rangle$ 中的 l,m,l',m'。

(3) 所调用的子程序

BBB(L,M)　　计算 $a_{l,m} = \sqrt{\dfrac{(l+1)^2 - m^2}{(2l+1)(2l+3)}}$ 的函数子程序。

例题 8.9　在空间转子基底下,计算下列矩阵元

$\langle 10|\cos\theta|10\rangle, \langle 10|\cos\theta|20\rangle, \langle 21|\cos\theta|31\rangle, \langle 42|\cos\theta|52\rangle$

```
        PROGRAM TYLM
        IMPLICIT DOUBLE PRECISION (A - H,O - Z)
        OPEN(2,FILE = 'DT.DAT')
999     CONTINUE
        WRITE( * ,55)
55      FORMAT(2X,'LI,MI,LJ,MJ = ?')
        READ( * ,66) LI,MI,LJ,MJ
66      FORMAT(4I5)
        IF(LI.LT.0) STOP
        W = YLM(LI,MI,LJ,MJ)
        WRITE( * ,77) LI,MI,LJ,MJ,W
        WRITE(2,77) LI,MI,LJ,MJ,W
77      FORMAT(2X,4I3,2X,'W = ',E15.7)
        GOTO 999
        STOP
        END
        DOUBLE PRECISION FUNCTION BBB(L,M)
        IMPLICIT DOUBLE PRECISION (A - H,O - Z)
```

```
      DL = DBLE(FLOAT(L))
      DM = DBLE(FLOAT(M))
      BBB = DSQRT(((DL + 1.D0)**2 - DM**2)/
     *(2.D0*DL + 1.D0)/(2.D0*DL + 3.D0))
      RETURN
      END
```

计算结果

1	0	1	0	W =	.0000000E+00
1	0	2	0	W =	.5163978E+00
2	1	3	1	W =	.4780914E+00
4	2	5	2	W =	.4605662E+00

对于球谐振子与类氢离子基,由于波函数中皆含有球谐函数,当研究斯塔克效应时,所求的阵元的算符中含有 $\cos\theta$ 因子,于是可按上述程序进行计算。

综上所述,利用特殊函数的级数表达式可以容易地得到 r^k(或 x^k) 的矩阵元的级数表达式,从而将复杂的积分运算化为有限项的级数求和,不但使矩阵元的计算易于程序化,而且将提高计算的精度,这为量子力学的高阶近似计算创造了必要的条件。

第9章 本征问题

设 A 是 n 阶方矩阵，x 是 n 行的列矩阵，使齐次方程组

$$Ax = \lambda x$$

有非零解 x 的 λ，称之为矩阵 A 的本征值，非零的列矩阵 x 为矩阵 A 的相应于本征值 λ 的本征矢量。求矩阵的本征值和本征矢量的问题，就是矩阵的本征问题。在量子力学中，求解断续谱表象下的定态薛定谔方程，就是求解矩阵的本征问题。

本征值 λ 就是久期方程

$$\det(A - \lambda I) = 0$$

的根，其中 I 是单位矩阵。显然，该久期方程就是 λ 的 n 次方程。表面看来，问题似乎很简单，只须求出该多项式方程的根和相应的齐次方程组的非零解 x 就可以了，但这仅是当 n 很小时才可能的，只要 n 稍大些，计算量就会迅速增大，并且由于计算误差的影响，使得这种计算方法在计算机上很难实现。因此，我们需要讨论矩阵本征问题的计算方法。

9.1 乘幂法

假定 A 是 n 阶实矩阵，有时需要求出矩阵 A 的绝对值最大或最小的本征值和相应的本征矢量，乘幂法可以解决这类问题。

9.1.1 乘幂法

设 λ_j 是矩阵 A 的第 j 个本征值，$u^{(j)}$ 是相应的本征矢量，即

$$Au^{(j)} = \lambda_j u^{(j)} \qquad (j = 1, 2, \cdots, n) \tag{1}$$

假设 λ_j 是按绝对值大小编号的，即有

$$|\lambda_1| > |\lambda_2| \geq |\lambda_3| \geq \cdots \geq |\lambda_n| \tag{2}$$

乘幂法可以求出 λ_1 和 $u^{(1)}$。为论述方便，假定 A 只有线性初等因子，即 A 有完备本征矢量系 $\{u^{(j)}\}$。于是，任意矢量 $x^{(0)}$ 都可以惟一地表示为

$$\pmb{x}^{(0)} = a_1 \pmb{u}^{(1)} + a_2 \pmb{u}^{(2)} + \cdots + a_n \pmb{u}^{(n)} \quad (3)$$

用 A 乘以 $\pmb{x}^{(0)}$,记 $\pmb{x}^{(k)} = A\pmb{x}^{(k-1)}$,则得

$$\pmb{x}^{(k)} = A^k \pmb{x}^{(0)} = \sum_{j=1}^{n} a_j \lambda_j^k \pmb{u}^{(j)} = \lambda_1^k \Big[a_1 \pmb{u}^{(1)} + \sum_{j=2}^{n} a_j (\lambda_j/\lambda_1)^k \pmb{u}^{(j)} \Big] \quad (4)$$

由于 $|\lambda_1| > |\lambda_j|$ ($j = 2,3,\cdots,n$),所以只要 $a_1 \neq 0$,就有

$$\pmb{x}^{(k)}/\lambda_1^k \to a_1 \pmb{u}^{(1)} \quad (k \to \infty)$$

$$\pmb{x}^{(k+1)}/\pmb{x}^{(k)} \to \lambda_1 \quad (k \to \infty) \quad (5)$$

但是,当 $|\lambda_1| > 1$ 时,$\pmb{x}^{(k)} = A^k \pmb{x}^{(0)}$ 的分量 $\pmb{x}^{(k)}$ 趋于无穷大;当 $|\lambda_1| < 1$ 时,$\pmb{x}^{(k)}$ 趋于零,因此,不能按式(4)和式(5)计算本征值 λ_1 和本征矢量 $a_1 \pmb{u}^{(1)}$,而必须在迭代的每一步将 $\pmb{x}^{(k)}$ 规范化。于是得到以下的乘幂法的实际计算格式:从任意满足 $\max(\pmb{x}^{(0)}) = 1$ 的初始矢量 $\pmb{x}^{(0)}$ 开始,进行如下操作

$$\begin{cases} \pmb{y}^{(k)} = A\pmb{x}^{(k-1)} \\ m_k = \max(\pmb{y}^{(k)}) \\ \pmb{x}^{(k)} = \pmb{y}^{(k)}/m_k \quad (k = 1,2,3,\cdots) \end{cases} \quad (6)$$

这里 $\max(\pmb{x})$ 表示矢量 $\pmb{x}$ 的绝对值最大的分量。例如,若 $\pmb{x} = (1,-4,0,2)^T$,则 $\max(\pmb{x}) = -4$;若 $\pmb{x} = (1,-2,0,5)^T$,则 $\max(\pmb{x}) = 5$。这样一来,当 $k \to \infty$ 时,就有

$$\pmb{x}^{(k)} \to \pmb{u}^{(1)}/\max(\pmb{u}^{(1)}), \quad m_k \to \lambda_1 \quad (7)$$

这只要将 $\pmb{y}^{(k)} = m_k \pmb{x}^{(k)}$ 代入 $\pmb{y}^{(k)} = A\pmb{x}^{(k-1)}$ 就可以看出。迭代过程执行到 $|m_{k+1} - m_k|$ 小于精度限制 ε 为止。

初始矢量 $\pmb{x}^{(0)}$ 的选取可能使其在 $\pmb{u}^{(1)}$ 方向的分量 a_1 为零,但由于舍入误差的影响,经若干步迭代得到的 $\pmb{x}^{(m)}$ 在 $\pmb{u}^{(1)}$ 方向的分量就不可能再为零了,所以,实际上 $\pmb{x}^{(0)}$ 的选取是任意的,不必担心其 a_1 为零。

例题 9.1 用乘幂法求矩阵

$$A = \begin{pmatrix} 1 & -1 & 1 \\ 6 & 1 & -6 \\ 6 & -1 & -4 \end{pmatrix}$$

的绝对值最大的本征值和相应的本征矢量。

解 取初始矢量 $\pmb{x}^{(0)} = (1,0,0)^T$,按式(6)计算,结果列于表 9.1。

第9章 本征问题

表9.1 用乘幂法求矩阵的最大本征值

k	$y^{(k)T}$			$x^{(k)T}$			m_k
	y_1	y_2	y_3	x_1	x_2	x_3	
0				1.0	0.0	0.0	
1	1.0000	6.0000	6.0000	0.1667	1.0	1.0	6.0000
2	0.1667	-3.9998	-3.9998	-0.0417	1.0	1.0	-3.9998
3	-0.0417	-5.2502	-5.2502	0.0079	1.0	1.0	-5.2502
4	0.0079	-4.9526	-4.9526	-0.0016	1.0	1.0	-4.9526
5	-0.0016	-5.0096	-5.0096	0.0003	1.0	1.0	-5.0096
6	0.0003	-4.9982	-4.9982	-0.0001	1.0	1.0	-4.9982
7	-0.0001	-5.0006	-5.0006	0.0000	1.0	1.0	-5.0006
8	0.0000	-5.0000	-5.0000	0.0000	1.0	1.0	-5.0000
9	0.0000	-5.0000	-5.0000	0.0000	1.0	1.0	-5.0000

于是得到 A 的绝对值最大的本征值为 -5,相应的规范化本征矢量为 $(0,1,1)^T$。

乘幂法的子程序 POWER

```
        SUBROUTINE POWER(N,A,B,C,EPS)
        DIMENSION A(N,N),B(N),DK(N),EK(N)
        DO 1 I = 1,N
1       EK(I) = 0.0
10      K = 0
20      E0 = 0.0
        R = 0.0
        DO 2 I = 1,N
        DK(I) = 0.0
        DO 3 J = 1,N
3       DK(I) = DK(I) + A(I,J) * B(J)
        IF(ABS(DK(I)).LE.ABS(R)) GOTO 2
        R = DK(I)
2       CONTINUE
        DO 4 I = 1,N
        DK(I) = DK(I)/R
        EL = ABS(DK(I) - EK(I))
        IF(E0.GE.EL) GOTO 4
```

```
              E0 = EL
4     CONTINUE
      IF(K.NE.0) GOTO 60
      K = 1
      DO 5 I = 1, N
5     B(I) = DK(I)
      GOTO 20
60    IF(E0.LE.EPS) GOTO 80
      DO 6 I = 1, N
      EK(I) = DK(I)
6     B(I) = DK(I)
      GOTO 10
80    C = R
      DO 7 I = 1, N
7     B(I) = DK(I)
      RETURN
      END
```

使用说明

(1) 子程序语句

SUBROUTINE POWER(N, A, B, E, EPS)

(2) 哑元说明

N 整变量,输入参数,矩阵阶数。

A N×N 个元素二维实数组,输入参数,存放矩阵 **A** 的元素。

B N 个元素的一维实数组,开始存放迭代矢量,返回时存放最大本征值所对应的本征矢量,既是输入参数也是输出参数。

E 实变量,输出参数,存放 A 的绝对值最大的本征值。

EPS 实变量,输入参数,迭代精度控制数。

例题 9.2 取 $E_1^0 = 1.0, E_4^0 = 4.0, a = 0.1, b = 0.2, c = 0.3, d = 0.4$,利用乘幂法程序计算例题 4.3 中哈密顿算符能量的绝对值最大的本征值和本征矢量。

```
      PROGRAM TPOWER
      DIMENSION A(4,4), B(4)
      DATA A/1.0, 0.0, 0.1, 0.2, 0.0, 1.1, 0.0, 0.3,
```

```
    *  0.1,0.0,1.0,0.0,0.2,0.3,0.0,4.4/
       DATA B/1.0,1.0,1.0,1.0/
       OPEN(2,FILE = 'DT.DAT')
       CALL POWER(4,A,B,E,1.0E - 7)
       C = 1./(B(1) * *2 + B(2) * *2 + B(3) * *2 + B(4) * *2)
       DO 1 I = 1,4
1      B(I) = SQRT(C) * B(I)
       WRITE(2,2) E,B
       WRITE( * ,2) E,B
2      FORMAT(2X,'E = ',F15.7,/,2X,'B = ',4F13.7)
       STOP
       END
```

计算结果

E =   4.4386000
B =   .0578816   .0893473   .0016833   .9943158

上述结果与求解一元四次方程所得的最大值完全一致,差别在于这里同时给出了相应的本征矢。

9.1.2 反幂法

设 A 是非奇异矩阵,反幂法可以求出 A 的绝对值最小的本征值及相应的本征矢量。如果 λ 是 A 的本征值,u 是相应的本征矢量,即

$$Au = \lambda u$$

那么

$$A^{-1}u = \lambda^{-1}u$$

即 $1/\lambda$ 是 A^{-1} 的本征值,u 是相应的本征矢量,因此,求 A 的绝对值最小的本征值 λ_n 及其相应的本征矢量 $u^{(n)}$,就是求 A^{-1} 的绝对值最大的本征值 $1/\lambda_n$ 及相应的本征矢量 $u^{(n)}$。假设

$$|\lambda_n| < |\lambda_i| \quad (i = 1,2,\cdots,n-1)$$

那么,由乘幂法式(6)可知,求 A^{-1} 的绝对值最大的本征值 $1/\lambda_n$ 和相应本征矢量 $u^{(n)}$ 的计算过程:从任意满足 $\max(x^{(0)}) = 1$ 的初始矢量 $x^{(0)}$ 开始,进行如下操作

$$\begin{cases} A^{-1}y^{(k)} = x^{(k-1)} \\ m_k = \max(y^{(k)}) \\ x^{(k)} = y^{(k)}/m_k \quad (k = 1,2,3,\cdots) \end{cases} \tag{8}$$

当 $k \to \infty$ 时,有

$$1/m_k \to \lambda_n, \quad x^{(k)} \to u^{(n)}/\max(u^{(n)}) \tag{9}$$

迭代到 $|m_{k+1} - m_k|$ 小于精度限制 ε 为止。

9.1.3 原点位移

设有本征方程

$$Au = \lambda u$$

当 μ 为实常数 I 为单位矩阵时,则有

$$(A + \mu I)u = (\lambda + \mu)u \tag{10}$$

这就是说,如果 λ 是 A 的本征值,u 是相应的本征矢量,那么 $\lambda + \mu$ 是 $A + \mu I$ 的本征值,u 是相应的本征矢量。对矩阵 $A + \mu I$ 使用乘幂法式(6),便得到它的绝对值最大的本征值和相应的本征矢量。由式(4)可知,乘幂法的收敛速度取决于比值 $|\lambda_2|/|\lambda_1|$,因此,适当选择 μ,使得

$$\frac{|\lambda_2 + \mu|}{|\lambda_1 + \mu|} < \frac{|\lambda_2|}{|\lambda_1|}$$

就会提高收敛速度。当然这需要对 A 的本征值的分布初步有所了解,才能做出适当的选择。

这种方法通常叫做原点位移法,它不仅可以用来提高乘幂法的收敛速度,而且可以用来求矩阵的某一指定的本征值。例如,欲求 A 在 λ_0 附近的本征值及其本征矢量,就可以对矩阵 $A - \lambda_0 I$ 使用反幂法。

例如,对例题 9.2 中的矩阵 A,取 $\mu = -1.5$,初始矢量仍取 $x^{(0)} = (1,0,0)^T$,对 $A - 1.5I$ 用式(6)乘幂法计算,其结果列于表 9.2 中。

表 9.2 用原点位移法求矩阵的最大本征值

k	$y^{(k)T}$			$x^{(k)T}$			m_k
	y_1	y_2	y_3	x_1	x_2	x_3	
0				1	0	0	
1	-0.5000	6.0000	6.0000	-0.0833	1.0	1.0	6.0000
2	0.0417	-6.9998	-6.9998	-0.0060	1.0	1.0	-6.9998
3	0.0030	-6.5360	-6.5360	0.0005	1.0	1.0	-6.5360
4	0.0003	-6.5030	-6.5030	-0.0001	1.0	1.0	-6.5030
5	0.0001	-6.5006	-6.5006	0.0000	1.0	1.0	-6.5006
6	0.0000	-6.5000	-6.5000	-0.0000	1.0	1.0	-6.5000
7	0.0000	-6.5000	-6.5000	0.0000	1.0	1.0	-6.5000

9.2 雅可比方法

雅可比方法是求实对称矩阵的全部本征值和本征矢量的最常用方法。我们知道，对于实对称矩阵 A，存在正交矩阵 Q，使得

$$Q^{-1}AQ = \text{diag}(\lambda_1, \lambda_2, \cdots, \lambda_n) \tag{1}$$

这就是说，$\lambda_1, \lambda_2, \cdots, \lambda_n$ 是 A 的本征值，Q 的第 k 列 $q^{(k)}$ 是 A 的相应于 λ_k 的本征矢量。雅可比方法就是通过一系列特殊的正交相似变换将 A 对角化，从而得到 A 的全部本征值及相应的本征矢量。

由于量子物理中的哈密顿算符是厄米的，相应的矩阵通常是实对称的，所以，定态薛定谔方程一般可采用雅可比方法求解。

9.2.1 旋转变换

我们称矩阵

$$R = \begin{pmatrix} 1 & & & & & & & & \\ & \ddots & & & & & & & \\ & & R_{pp}=c & & & R_{pq}=s & & & \\ & & & 1 & & & & & \\ & & & & \ddots & & & & \\ & & & & & 1 & & & \\ & & R_{qp}=-s & & & R_{qq}=c & & & \\ & & & & & & & 1 & \\ & & & & & & & & \ddots \\ & & & & & & & & & 1 \end{pmatrix} \tag{2}$$

为 (p,q) 平面上的旋转矩阵，其中 $c = \cos\theta, s = \sin\theta$。这是一个正交矩阵，即 $R^T R = I$。用旋转矩阵 R 对 A 作正交相似变换

$$B = R^T A R \tag{3}$$

叫做旋转变换。由矩阵乘法可知，A 经旋转变换得到的 B，除了第 p、q 行和第 p、q 列外，其他元素不变，而第 p、q 行和列的元素变为

$$\begin{cases} b_{pj} = b_{jp} = a_{pj}c - a_{qj}s & (j \neq p, q) \\ b_{qj} = b_{jq} = a_{pj}s + a_{qj}c & (j \neq p, q) \\ b_{pp} = a_{pp}c^2 + a_{qq}s^2 - 2a_{pq}sc \\ b_{qq} = a_{pp}s^2 + a_{qq}c^2 + 2a_{pq}sc \\ b_{pq} = b_{qp} = \dfrac{1}{2}(a_{pp} - a_{qq})\sin 2\theta + a_{pq}\cos 2\theta \end{cases} \tag{4}$$

由此可得

$$\begin{cases} b_{pj}^2 + b_{qj}^2 = a_{pj}^2 + a_{qj}^2 \\ b_{pp}^2 + b_{qq}^2 + 2b_{pq}^2 = a_{pp}^2 + a_{qq}^2 + 2a_{pq}^2 \end{cases} \tag{5}$$

若令

$$\sigma(\boldsymbol{A}) = \sum_{i,j=1}^n a_{ij}^2, \quad \tau(\boldsymbol{A}) = \sum_{i,j=1,i\neq j}^n a_{ij}^2$$

则由式(5) 可知

$$\sigma(\boldsymbol{A}) = \sigma(\boldsymbol{B}) \tag{6}$$

$$\tau(\boldsymbol{B}) = \tau(\boldsymbol{A}) - 2a_{pq}^2 + 2b_{pq}^2 \tag{7}$$

如果选择 θ 使 $b_{pq} = 0$,即要求

$$\tan 2\theta = 2a_{pq}/(a_{qq} - a_{pp}) \tag{8}$$

则会使 $\tau(\boldsymbol{B}) \leq \tau(\boldsymbol{A})$。通常限制 $\theta \in [-\pi/4, \pi/4]$,如果 $a_{qq} - a_{pp} = 0$,则取 $\theta = \pi \cdot \text{sign}(a_{pq})/4$。实际应用时不用计算 θ,而直接根据三角函数关系计算 $s = \sin\theta$ 和 $c = \cos\theta$。

若令

$$\lambda = |a_{qq} - a_{pp}|, \quad \mu = 2a_{pq}\text{sign}(a_{qq} - a_{pp})$$

则有

$$\tan 2\theta = \mu/\lambda$$

当 $|\theta| \leq \pi/4$ 时,由

$$2\cos^2\theta - 1 = \cos 2\theta = 1/\sqrt{1 + \tan^2 2\theta} = \lambda/\sqrt{\lambda^2 + \mu^2} = \omega$$

得

$$c = \cos\theta = \sqrt{(1 + \omega)/2}$$

其中

$$\omega = \lambda/\sqrt{\lambda^2 + \mu^2}$$

再由

$$2\sin\theta\cos\theta = \tan 2\theta\cos 2\theta = \mu/\sqrt{\lambda^2 + \mu^2}$$

得

$$s = \sin\theta = \frac{\mu\omega}{\lambda\sqrt{2(1+\omega)}}$$

9.2.2 雅可比方法

记 $\boldsymbol{A}_0 = \boldsymbol{A}$,依次作旋转变换

$$\boldsymbol{A}_k = \boldsymbol{R}_k^\mathrm{T} \boldsymbol{A}_{k-1} \boldsymbol{R}_k \quad (k = 1,2,3,\cdots) \tag{9}$$

这里,选择 A_{k-1} 的绝对值最大的非对角元素 $a_{pq}^{(k-1)}$ 作为清除对象,即选取旋转矩阵 R_k 的转角 θ 使 $a_{pq}^{(k)} = 0$。于是
$$\tau(A_k) = \tau(A_{k-1}) - 2[a_{pq}^{(k-1)}]^2$$
由于 $a_{pq}^{(k-1)}$ 是 A_{k-1} 的绝对值最大的非对角元素,而非对角元素共 $n(n-1)$ 个,所以有
$$\tau(A_k) \leqslant \tau(A_{k-1}) - \frac{2}{n(n-1)}\tau(A_{k-1}) = \left[1 - \frac{2}{n(n-1)}\right]\tau(A_{k-1}) \leqslant \left[1 - \frac{2}{n(n-1)}\right]^k \tau(A_0) \to 0 \quad (k \to \infty)$$
这就证明了当 $k \to \infty$ 时,有
$$A_k \to \mathrm{diag}(\lambda_1, \lambda_2, \cdots, \lambda_n)$$

例题 9.3 将雅可比方法应用于矩阵
$$A_0 = A = \begin{pmatrix} 1 & 0 & 2 \\ 0 & 2 & 1 \\ 2 & 1 & 1 \end{pmatrix}$$

解 已知此问题的精确解为 $-1.164248, 1.772865, 3.391382$。用雅可比方法求解的步骤如下。

第一步,$a_{13}^{(0)} = 2$ 是绝对值最大的非对角元素,即
$$p = 1, q = 3, \theta = \pi/4, \cos\theta = \sin\theta = 0.7071$$
$$R_1 = \begin{pmatrix} 0.7071 & 0 & 0.7071 \\ 0 & 1 & 0 \\ -0.7071 & 0 & 0.7071 \end{pmatrix}; \quad A_1 = \begin{pmatrix} -1 & -0.7071 & 0 \\ -0.7071 & 2 & 0.7071 \\ 0 & 0.7071 & 3 \end{pmatrix}$$

第二步,$p = 2, q = 3, \cos\theta = 0.8881, \sin\theta = 0.4597$
$$R_2 = \begin{pmatrix} 1 & 0 & 0 \\ 0 & 0.8881 & 0.4597 \\ 0 & -0.4597 & 0.8881 \end{pmatrix}; \quad A_2 = \begin{pmatrix} -1 & -0.6280 & -0.3251 \\ -0.6280 & 1.6340 & 0 \\ -0.3251 & 0 & 3.3660 \end{pmatrix}$$

第三步,$p = 1, q = 2, \cos\theta = 0.9754, \sin\theta = -0.2206$
$$R_3 = \begin{pmatrix} 0.9754 & -0.2206 & 0 \\ 0.2206 & 0.9754 & 0 \\ 0 & 0 & 1 \end{pmatrix}; \quad A_3 = \begin{pmatrix} -1.1421 & 0 & 0.3170 \\ 0 & 1.7760 & 0.07172 \\ -0.3170 & 0.07172 & 3.3660 \end{pmatrix}$$

第四步,$p = 1, q = 3, \cos\theta = 0.9976, \sin\theta = -0.06981$
$$R_4 = \begin{pmatrix} 0.9976 & 0 & -0.06981 \\ 0 & 1 & 0 \\ 0.06981 & 0 & 0.9976 \end{pmatrix}; \quad A_4 = \begin{pmatrix} -1.1642 & 0.00501 & 0 \\ 0.00501 & 1.7760 & 0.07154 \\ 0 & 0.07154 & 3.3882 \end{pmatrix}$$

如此继续下去,直到 $|a_{pq}^{(k-1)}|$ 小于精度要求为止。

上述雅可比方法,每步都需寻求绝对值最大的非对角元素,称为古典雅可比方法。它在计算机上实现时,寻求绝对值最大的非对角元素比较费时。实践上,通常采用一种循环雅可比方法,它不需要寻求绝对值最大的非对角元素,而是按固定顺序清除非对角线上的非零元素。例如,(p,q) 按照 $(1,2),(1,3),\cdots(1,n),(2,3),\cdots,(2,n),\cdots,(n-1,n)$ 次序选择,遇到绝对值不小于精度要求的元素,就作旋转变换进行清除,否则越过,如此反复按次序清除,直到非对角元素的绝对值都小于精度要求为止。

雅可比方法的主要特点是同时求出实对称矩阵的全部本征值和本征矢量,计算量比较大,对于阶数较高的矩阵,不宜采用这种方法。

求实对称矩阵全部本征解的雅可比子程序 JACOBI

```
      SUBROUTINE JACOBI(N,A,D,S,NT)
      IMPLICIT DOUBLE PRECISION(A - H,O - Z)
      DIMENSION A(N,N),D(N),S(N,N),B(N),Z(N)
      DO 1 IP = 1,N
      DO 2 IQ = 1,N
 2    S(IP,IQ) = 0.D0
 1    S(IP,IP) = 1.D0
      DO 3 IP = 1,N
      D(IP) = A(IP,IP)
      B(IP) = A(IP,IP)
      Z(IP) = 0.D0
 3    CONTINUE
      NT = 0
      N1 = N - 1
      DO 4 I = 1,50
      SM = 0.D0
      DO 5 IP = 1,N1
      IPP = IP + 1
      DO 5 IQ = IPP,N
 5    SM = SM + DABS(A(IP,IQ))
      IF(SM.EQ.0.D0) RETURN
      IF(I.LT.4) TRE = 0.2D0 * SM/N/N
```

```
        IF(I.GE.4) TRE = 0.D0
        DO 6 IP = 1,N1
        IPP = IP + 1
        DO 6 IQ = IPP,N
        GG = 100.D0 * DABS(A(IP,IQ))
        IF(I.LE.4.OR.DABS(D(IP)) + GG.NE.
      * DABS(D(IP)).OR.DABS(D(IQ)) + GG.NE.
      * DABS(D(IQ))) GOTO 8
        A(IP,IQ) = 0.D0
        GOTO 111
8       IF(DABS(A(IP,IQ)).LE.TRE) GOTO 111
        H = D(IQ) - D(IP)
        IF(DABS(H) + GG.NE.DABS(H)) GOTO 112
        T = A(IP,IQ)/H
        GOTO 113
112     TH = H/A(IP,IQ)/2.D0
        T = 1.D0/(DABS(TH) + DSQRT(1.D0 + TH**2))
        IF(TH.LT.0.D0) T = -T
113     C = 1.D0/DSQRT(1.D0 + T*T)
        SS = T*C
        TAU = SS/(1.D0 + C)
        H = T*A(IP,IQ)
        Z(IP) = Z(IP) - H
        Z(IQ) = Z(IQ) + H
        D(IP) = D(IP) - H
        D(IQ) = D(IQ) + H
        A(IP,IQ) = 0.D0
        IPQ = IP - 1
        IF(IPQ - 1.LT.0) GOTO 210
        IF(IPQ - 1.GE.0) GOTO 220
220     DO 20 J = 1,IPQ
        GG = A(J,IP)
        H = A(J,IQ)
        A(J,IP) = GG - SS*(H + GG*TAU)
```

```
20        A(J,IQ) = H + SS * (GG - H * TAU)
210       IQP = IQ - 1
          IF(IQP - IPP.LT.0) GOTO 230
          IF(IQP - IPP.GE.0) GOTO 240
240       DO 21 J = IPP,IQP
          GG = A(IP,J)
          H = A(J,IQ)
          A(IP,J) = GG - SS * (H + GG * TAU)
21        A(J,IQ) = H + SS * (GG - H * TAU)
230       IQQ = IQ + 1
          IF(N - IQQ.LT.0) GOTO 250
          IF(N - IQQ.GE.0) GOTO 260
260       DO 22 J = IQQ,N
          GG = A(IP,J)
          H = A(IQ,J)
          A(IP,J) = GG - SS * (H + GG * TAU)
22        A(IQ,J) = H + SS * (GG - H * TAU)
250       DO 23 J = 1,N
          GG = S(J,IP)
          H = S(J,IQ)
          S(J,IP) = GG - SS * (H + GG * TAU)
23        S(J,IQ) = H + SS * (GG - H * TAU)
          NT = NT + 1
111       CONTINUE
6         CONTINUE
          DO 25 IP = 1,N
          B(IP) = B(IP) + Z(IP)
          D(IP) = B(IP)
25        Z(IP) = 0.D0
4         CONTINUE
          RETURN
          END
```

使用说明

(1) 子程序语句

SUBROUTINE JACOBI(N,A,D,S,NT,B,Z)

(2) 哑元说明

N　　　输入参数,整变量,欲求解的实对称矩阵 **A** 的阶数。
A　　　输入参数,N×N 个元素的二维双精度数组,存放实对称矩阵元素。
D　　　输出参数,N 个元素的一维双精度数组,存放求得的本征值。
S　　　输出参数,N×N 个元素的二维双精度数组,存放求得的本征矢量。
NT　　 输出参数,整变量,为旋转变换的次数。

例题 9.4　已知非线谐振子的哈密顿算符为

$$\hat{H} = -\frac{\hbar^2}{2\mu}\frac{d^2}{dx^2} + \frac{1}{2}\mu\omega^2 x^2 + \frac{\lambda}{2}\mu\omega^2 x^k$$

其中,λ 为一小量,k 为正整数,为简捷起见,设 $\mu = \omega = \hbar = 1$。取模型空间维数为 $M_p = 20$,计算 $\hat{H}$ 的本征解。

```
            PROGRAM TJACOBI
            IMPLICIT DOUBLE PRECISION(A - H,O - Z)
            COMMON/LNFJ/ SLNI(164),SLNF(164),SLNJ(164)
            COMMON/KH/ EE(20),HH(20,20),SS(20,20)
            OPEN(2,FILE = 'DT.DAT')
            CALL SLNN
            WRITE( * ,4)
4           FORMAT(2X,'K,A = ?')
            READ( * ,5) K,A
5           FORMAT(I3,F15.7)
            WRITE( * ,6) K,A
            WRITE(2,6) K,A
6           FORMAT(2X,'K = ',I3,4X,'LMDA = ',F8.5)
            DO 10 M = 1,20
            DO 10 N = 1,20
            EN = 0.D0
            IF(M.EQ.N) EN = N - 1.D0 + 0.5D0
10          HH(M,N) = EN + 0.5D0 * A * OHO(M - 1,N - 1,K,1.D0)
            CALL JACOBI(20,HH,EE,SS,NT)
            WRITE( * ,1) NT
            WRITE(2,1) NT
1           FORMAT(2X,'NT = ',I5)
```

```
            WRITE(*,2) EE
            WRITE(2,2) EE
2           FORMAT(7X,'E = ',4E13.7)
            WRITE(*,3) SS
            WRITE(2,3) SS
3           FORMAT(2X,'SS = ',4E14.7)
            STOP
            END
```

计算结果

K =   2   LMDA =   .50000
NT = 330
E = .6123724E + 00 .1837117E + 01 .3061862E + 01 .4286607E + 01
E = .5511352E + 01 .6736097E + 01 .7960842E + 01 .9185587E + 01
E = .1041033E + 02 .1163508E + 02 .1285987E + 02 .1408466E + 02
E = .1531185E + 02 .1653796E + 02 .1781168E + 02 .1905281E + 02
E = .2064674E + 02 .2194323E + 02 .2456310E + 02 .2595086E + 02

虽然相应的本征矢也同时算出，但是，由于它占用的篇幅太大，就不在这里列出了。

利用上述程序可以考察 m、λ、M_p 对非线谐振子能谱的影响，更进一步，还可以用类似的方法解决氢原子基下和球谐振子基下的问题，有兴趣的读者可以自己试做。

9.3 实对称矩阵的 QL 解法

QL 方法也可以计算实对称矩阵的全部本征值及相应的本征矢量。计算过程分为两步，首先，利用豪塞豪德（Householder）变换，将实对称矩阵 A 化为对称三对角矩阵 C，然后，计算 C 的全部本征值及相应的本征矢量。

9.3.1 豪塞豪德变换

设 W 是 n 维单位列矩阵，即

$$W^T W = 1 \tag{1}$$

则称变换

$$H = I - 2WW^T \tag{2}$$

为豪塞豪德变换，其中 I 是 n 阶单位矩阵。

H 有以下性质:

(1) H 是对称矩阵,即
$$H^T = H \tag{3}$$

(2) H 是正交矩阵,即
$$H^T H = H^2 = I \tag{4}$$

一般可设 W 的后 r 个分量为零,即
$$W^T = (W_1, W_2, \cdots, W_{n-r}, 0, \cdots, 0, 0) \tag{5}$$

化 n 阶实对称矩阵 A 为三对角矩阵的豪塞豪德方法,就是使 A 经过 $n-2$ 次正交变换
$$A_{i+1} = H_i A_i H_i \quad (i = 1, 2, \cdots, n-2) \tag{6}$$
后,化成三对角矩阵。

关于豪塞豪德方法的具体推导过程不在这里做作详细介绍,下面仅写出其计算公式。

设 $A_1 = (a_{ij})_{n \times n}$ 为已知的 n 阶实对称方阵,做变换
$$A_{i+1} = H_i A_i H_i \quad (i = 1, 2, \cdots, n-2) \tag{7}$$

其中
$$H_i = I - u_i u_i^T / F_i \tag{8}$$
$$F_i = u_i^T u_i / 2 \tag{9}$$
$$u_i^T = (a_{l,1}^{(i)}, a_{l,2}^{(i)}, \cdots, a_{l,l-2}^{(i)}, a_{l,l-1}^{(i)} \pm \sqrt{\sigma_i}, 0, 0, \cdots, 0) \tag{10}$$
$$l = n - i + 1 \tag{11}$$
$$\sigma_i = (a_{l,1}^{(i)})^2 + (a_{l,2}^{(i)})^2 + \cdots + (a_{l,l-1}^{(i)})^2 \tag{12}$$

若令
$$P_i = A_i u_i / F_i \tag{13}$$
$$K_i = u_i^T P_i / 2 F_i \tag{14}$$
$$Q_i = P_i - K_i u_i \tag{15}$$

则式(7)可写成
$$A_{i+1} = (I - u_i u_i^T / F_i) A_i (I - u_i u_i^T / F_i) \tag{16}$$

即
$$A_{i+1} = A_i - u_i Q_i^T - Q_i u_i^T \tag{17}$$

矩阵 A_i 在它的最后 $i-1$ 行和列是三对角的。由 A_i 与 u_i 的形式知
$$P_i^T = (P_{i,1}, P_{i,2}, \cdots, P_{i,l-1}, P_{i,l}, 0, \cdots, 0) \tag{18}$$

因而
$$Q_i^T = (P_{i,1} - K_i u_{i,1}, P_{i,2} - K_i u_{i,2}, \cdots, P_{i,l-1} - K_i u_{i,l-1}, P_{i,l}, 0, \cdots, 0) \tag{19}$$

根据上面的公式,在化对称矩阵为三对角阵时,可按下述次序进行计算

$$\sigma_i \to u_i^T \to F_i \to P_i \to K_i \to Q_i \to A_{i+1}$$
$$(12) \quad (10) \quad (9) \quad (13) \quad (14) \quad (15) \quad (17)$$

化实对称矩阵为对称三角形矩阵的子程序 TRED2

```
      SUBROUTINE TRED2(N,TOL,A,D,E,Z)
      IMPLICIT DOUBLE PRECISION (A - H,O - Z)
      DIMENSION A(N,N),D(N),E(N),Z(N,N)
      DO 1 I = 1,N
      DO 1 J = 1,N
      Z(I,J) = A(I,J)
1     CONTINUE
      DO 2 I = N,2, - 1
      L = I - 2
      F = Z(I,I - 1)
      G = 0.D0
      DO 3 K = 1,L
      G = G + Z(I,K) * Z(I,K)
3     H = G + F * F
      IF(G.GT.TOL) GOTO 333
      E(I) = F
      H = 0.D0
      GOTO 111
333   CONTINUE
      L = L + 1
      IF(F.GE.0.D0) E(I) = - DSQRT(H)
      IF(F.LT.0.D0) E(I) = DSQRT(H)
      G = E(I)
      H = H - F * G
      Z(I,I - 1) = F - G
      F = 0.D0
      DO 4 J = 1,L
      Z(J,I) = Z(I,J)/H
      G = 0.D0
      DO 5 K = 1,J
```

```
5         G = G + Z(J,K) * Z(I,K)
          DO 6 K = J + 1, L
6         G = G + Z(K,J) * Z(I,K)
          E(J) = G/H
          F = F + G * Z(J,I)
4         CONTINUE
          HH = F/(H + H)
          DO 7 J = 1, L
          F = Z(I,J)
          E(J) = E(J) - HH * F
          G = E(J)
          DO 8 K = 1, J
          Z(J,K) = Z(J,K) - F * E(K) - G * Z(I,K)
8         CONTINUE
7         CONTINUE
111       D(I) = H
2         CONTINUE
          D(1) = 0.D0
          E(1) = 0.D0
          DO 9 I = 1, N
          L = I - 1
          IF(D(I).EQ.0.D0) GOTO 222
          DO 10 J = 1, L
          G = 0.D0
          DO 11 K = 1, L
11        G = G + Z(I,K) * Z(K,J)
          DO 12 K = 1, L
12        Z(K,J) = Z(K,J) - G * Z(K,I)
10        CONTINUE
222       CONTINUE
          D(I) = Z(I,I)
          Z(I,I) = 1.D0
          DO 13 J = 1, L
          Z(I,J) = 0.D0
```

```
              Z(J,I) = 0.D0
13        CONTINUE
9         CONTINUE
          RETURN
          END
```

使用说明

(1) 子程序语句

SUBROUTINE TRED2(N,TOL,A,D,E,Z)

(2) 哑元说明

N　　整变量,输入参数,实对称矩阵 A 的阶数。

TOL　双精度实变量,输入参数,精度控制参数。

A　　N×N 个元素的二维双精度数组,输入参数,存放实对称矩阵;它也是输出参数,当 A 的实在参数与 Z 的实在参数不同时,A 与输入的 A 完全相同,否则输出下述的数组 Z。

D　　N 个元素的一维双精度数组,输出参数,存放 A_{n-1} 的对角线元素。

E　　N 个元素的一维双精度数组,输出参数,E(1) = 0,E(2),…,E(N) 给出 A_{n-1} 的次对角线元素。

Z　　N×N 个元素的二维双精度数组,输出参数,存放豪塞豪德变换的乘积矩阵 Q。

例题 9.5　取 $E_1^0 = 1, E_4^0 = 4, a = 0.1, b = 0.2, c = 0.3, d = 0.4$,将例题 4.3 中哈密顿算符化为三对角矩阵。

```
          PROGRAM TTRED2
          IMPLICIT DOUBLE PRECISION (A - H,O - Z)
          DIMENSION D(4),E(4),A(4,4),Z(4,4)
          DATA A/1.0,0.0,0.1,0.2,0.0,1.1,0.0,0.3,
        * 0.1,0.0,1.0,0.0,0.2,0.3,0.0,4.4/
          OPEN(2,FILE = 'DT.DAT')
          N = 4
          TOL = 1.D - 15
          CALL TRED2(N,TOL,A,D,E,Z)
          WRITE( * ,1) D
          WRITE(2,1) D
1         FORMAT(2X,'D = ',4E13.7)
```

```
        WRITE(*,2) E
        WRITE(2,2) E
2       FORMAT(2X,'E = ',4E13.7)
        STOP
        END
```

计算结果

D = .1100000E + 01   .9307692E + 00   .1069231E + 01   .4400000E + 01

E = .0000000E + 00 − .2197919E − 07 − .7216025E − 01 − .3605551E + 00

9.3.2 求解对称三对角矩阵的 QL 方法

利用 TRED2 程序将实对称矩阵 A 化为对称三对角矩阵后，可用 QL 方法求此对称三对角阵的全部本征值及相应的本征矢量。

QL 方法以下面的事实为基础，即若

$$A = QL, \quad B = LQ \tag{20}$$

其中 Q 为正交矩阵，L 为下三角形阵，则

$$B = LQ = Q^{\mathrm{T}} A Q \tag{21}$$

故 B 与 A 相似。

QL 算法就是不断重复上述过程，若记初始矩阵为 A_1，则由关系式

$$A_s = Q_s L_s, \quad A_{s+1} = L_s Q_s = Q_s^{\mathrm{T}} A_s Q_s \tag{22}$$

得出的矩阵序列 $\{A_s\}$ 与 A_1 相似，并且一般来说，若 A_1 具有不同模的本征值，则 A_s（当 $s \to \infty$）趋于一个下三角形阵，其主对角线元素便是按模从小到大顺序排列的 A_1 的本征值。若 A_1 具有若干个模相等的本征值，则极限矩阵不是三角形阵，而是块三角形阵。一般地说，与一个 p 重 $|\lambda_i|$ 相对应，A_s 最后有一个 p 阶主对角块，其本征值趋于相应的 p 个本征值。

为了改进收敛速度，通常采取前面已经介绍过的原点移动技巧，即在每一阶段以 $A_s - k_s I$ 代替 A_s（适当选取 k_s），这时有

$$A_s - k_s I = Q_s L_s, \quad A_{s+1} = L_s Q_s + k_s I \tag{23}$$

因而

$$A_{s+1} = Q_s^{\mathrm{T}} A_s Q_s \tag{24}$$

故 A_s 仍与 A_1 相似。因为在第 s 步对 (i, j) 上元素收敛的贡献由 $|\lambda_i - k_s|/|\lambda_j - k_s|$ 确定，所以若能取 k_s 靠近 λ_1（最小模本征值），则主对角外的第一行元素最后便迅速下降，而 $a_{11}^{(s)}$ 作为一个本征值，其余的本征值是余下的 $n - 1$ 阶主对角矩阵的本征值。

上面是 QL 方法的一般介绍，当 A_1 为对称三对角矩阵时，可以将算法改为
$$Q_s(A_s - k_s I) = L_s, \quad A_{s+1} = L_s Q_s^T \tag{25}$$
这里没有回加 $k_s I$，所以 A_{s+1} 与 $A_1 - \sum_s k_s I$ 相似，而不与 A_1 相似。

这时 Q_s 可由下面的矩阵乘积来表示
$$Q_s = P_1^{(s)} P_2^{(s)} \cdots P_{n-1}^{(s)} \tag{26}$$
其中，$P_i^{(s)}$ 是按 $P_{n-1}^{(s)}, P_{n-2}^{(s)}, \cdots, P_1^{(s)}$ 的次序确定的，而 $P_i^{(s)}$ 是在 $(i, i+1)$ 平面上为了消去 $(i, i+1)$ 上的元素所作的旋转变换，即

$$P_i^{(s)} = \begin{pmatrix} 1 & & & & & & & & \\ & \ddots & & & & & & & \\ & & 1 & & & & & & \\ & & & c_i & -s_i & & & & \\ & & & s_i & c_i & & & & \\ & & & & & 1 & & & \\ & & & & & & \ddots & & \\ & & & & & & & 1 & \end{pmatrix} \begin{matrix} \\ \\ \\ \cdots \text{第 } i \text{ 行} \\ \cdots \text{第 } i+1 \text{ 行} \\ \\ \\ \end{matrix} \tag{27}$$

若去掉 $P_i^{(s)}$ 的上标，则式 (26) 可写成
$$P_1 P_2 \cdots P_{n-1}(A_s - k_s I) = L_s \tag{28}$$
$$A_{s+1} = L_s P_{n-1}^T \cdots P_2^T P_1^T \tag{29}$$
而矩阵 L_s 的形式为

$$\begin{pmatrix} r_1 & 0 & 0 & 0 & \cdots & 0 & 0 \\ w_2 & r_2 & 0 & 0 & \cdots & 0 & 0 \\ z_3 & w_3 & r_3 & 0 & \cdots & 0 & 0 \\ 0 & z_4 & w_4 & r_4 & \cdots & 0 & 0 \\ \vdots & \vdots & \vdots & \vdots & \vdots & \vdots & \vdots \\ 0 & 0 & 0 & 0 & \cdots & r_{n-1} & 0 \\ 0 & 0 & 0 & 0 & \cdots & w_n & r_n \end{pmatrix} \tag{30}$$

很明显，右乘 $P_{n-1}^T \cdots P_1^T$ 只产生一个上次对角线非零元素，根据对称性，主对角线下的第二条次对角线上元素必为零，故不必去确定 z_i，只需计算主对角线下的第一条次对角线元素。

另外，L_s 的变换过程与确定 A_{s+1} 可同时进行，经过代数方法处理，可得统一的迭代格式。设 $d_i^{(s)} (i = 1, \cdots, n)$ 为主对角线元素，$e_i^{(s)} (i = 1, 2, \cdots, n-1)$ 为次对角线元素，则除 d 和 e 外都去掉上标 s，可得下面的迭代格式
$$p_n = d_n^{(s)} - k_s, \quad c_n = 1, \quad s_n = 1$$

$$r_{i+1} = [p_{i+1}^2 + (e_i^{(s)})^2]^{1/2}, \quad g_{i+1} = c_{i+1}e_i^{(s)}, \quad h_{i+1} = c_{i+1}p_{i+1}, \quad e_{i+1}^{(s+1)} = s_{i+1}r_{i+1}$$
$$c_i = p_{i+1}/r_{i+1}, \quad s_i = e_i^{(s)}/r_{i+1}, \quad p_i = c_i[d_i^{(s)} - k_s] - s_i g_{i+1}$$
$$d_{i+1}^{(s+1)} = h_{i+1} + s_i\{c_i g_{i+1} + s_i[d_i^{(s)} - k_s]\} \tag{31}$$

其中，$i = n-1, n-2, \cdots, 1$。

$$e_1^{(s+1)} = s_1 p_1, \quad d_1^{(s+1)} = c_1 p_1 \tag{32}$$

从式(31)至式(32)的计算是一次迭代过程，它主要是确定c_1、s_1使$e_1^{(s+1)}$被消去。若一次迭代不成功，则再从式(31)开始作第二次迭代。若经过若干次迭代后使$e_1^{(s+1)}$消去，则得$d_1^{(s+1)}$，而$d_1^{(s+1)} + k_s$便是一个本征值。若经过30次迭代$e_1^{(s+1)}$仍不能消去，则算法失败。

如果在迭代前能判别$e_i^{(s)}$是否可以忽略，对节省计算工作量是有好处的。若$e_i^{(s)}$可忽略，则矩阵可分解为低阶矩阵的直接和，而每一个子矩阵的本征值可单独求出。下面是本过程采用判别$e_i^{(s)}$可忽略的准则，该准则是简单而有效的，即

$$h_r = \varepsilon[|d_r^{(s)}| + |e_r^{(s)}|] \tag{33}$$

若

$$|e_i^{(s)}| \leq b_r = \max_{i=1}^{r} h_i \tag{34}$$

则$e_i^{(s)}$可忽略，其中ε为小正数，一般可取10^{-10}。

为了确定k_s，采取下面的方法，设当前要处理从r行开始的子矩阵，则可取k_s为2×2矩阵

$$\begin{pmatrix} d_r^{(s)} & e_r^{(s)} \\ e_r^{(s)} & d_{r+1}^{(s)} \end{pmatrix} \tag{35}$$

接近$d_r^{(s)}$的本征值。如此选取的k_s，不但迭代收敛，且通常有立方收敛的速度，k_s的计算公式如下

$$k_s = \begin{cases} d_r - e_r/(p - \sqrt{1+p^2}) & (p < 0) \\ d_r - e_r/(p + \sqrt{1+p^2}) & (p \geq 0) \end{cases} \tag{36}$$

其中

$$p = (d_{r+1} - d_r)/(2e_r) \tag{37}$$

求对称三对角矩阵全部本征解的子程序 TQL2

```
SUBROUTINE TQL2(N,TOL,D,E,Z,IFAIL)
IMPLICIT DOUBLE PRECISION (A-H,O-Z)
DIMENSION D(N),E(N),Z(N,N)
```

```
        IFAIL = 1
        DO 1 I = 2,N
1       E(I - 1) = E(I)
        E(N) = 0.D0
        B = 0.D0
        F = 0.D0
        DO 2 L = 1,N
        J = 0
        H = TOL * (DABS(D(L)) + DABS(E(L)))
        IF(B.LT.H) B = H
        DO 3 M = L,N
        IF(DABS(E(M)).LE.B) GOTO 111
3       CONTINUE
111     IF(M.EQ.L) GOTO 333
444     IF(J.EQ.30) GOTO 555
        J = J + 1
        G = D(L)
        P = (D(L + 1) - G)/(2.D0 * E(L))
        R = DSQRT(P * P + 1.D0)
        IF(P.LT.0.D0) PR = P - R
        IF(P.GE.0.D0) PR = P + R
        D(L) = E(L)/PR
        H = G - D(L)
        DO 4 I = L + 1,N
4       D(I) = D(I) - H
        F = F + H
        P = D(M)
        C = 1.D0
        S = 0.D0
        DO 5 I = M - 1,L, - 1
        G = C * E(I)
        H = C * P
        IF(DABS(P).LT.DABS(E(I))) GOTO 666
        C = E(I)/P
```

```
              R = DSQRT(C * C + 1.D0)
              E(I + 1) = S * P * R
              S = C/R
              C = 1.D0/R
              GOTO 777
    666       C = P/E(I)
              R = DSQRT(C * C + 1.D0)
              E(I + 1) = S * E(I) * R
              C = C/R
              S = 1.D0/R
    777       CONTINUE
              P = C * D(I) - S * G
              D(I + 1) = H + S * (C * G + S * D(I))
              DO 6 K = 1,N
              H = Z(K,I + 1)
              Z(K,I + 1) = S * Z(K,I) + C * H
              Z(K,I) = C * Z(K,I) - S * H
    6         CONTINUE
    5         CONTINUE
              E(L) = S * P
              D(L) = C * P
              IF(DABS(E(L)).GT.B) GOTO 444
    333       D(L) = D(L) + F
    2         CONTINUE
              DO 7 I = 1,N
              K = I
              P = D(I)
              DO 8 J = I + 1,N
              IF(D(J).GE.P) GOTO 888
              K = J
              P = D(J)
    888       CONTINUE
              IF(K.EQ.J) GOTO 999
              D(K) = D(I)
```

```
            D(I) = P
8       CONTINUE
        DO 9 J = 1,N
        P = Z(J,I)
        Z(J,I) = Z(J,K)
        Z(J,K) = P
9       CONTINUE
999     CONTINUE
7       CONTINUE
        GOTO 100
555     IFAIL = 0
100     WRITE(*,10) IFAIL
        WRITE(2,10) IFAIL
10      FORMAT(2X,'IFAIL = ',I2)
        RETURN
        END
```

使用说明

(1) 子程序语句

SUBROUTINE TQL2(N,TOL,D,E,Z,IFAIL)

(2) 哑元说明

N,TOL,D,E,Z　同 TRED2 的内容,差别在于 D、E、Z 皆为输入参数,结束时,D 存放本征值,Z 存放相应的本征矢量,所以,D、Z 也是输出参数。

IFAIL　　　　整变量,输出参数,为 1 时求解成功,为 0 时求解失败。

(3) 所调用的子程序

TRED2(N,TOL,A,D,E,Z)　将实对称矩阵化为对称三对角矩阵的子程序。

例题 9.6　求例题 9.5 中矩阵 H 的全部本征值及本征矢量。

```
        PROGRAM TTQL2
        IMPLICIT DOUBLE PRECISION (A - H,O - Z)
        DIMENSION D(4),E(4),A(4,4),Z(4,4)
        DATA A/1.0,0.0,0.1,0.2,0.0,1.1,0.0,0.3,
      * 0.1,0.0,1.0,0.0,0.2,0.3,0.0,4.4/
        OPEN(2,FILE = 'DT.DAT')
```

```
          N = 4
          TOL = 1.D - 15
          CALL TRED2(N,TOL,A,D,E,Z)
          CALL TQL2(N,TOL,D,E,Z,IFAIL)
          WRITE( * ,1) D
          WRITE(2,1) D
1         FORMAT(2X,'D = ',4E13.7)
          WRITE( * ,2) Z
          WRITE(2,2) Z
2         FORMAT(2X,'Z = ',4E13.7)
          STOP
          END
```

计算结果

IFAIL = 1
D =   .1100000E + 01   .1068124E + 01   .8932764E + 00   .4438600E + 01
Z =   .6396021E + 00 -.4264017E + 00   .6396021E + 00   .2599314E - 07
Z =   .2424403E + 00   .8974835E + 00   .3558825E + 00 -.9536161E - 01
Z = -.7271737E + 00 -.6871772E - 01   .6813619E + 00   .4735191E - 01
Z =   .5788155E - 01   .8934726E - 01   .1683288E - 02   .9943158E + 00

9.4 有限差分法

如前所述，在常用的断续谱表象下，只要算出哈密顿算符的矩阵元，就可以利用雅可比程序求出定态薛定谔方程的本征解。但是，在坐标表象下，定态薛定谔方程中涉及对坐标的微商算符，由于计算机是不会处理微商的，所以必须将微分方程离散化。对于一维束缚定态问题，有限差分法就是将函数离散化，把微商转变为差商，以便能应用计算机进行处理。它的优点是，在离散化的过程中，将定态薛定谔方程化为三对角线形的矩阵方程，从而降低了对计算机内存与速度的要求。另外，它即适用于解析形式的位能，也适用于数表形式的位能。

9.4.1 定态薛定谔方程的差分形式

如前所述，当 $\Delta x \to 0$ 时，二阶微商可以用二阶差商的三点公式表示，即

$$\frac{\mathrm{d}^2}{\mathrm{d}x^2}f_0 = (f_{-1} - 2f_0 + f_1)/(\Delta x)^2 \tag{1}$$

其中
$$f_k = f(x + k\Delta x) \tag{2}$$

一维定态薛定谔方程为
$$-\alpha \frac{d^2}{dx^2}\psi(x) + V(x)\psi(x) = E\psi(x) \tag{3}$$

式中，$\alpha = \frac{\hbar^2}{2\mu}$。利用式(1)可以将式(3)改写成
$$\psi_{k-1} - 2\psi_k + \psi_{k+1} = \alpha^{-1}(\Delta x)^2[V_k - E]\psi_k \tag{4}$$

式中，ψ_{k-1}、ψ_k、ψ_{k+1}、V_k 均按式(2)定义。

式(4)左端就是用有限差商来近似表示二阶微商，它是讨论本征值 E 的各种有限差分方法的基础。

9.4.2 有限差分法

我们以点 $x_n = n\Delta x (n = 1,2,\cdots,N)$ 把坐标 x 分为 N 个相等的间隔，当 N 充分大时，Δx 就会非常小，这样，本征函数 ψ 在相邻点的值就满足方程(4)。为简单起见，以下又把本征函数在 $k\Delta x$ 点的值 $\psi(k\Delta x)$ 简记作 $\psi_k (k = 1,2,\cdots,N)$，于是方程(4)就可表为

$$-\psi_{k-1} + \beta_k \psi_k - \psi_{k+1} = \alpha^{-1}(\Delta x)^2 E\psi_k \tag{5}$$

式中
$$\beta_k = 2 + \alpha^{-1}(\Delta x)^2 V(k\Delta x) \tag{6}$$

若令
$$R = \alpha/(\Delta x)^2, \quad \alpha_k = 2R + V(k\Delta x) \tag{7}$$

则式(5)可以写成方程组的形式，即

$$\begin{cases} \alpha_1\psi_1 - R\psi_2 = E\psi_1 \\ -R\psi_1 + \alpha_2\psi_2 - R\psi_3 = E\psi_2 \\ -R\psi_2 + \alpha_3\psi_3 - R\psi_4 = E\psi_3 \\ \quad\quad\quad \vdots \\ -R\psi_{N-1} + \alpha_N\psi_N = E\psi_N \end{cases} \tag{8}$$

其中已应用了附加条件 $\psi_0 = \psi_{N+1} = 0$，它是用来表示当 $|x| \to \infty$ 时，束缚态 $\psi(x) \to 0$。方程(5)或(8)表示本征函数 ψ 在各坐标点上函数值之间的关系，显然它是一个对称的三对角线矩阵，因此可以使用三对角线矩阵的对角化的计算程序进行求解。

9.4.3 程序及其应用

有限差分法解一维定态薛定谔方程的子程序 YXCF

```
        SUBROUTINE YXCF(N,S)
        IMPLICIT DOUBLE PRECISION (A - H,O - Z)
        COMMON/D/ D(1001),E(1001),Z(1001,1001)
        DX = S/N
        DX2 = DX * DX
        R = 0.5D0/DX2
        DO 10 K = 1,N
        X = (K - N/2 + 1) * DX
        D(K) = 2.D0 * R + F(X)
10      E(K) = - R
        E(1) = 0.D0
        CALL TQL2(N,1.D - 15,D,E,Z,IFAIL)
        CALL PX(N,D,E)
        RETURN
        END
```

使用说明

(1) 子程序语句
SUBROUTINE YXCF(N,S)
(2) 哑元说明
N　　　整型变量,输入参数,坐标分点数。
S　　　双精度变量,输入参数,坐标总长度。
(3) 公用块 D
E　　　1001 个元素的一维双精度数组,输出参数,存放能量本征值。
Z　　　1001 × 1001 个元素的二维双精度数组,输出参数,存放能量的本征波函数。
(4) 所调用的子程序
TQL2(N,TOL,D,E,Z,IFAIL)　　求三对角矩阵本征解的子程序。
PX(N,D,E)　　重新排序的子程序。
F(X)　　　计算位势在 X 处值的函数子程序,由使用者自编。

例题 9.7 利用有限差分法计算线谐振子的本征解。计算中取自变量的最大值为 15,分点数为 1001,且取 $\hbar = \mu = \omega = 1$。

计算线谐振子的本征解有限差分法的主程序

```
        PROGRAM TYXCF
        IMPLICIT DOUBLE PRECISION (A - H,O - Z)
        COMMON/D/ D(1001),E(1001),Z(1001,1001)
        OPEN(2,FILE = 'DT.DAT')
        WRITE( * ,1)
1       FORMAT(2X,'N,S = ?')
        READ( * ,2) N,S
2       FORMAT(I5,F15.7)
        WRITE(2,3) N,S
3       FORMAT(2X,'N,S = ',I5,2X,F15.7)
        CALL YXCF(N,S)
        WRITE( * ,4) E
        WRITE(2,4) E
4       FORMAT(2X,'E = ',4E13.7)
        STOP
        END

        DOUBLE PRECISION FUNCTION F(X)
        IMPLICIT DOUBLE PRECISION (A - H,O - Z)
        F = 0.5D0 * X * *2
        RETURN
        END
```

计算结果

N,S = 1001   15.0000000

IFAIL = 1

E = .4999930E + 00   .1499965E + 01   .2499909E + 01   .3499825E + 01

E = .4499712E + 01   .5499572E + 01   .6499403E + 01   .7499207E + 01

实际上,已经求出了全部的能量本征解,受篇幅的限制,这里只列出了前8个能量本征值,它的精确解为 $E_n = n + 0.5$。计算结果表明,随着能级的升高误差逐渐变大。

应用有限差分法计算束缚态能量和本征函数时,非零步长 Δx 的大小限制了它的精度,当然这也是所有数值解法的共同问题。另一个影响精度的因素,就是把束缚态的本征函数 ψ 在无穷远处为零的边值条件,用有限端点来代替,也就是认为本征函数在有限端点处为零。

如上所述,通常在有限差分方法的处理中,将薛定谔方程用差分方程代替,但这种差分体系必须是稳定和精确的。所谓稳定是指对于舍入误差这种小的改变,方程并不敏感,且可以提供好的近似解。

第10章 递推与迭代

众所周知,多数真实量子体系的定态薛定谔方程是不能严格求解的,通常要选用合适的近似方法来处理,微扰论与变分法是两个最常用的近似方法。

以往的微扰论与变分法计算通常只做到较低级的近似,高阶修正的计算非常困难。本章给出的微扰论计算公式的递推形式和变分法的迭代形式(最陡下降法),能使两者的计算结果皆可以任意精度逼近精确解,将近似计算推向更高的层次。

另外,对于一维非束缚态问题,给出了计算任意阶梯势的透射系数的递推公式,利用它可以研究谐振隧穿与能带理论,进而,还可以计算 $I-V$ 曲线,为量子理论的实用化提供了有力工具。

本章的内容都是作者与同事们的研究成果,由于在通常的量子力学教材中很难找到,所以给出较详细的推导过程。

10.1 无简并微扰论公式的递推形式

设体系的哈密顿算符可以写成

$$\hat{H} = \hat{H}_0 + \hat{W} \tag{1}$$

若 $\hat{W}$ 可视为微扰,$\hat{H}$ 和 $\hat{H}_0$ 分别满足方程

$$\hat{H}|\psi_n\rangle = E_n|\psi_n\rangle \tag{2}$$

$$\hat{H}_0|\varphi_n\rangle = E_n^0|\varphi_n\rangle \tag{3}$$

且 $\hat{H}_0$ 的解已知,其第 k 个能级无简并,则可以利用无简并微扰论求出第 k 个能级的近似解。

10.1.1 无简并微扰展开

对欲求解的第 k 个能级而言,若 $\hat{H}_0$ 的解 E_k^0 无简并,则 $\hat{H}$ 的严格解可按微扰级数展开为

$$E_k = E_k^{(0)} + E_k^{(1)} + E_k^{(2)} + \cdots + E_k^{(n)} + \cdots \tag{4}$$

$$|\psi_k\rangle = |\psi_k^{(0)}\rangle + |\psi_k^{(1)}\rangle + |\psi_k^{(2)}\rangle + \cdots + |\psi_k^{(n)}\rangle + \cdots \tag{5}$$

其中 $E_k^{(0)}$ 与 $|\psi_k^{(0)}\rangle$ 分别称作第 k 个能级的本征值与本征矢的零级近似,而当

$n > 0$ 时，$E_k^{(n)}$ 与 $|\psi_k^{(n)}\rangle$ 分别称作第 k 个能级的本征值与本征矢的第 n 级修正，相对零级近似而言，它们是 n 级小量。

设严格本征矢的第 $n \neq 0$ 级修正 $|\psi_k^{(n)}\rangle$ 中不含有零级近似本征矢 $|\psi_k^{(0)}\rangle$ 的分量，并且零级近似本征矢是归一化的，即要求

$$\langle \psi_k^{(0)} | \psi_k^{(n)} \rangle = \delta_{n0} \tag{6}$$

将式(4)与(5)代入式(1)，若顾及到微扰算符 $\hat{W}$ 为一级小量，则由等式两端同量级的量相等可得零级近似和各级修正满足的方程分别为

$$(\hat{H}_0 - E_k^{(0)}) |\psi_k^{(0)}\rangle = 0 \tag{7}$$

$$(\hat{H}_0 - E_k^{(0)}) |\psi_k^{(1)}\rangle = (E_k^{(1)} - \hat{W}) |\psi_k^{(0)}\rangle \tag{8}$$

$$(\hat{H}_0 - E_k^{(0)}) |\psi_k^{(2)}\rangle = (E_k^{(1)} - \hat{W}) |\psi_k^{(1)}\rangle + E_k^{(2)} |\psi_k^{(0)}\rangle \tag{9}$$

$$(\hat{H}_0 - E_k^{(0)}) |\psi_k^{(3)}\rangle = (E_k^{(1)} - \hat{W}) |\psi_k^{(2)}\rangle + E_k^{(2)} |\psi_k^{(1)}\rangle + E_k^{(3)} |\psi_k^{(0)}\rangle \tag{10}$$

$$\vdots \qquad \vdots$$

$$(\hat{H}_0 - E_k^{(0)}) |\psi_k^{(n)}\rangle = (E_k^{(1)} - \hat{W}) |\psi_k^{(n-1)}\rangle + E_k^{(2)} |\psi_k^{(n-2)}\rangle +$$
$$E_k^{(3)} |\psi_k^{(n-3)}\rangle + \cdots + E_k^{(n)} |\psi_k^{(0)}\rangle \tag{11}$$

$$\vdots \qquad \vdots$$

10.1.2 零级近似

比较式(3)和式(7)，立即得到零级近似解，即

$$E_k^{(0)} = E_k^0 \tag{12}$$

$$|\psi_k^{(0)}\rangle = |\psi_k\rangle \tag{13}$$

在应用微扰论进行计算时，需要选定一个具体的表象，通常选 H_0 表象。若将 H_0 表象中的波函数的第 n 级修正记为

$$B_{mk}^{(n)} = \langle \varphi_m | \psi_k^{(n)} \rangle \tag{14}$$

则由封闭关系可知，严格本征矢的第 n 级修正为

$$|\psi_k^{(n)}\rangle = \sum_m |\varphi_m\rangle \langle \varphi_m | \psi_k^{(n)} \rangle = \sum_m |\varphi_m\rangle B_{mk}^{(n)} \tag{15}$$

比较式(13)与式(15)，可得在 H_0 表象下零级近似波函数为

$$B_{mk}^{(0)} = \delta_{mk} \tag{16}$$

10.1.3 一级修正

用 $\langle \varphi_k |$ 左乘以式(8)两端，利用式(13)及 $\hat{H}_0$ 的厄米性可求得能量的一级修正

$$E_k^{(1)} = \langle \varphi_k | \hat{W} | \psi_k^{(0)} \rangle = \langle \varphi_k | \hat{W} | \varphi_k \rangle = W_{kk} \tag{17}$$

此即能量一级修正公式，它就是微扰算符 $\hat{W}$ 在 H_0 表象中的第 k 个对角元，或者说是微扰算符 $\hat{W}$ 在 $\hat{H}_0$ 的第 k 个本征态上的平均值。

为了导出波函数一级修正公式，要用到去 $|\varphi_k\rangle$ 态矢的投影算符

$$\hat{q}_k = 1 - |\varphi_k\rangle\langle\varphi_k| \tag{18}$$

投影算符 $\hat{q}_k$ 是一个表示向 $|\varphi_k\rangle$ 以外空间投影的算符。在任意状态 $|\Psi\rangle$ 向 $\hat{H}_0$ 的本征态 $|\varphi_j\rangle$ 展开时，当 $j \neq k$ 时，投影算符不改变原来的状态，而当 $j = k$ 时，投影算符使其变为零。

用算符函数 $\dfrac{1}{\hat{H}_0 - E_k^0}\hat{q}_k$ 从左作用式(8)两端，利用算符 $\hat{q}_k$ 与 $\hat{H}_0$ 对易的性质得到

$$\hat{q}_k|\psi_k^{(1)}\rangle = \frac{1}{\hat{H}_0 - E_k^0}\hat{q}_k[E_k^{(1)} - \hat{W}]|\psi_k^{(0)}\rangle \tag{19}$$

其中算符 $\hat{q}_k$ 的作用既满足了式(6)的要求，又保证了等式右端的分母不为零。

为了得到上式在 H_0 表象中的形式，用 $\langle\varphi_m|$ 左乘以式(19)两端，当 $m \neq k$ 时，有

$$B_{mk}^{(1)} = \frac{1}{E_m^0 - E_k^0}\langle\varphi_m|[1 - |\varphi_k\rangle\langle\varphi_k|](W_{kk} - \hat{W})|\varphi_k\rangle =$$

$$\frac{1}{E_m^0 - E_k^0}[\langle\varphi_m|W_{kk} - \hat{W}|\varphi_k\rangle - \langle\varphi_m|\varphi_k\rangle\langle\varphi_k|W_{kk} - \hat{W}|\varphi_k\rangle] =$$

$$\frac{W_{mk}}{E_k^0 - E_m^0} \tag{20}$$

于是得到在 H_0 表象中波函数的一级修正值

$$B_{kk}^{(1)} = 0, \quad B_{mk}^{(1)} = \frac{W_{mk}}{E_k^0 - E_m^0} \quad (m \neq k) \tag{21}$$

实际上，由式(6)知，对于 $n \neq 0$，总有 $B_{kk}^{(n)} = 0$，以下不再标出。

10.1.4 二级修正

同理，利用式(9)可导出能量本征值与本征矢的二级修正值为

$$E_k^{(2)} = \sum_m W_{km}B_{mk}^{(1)}$$

$$\hat{q}_k|\psi_k^{(2)}\rangle = \sum_{m \neq k}|\varphi_m\rangle\frac{1}{E_m^0 - E_k^0}\left\{E_k^{(1)}B_{mk}^{(1)} - \sum_l W_{ml}B_{lk}^{(1)}\right\} \tag{22}$$

进而得到在 H_0 表象中波函数的二级修正值

$$B_{mk}^{(2)} = \frac{1}{E_k^0 - E_m^0}\left[\sum_l W_{ml}B_{lk}^{(1)} - E_k^{(1)}B_{mk}^{(1)}\right] \quad (m \neq k) \tag{23}$$

为了使用方便，将式(21)代入式(23)，可得能量二级修正的具体表达式

$$E_k^{(2)} = \sum_m W_{km} B_{mk}^{(1)} = \sum_{m \neq k} \frac{W_{km}W_{mk}}{E_k^0 - E_m^0} \qquad (24)$$

10.1.5　n 级修正

仿照前面的作法，利用式(11)可导出在 H_0 表象中 $n(>1)$ 级的能量和波函数的修正公式为

$$E_k^{(n)} = \sum_m W_{km} B_{mk}^{(n-1)} \quad (n \neq 0)$$

$$B_{mk}^{(n)} = \frac{1}{E_k^0 - E_m^0} \Big[\sum_l W_{ml} B_{lk}^{(n-1)} - \sum_{j=1}^n E_k^{(j)} B_{mk}^{(n-j)} \Big] \quad (m \neq k) \quad (25)$$

在上面波函数的第二个求和中，求和是对独立的两项之积进行的，通常将此两项之积称为非连通项，而将第一个求和中的两项之积看作全部的项，于是，波函数的修正可视为对全部项与所有非连通项之差，即连通项之和。

显然，式(25)具有递推的形式，利用它可由前 $n-1$ 级结果求出第 n 级修正值。从零级近似

$$E_k^{(0)} = E_k^0, \quad B_{mk}^{(0)} = \delta_{mk} \qquad (26)$$

出发，反复利用式(25)，可以逐级求出能量与波函数的修正值直至任意级。此即无简并微扰论的递推形式，或者称为汤川的递推公式。

需要特别指出的是，上述递推公式的出发点是定态薛定谔方程，推导的过程中并未取任何的近似。

纵观微扰论的计算公式会发现，在知道了 $\hat{H}_0$ 的本征矢 $|\varphi_m\rangle$ 之后，微扰矩阵元的计算是解决问题的关键所在，而微扰矩阵元的计算方法已在第 8 章中给出。

10.2　简并微扰论公式的递推形式

如果待求的能级是简并的，则需要使用简并微扰论来进行近似计算。由于简并能级的零级波函数不能惟一确定，通常需要在简并子空间中逐级求解各级能量修正满足的久期方程，直至简并完全被消除，才可能最后确定零级波函数，加之，简并被消除的情况的多样性，使得简并微扰论的高级近似计算变得十分复杂。以往的处理一般仅局限在能量一级修正使简并完全消除的情况。通过类似无简并情况的推导，我们给出了任意级能量修正满足的久期方程递推形式，使得简并态的高级微扰计算可以实现。

10.2.1 简并微扰论的能量一级修正

设 $\hat{H}_0$ 与 $\hat{H} = \hat{H}_0 + \hat{W}$ 分别满足

$$\hat{H}_0 |\varphi_{m\alpha}\rangle = E_m^0 |\varphi_{m\alpha}\rangle \quad (\alpha = 1, 2, \cdots, f_m)$$

$$\hat{H} |\psi_{k\gamma}\rangle = E_{k\gamma} |\psi_{k\gamma}\rangle \quad (\gamma = 1, 2, \cdots, f_k) \tag{1}$$

式中,f_m、f_k 分别表示 m、k 能级的简并度。

用类似无简并微扰论的作法,将待求的能量本征值 $E_{k\gamma}$ 与本征矢按小量的级数展开

$$E_{k\gamma} = E_{k\gamma}^{(0)} + E_{k\gamma}^{(1)} + E_{k\gamma}^{(2)} + \cdots + E_{k\gamma}^{(n)} + \cdots$$

$$|\psi_{k\gamma}\rangle = |\psi_{k\gamma}^{(0)}\rangle + |\psi_{k\gamma}^{(1)}\rangle + |\psi_{k\gamma}^{(2)}\rangle + \cdots + |\psi_{k\gamma}^{(n)}\rangle + \cdots \tag{2}$$

再将上式代入式(1)中的第二式,按小量的不同的级数分别写出其满足的方程

$$(\hat{H}_0 - E_{k\gamma}^{(0)}) |\psi_{k\gamma}^{(0)}\rangle = 0 \tag{3}$$

$$(\hat{H}_0 - E_{k\gamma}^{(0)}) |\psi_{k\gamma}^{(1)}\rangle = (E_{k\gamma}^{(1)} - \hat{W}) |\psi_{k\gamma}^{(0)}\rangle \tag{4}$$

$$(\hat{H}_0 - E_{k\gamma}^{(0)}) |\psi_{k\gamma}^{(2)}\rangle = (E_{k\gamma}^{(1)} - \hat{W}) |\psi_{k\gamma}^{(1)}\rangle + E_{k\gamma}^{(2)} |\psi_{k\gamma}^{(0)}\rangle \tag{5}$$

$$\vdots \qquad \vdots$$

$$(\hat{H}_0 - E_{k\gamma}^{(0)}) |\psi_{k\gamma}^{(n)}\rangle = (E_{k\gamma}^{(1)} - \hat{W}) |\psi_{k\gamma}^{(n-1)}\rangle + E_{k\gamma}^{(2)} |\psi_{k\gamma}^{(n-2)}\rangle +$$
$$E_{k\gamma}^{(3)} |\psi_{k\gamma}^{(n-3)}\rangle + \cdots + E_{k\gamma}^{(n)} |\psi_{k\gamma}^{(0)}\rangle \tag{6}$$

$$\vdots \qquad \vdots$$

类似于无简并的情况,令

$$|\psi_{k\gamma}^{(n)}\rangle = \sum_j \sum_{\beta=1}^{f_j} |\varphi_{j\beta}\rangle \langle \varphi_{j\beta} |\psi_{k\gamma}^{(n)}\rangle = \sum_{j\beta} |\varphi_{j\beta}\rangle B_{j\beta\,k\gamma}^{(n)} \tag{7}$$

式中

$$B_{j\beta\,k\gamma}^{(n)} = \langle \varphi_{j\beta} |\psi_{k\gamma}^{(n)}\rangle, \quad \sum_{j\beta} = \sum_j \sum_{\beta=1}^{f_j} \tag{8}$$

比较式(1)中第一式与式(3),可得能量与波函数的零级近似分别为

$$E_{k\gamma}^{(0)} = E_k^0, \quad B_{j\beta\,k\gamma}^{(0)} = B_{k\beta\,k\gamma}^{(0)} \delta_{jk} \tag{9}$$

上式中的 $B_{k\beta\,k\gamma}^{(0)}$ 需要由下面导出的本征方程来确定。

类似无简并时的作法,用 $\langle \varphi_{k\beta} |$ 从左作用式(4)两端,利用式(9)及 $\hat{H}_0$ 的厄米性质可得能量一级修正 $E_{k\gamma}^{(1)}$ 与零级波函数 $B_{k\alpha\,k\gamma}^{(0)}$ 满足的本征方程

$$\sum_{\alpha=1}^{f_k} [W_{k\beta\,k\alpha} - E_{k\gamma}^{(1)} \delta_{\alpha\beta}] B_{k\alpha\,k\gamma}^{(0)} = 0 \tag{10}$$

在待求能量 E_k 的 f_k 维简并子空间中求解式(10),可得到 f_k 个 $E_{k\gamma}^{(1)}$ 及相应的 $B_{k\alpha\,k\gamma}^{(0)}$。若 f_k 个 $E_{k\gamma}^{(1)}$ 互不相等,则称能量的简并完全消除,若 f_k 个 $E_{k\gamma}^{(1)}$ 个个相等,

则称能量的简并完全没有消除，除了上述两种情况之外，皆称能量的简并部分消除。这就是已往量子力学教材中给出的结果。

10.2.2 简并微扰论能量的高级修正

欲求更高级的修正，需要在 $B^{(0)}_{k\alpha\,k\gamma}$ 的表象下继续进行推导。实际上，只要将原表象下的 $\widetilde{W}_{l\delta\,k\gamma}$ 矩阵元通过如下一个幺正变换改写为新的 $W_{i\alpha\,j\beta}$ 矩阵元即可

$$W_{i\alpha\,j\beta} = \sum_{l\delta}\sum_{k\gamma}(B^{(0)}_{l\delta\,i\alpha})^{*}\widetilde{W}_{l\delta\,k\gamma}B^{(0)}_{k\gamma\,j\beta} \tag{11}$$

以后每次求解能量修正满足的本征方程都要做上述的变换，则可使式(9)得到满足。

再用 $\dfrac{1}{\hat{H}_0 - E^{(0)}_{k\gamma}}\hat{q}_{k\gamma}$ 从左作用式(4)两端，则可以得到

$$B^{(1)}_{j\beta\,k\gamma} = \frac{1}{E^0_k - E^0_j}\sum_{i\alpha}W_{j\beta\,i\alpha}B^{(0)}_{i\alpha\,k\gamma} \qquad (j \neq k) \tag{12}$$

然后用 $\langle\varphi_{k\beta}|$ 左乘式(5)两端，有

$$\sum_{l\delta}W_{k\beta\,l\delta}B^{(1)}_{l\delta\,k\gamma} - E^{(1)}_{k\gamma}B^{(1)}_{k\beta\,k\gamma} - E^{(2)}_{k\gamma}B^{(0)}_{k\beta\,k\gamma} = 0 \tag{13}$$

上式是能量二级修正 $E^{(2)}_{k\gamma}$ 满足的本征方程。

下面针对 $E^{(1)}_{k\gamma}$ 的简并是否被消除分别讨论之。

1. $E^{(1)}_{k\gamma}$ 的简并未完全消除

在简并未被消除的子空间(不大于 f_k)中，由于 $B^{(1)}_{k\beta\,k\gamma} = 0$，故式(13)可简化为

$$\sum_{l\delta}W_{k\beta\,l\delta}B^{(1)}_{l\delta\,k\gamma} - E^{(2)}_{k\gamma}B^{(0)}_{k\beta\,k\gamma} = 0 \tag{14}$$

此即 $E^{(2)}_{k\gamma}$ 满足的本征方程。将式(12)代入式(14)可得到更清晰的形式

$$\sum_{\alpha=1}^{f_k}\left[\sum_{l\neq k}\sum_{\delta=1}^{f_l}\frac{W_{k\beta\,l\delta}W_{l\delta\,k\alpha}}{E^0_k - E^0_l} - E^{(2)}_{k\gamma}\delta_{\alpha\beta}\right]B^{(0)}_{k\alpha\,k\gamma} = 0 \tag{15}$$

求解上述本征方程，重复类似对式(10)的讨论，如此进行下去，若第 $n-1$ 级能量修正 $E^{(n-1)}_{k\gamma}$ 仍不能使简并完全消除，则由式(6)可导出在剩余子空间中 $E^{(n)}_{k\gamma}$ 满足的本征方程

$$\sum_{l\delta}W_{k\beta\,l\delta}B^{(n-1)}_{l\delta\,k\gamma} - E^{(n)}_{k\gamma}B^{(0)}_{k\beta\,k\gamma} = 0 \tag{16}$$

其中

$$B^{(n-1)}_{l\delta\,k\gamma} = \frac{1}{E^0_k - E^0_l}\left[\sum_{i\alpha}W_{l\delta\,i\alpha}B^{(n-2)}_{i\alpha\,k\gamma} - \sum_{m=1}^{n-1}E^{(m)}_{k\gamma}B^{(n-m-1)}_{l\delta\,k\gamma}\right] \quad (l \neq k) \tag{17}$$

2. $E^{(1)}_{k\gamma}$ 已使简并完全消除

在新的表象下

$$B^{(0)}_{j\beta\,k\gamma} = \delta_{jk}\delta_{\beta\gamma}, \quad B^{(n)}_{k\gamma\,k\gamma} = \delta_{n0} \tag{18}$$

由式(16)与(17)可知

$$E^{(n)}_{k\gamma} = \sum_{j\beta} W_{k\gamma\,j\beta} B^{(n-1)}_{j\beta\,k\gamma} \tag{19}$$

$$B^{(n)}_{j\beta\,k\gamma} = \frac{1}{E^0_k - E^0_j}\Big[\sum_{ia} W_{j\beta\,ia} B^{(n-1)}_{ia\,k\gamma} - \sum_{m=1}^{n} E^{(m)}_{k\gamma} B^{(n-m)}_{j\beta\,k\gamma}\Big] \quad (j \neq k) \tag{20}$$

此外,还应顾及一级能量修正劈裂($E^{(1)}_{k\gamma} \neq E^{(1)}_{k\beta}$)带来的影响

$$B^{(n)}_{k\beta\,k\gamma} = \frac{1}{E^{(1)}_{k\gamma} - E^{(1)}_{k\beta}}\Big[\sum_{ia} W_{k\beta\,ia} B^{(n)}_{ia\,k\gamma} - \sum_{m=2}^{n} E^{(m)}_{k\gamma} B^{(n-m+1)}_{k\beta\,k\gamma}\Big] \tag{21}$$

式(19)~(21)即为 $E^{(1)}_{k\gamma}$ 已使简并消除后按无简并公式逐级计算各级修正的递推公式,利用它们可以逐级计算至任意级修正。

若 $E^{(2)}_{k\gamma}$ 才使简并消除($E^{(1)}_{k\gamma} = E^{(1)}_{k\beta}, E^{(2)}_{k\gamma} \neq E^{(2)}_{k\beta}$),则除了式(19)与(20)外,$n \geq 2$ 级修正还应顾及

$$B^{(n)}_{k\beta\,k\gamma} = \frac{1}{E^{(2)}_{k\gamma} - E^{(2)}_{k\beta}}\Big[\sum_{ia} W_{k\beta\,ia} B^{(n+1)}_{ia\,k\gamma} - \sum_{m=3}^{n} E^{(m)}_{k\gamma} B^{(n-m+2)}_{k\beta\,k\gamma}\Big] \tag{22}$$

若 $E^{(3)}_{k\gamma}$ 才使简并消除($E^{(1)}_{k\gamma} = E^{(1)}_{k\beta}, E^{(2)}_{k\gamma} = E^{(2)}_{k\beta}, E^{(3)}_{k\gamma} \neq E^{(3)}_{k\beta}$),则除了式(19)与(20)外,$n \geq 3$ 级修正还应顾及

$$B^{(n)}_{k\beta\,k\gamma} = \frac{1}{E^{(3)}_{k\gamma} - E^{(3)}_{k\beta}}\Big[\sum_{ia} W_{k\beta\,ia} B^{(n+2)}_{ia\,k\gamma} - \sum_{m=4}^{n} E^{(m)}_{k\gamma} B^{(n-m+3)}_{k\beta\,k\gamma}\Big] \tag{23}$$

如此进行下去,若 $E^{(n-1)}_{k\gamma}$ 才使简并消除,即

$$E^{(2)}_{k\gamma} = E^{(2)}_{k\beta}, \cdots, E^{(n-2)}_{k\gamma} = E^{(n-2)}_{k\beta}, E^{(n-1)}_{k\gamma} \neq E^{(n-1)}_{k\beta}$$

则除了式(19)与(20)外,第 n 级修正还应顾及

$$B^{(n)}_{k\beta\,k\gamma} = \frac{1}{E^{(n-1)}_{k\gamma} - E^{(n-1)}_{k\beta}}\Big[\sum_{ia} W_{k\beta\,ia} B^{(2n-1)}_{ia\,k\gamma} - E^{(n)}_{k\gamma} B^{(n-1)}_{k\beta\,k\gamma}\Big] \tag{24}$$

一般情况下,式(22)~(24)都需要与式(19)、(20)联立自洽求解,但若经过么正变换后的 W 矩阵满足

$$W_{k\beta\,ia} = W_{k\beta\,ia}\delta_{ik} \tag{25}$$

则式(21)~(24)中的第一项为零,公式又变成明显的递推形式,可以逐级计算到任意级修正。实际上,许多具体问题都属于这种情况。

应当指出,当微扰矩阵元不满足式(25)的条件时,上述的联立自洽求解是一个比较繁杂的过程,为简化计算,作为一种近似略去式(21)~(24)中的第一项,所得的结果虽然不能精确地逼近严格解,但仍不失为严格解的一个相当好的高级近似。

10.3 微扰论递推公式应用举例

利用前面给出的微扰论递推公式,作者编制了微扰论的通用程序,该程序虽然较大,但结构明晰。本节给出计算程序,并用它对几个典型的例题进行数值计算。

10.3.1 微扰论的通用程序

微扰论递推公式的通用子程序 WRL

```
            SUBROUTINE WRL
            IMPLICIT DOUBLE PRECISION (A – H, O – Z)
            COMMON/N/NS, IJK, JF
            COMMON/D/N1, N2, N3, N4, N5, N6
            IF(JF.NE.1) GOTO 111
            CALL SF1(1, N1)
            GOTO 666
    111     IF(JF.NE.2) GOTO 222
            CALL SF2(1, N1, N2)
            GOTO 666
    222     IF(JF.NE.3) GOTO 333
            CALL SF3(1, N1, N2, N3)
            GOTO 666
    333     IF(JF.NE.4) GOTO 444
            CALL SF4(1, N1, N2, N3, N4)
            GOTO 666
    444     IF(JF.NE.5) GOTO 555
            CALL SF5(1, N1, N2, N3, N4, N5)
            GOTO 666
    555     IF(JF.NE.6) GOTO 666
            CALL SF6(1, N1, N2, N3, N4, N5, N6)
    666     CONTINUE
            RETURN
            END

            SUBROUTINE SEW
```

```
      IMPLICIT DOUBLE PRECISION (A - H,O - Z)
      DIMENSION A(4,4),SS(4,4),BB(4),ZZ(4)
      COMMON/A/EE(4)
      COMMON/N/NS,IJK,JF
      COMMON/E/E0(4),W(4,4),WN(4,4)
      DO 74 I = 1,4
      DO 74 J = 1,4
74    W(I,J) = 0.D0
      WRITE( * ,5)
5     FORMAT(2X,'E10,E20,E30,E40 = ?')
      READ( * ,6) E10,E20,E30,E40
6     FORMAT(4F15.7)
      E0(1) = E10
      E0(2) = E20
      E0(3) = E30
      E0(4) = E40
      WRITE( * ,7)
7     FORMAT(2X,'A11,A22,A33,A44,A12,A13,
     * A14,A23,A24,A34 = ?')
      READ( * ,71) A11,A22,A33,A44,A12,A13,A14,
     * A23,A24,A34
71    FORMAT(10F8.4)
      IF(A11.EQ.0.D0.AND.A22.EQ.0.D0.AND.A33.
     * EQ.0.D0.AND. A44.EQ.0.D0.AND.A12.EQ.
     * 0.D0.AND.A13.EQ.0.D0.AND. A14.EQ.0.D0.
     * AND.A23.EQ.0.D0.AND.A24.EQ.0.D0.AND.
     * A34.EQ.0.D0) GOTO 999
      W(1,1) = A11
      W(2,2) = A22
      W(3,3) = A33
      W(4,4) = A44
      W(1,2) = A12
      W(2,1) = A12
      W(1,3) = A13
```

```
              W(3,1) = A13
              W(1,4) = A14
              W(4,1) = A14
              W(2,3) = A23
              W(3,2) = A23
              W(2,4) = A24
              W(4,2) = A24
              W(3,4) = A34
              W(4,3) = A34
              WRITE( * ,72) E0
              WRITE(2,72) E0
72            FORMAT(2X,'E0(4) = ',4F15.7)
              WRITE( * ,73) W
              WRITE(2,73) W
73            FORMAT(2X,'W(4,4) = ',4F15.7)
              DO 21 I = 1,IJK
              DO 21 J = 1,IJK
              AW = 0.D0
              IF(I.EQ.J) AW = E0(I)
              A(I,J) = AW + W(I,J)
21            CONTINUE
              CALL JACOBI(IJK,A,EE,SS,NT,BB,ZZ)
              WRITE( * ,66) (EE(I),I = 1,IJK)
              WRITE(2,66) (EE(I),I = 1,IJK)
66            FORMAT(2X,'E = ',3E20.12)
999           RETURN
              END

              SUBROUTINE SF1(NW,N1)
              IMPLICIT DOUBLE PRECISION (A - H,O - Z)
              COMMON/C/N00(6)
              COMMON/A/EE(4)
              COMMON/B/E(10,4),B(10,4,4)
              COMMON/N/NS,IJK,JF
              COMMON/E/E0(4),W(4,4),WN(4,4)
```

```
      DO 211 I = 1,NS
      DO 211 J = 1,IJK
      DO 211 K = 1,IJK
      B(I,J,K) = 0.D0
      IF(J.EQ.K.AND.I.EQ.1) B(I,J,K) = 1.D0
211   CONTINUE
      E(1,N1) = E0(N1)
      NN = 1
777   NN = NN + 1
      NN1 = NN - 1
      E(NN,N1) = 0.D0
      DO 21 I = 1,IJK
      E(NN,N1) = E(NN,N1) + W(N1,I) * B(NN1,I,N1)
21    CONTINUE
      DO 31 I = 1,IJK
      B(NN,I,N1) = 0.D0
      EI = E0(N1) - E0(I)
      EII = DABS(EI)
      IF(EII.LT.0.1D - 10) GOTO 31
      SWS = 0.D0
      DO 41 J = 1,IJK
      SWS = SWS + W(I,J) * B(NN1,J,N1)
41    CONTINUE
      SE = 0.D0
      DO 51 M = 2,NN
      SE = SE + E(M,N1) * B(NN - M + 1,I,N1)
51    CONTINUE
      B(NN,I,N1) = (SWS - SE)/EI
31    CONTINUE
      IF(NW.EQ.1) GOTO 70
      DO 32 II = 1,JF
      I = N00(II)
      B(NN,I,N1) = 0.D0
      EI = E(2,N1) - E(2,I)
```

```
              EII = DABS(EI)
              IF(EII.LT.0.1D - 10) GOTO 32
              SWS = 0.D0
              DO 42 J = 1,IJK
              SWS = SWS + W(I,J) * B(NN,J,N1)
       42     CONTINUE
              SE = 0.D0
              DO 52 M = 3,NN
              SE = SE + E(M,N1) * B(NN - M + 2,I,N1)
       52     CONTINUE
              B(NN,I,N1) = (SWS - SE)/EI
       32     CONTINUE
              IF(NW.EQ.2) GOTO 70
              DO 33 II = 1,JF
              I = N00(II)
              EI = E(2,N1) - E(2,I)
              EII = DABS(EI)
              IF(EI.NE.0.D0) GOTO 33
              B(NN,I,N1) = 0.D0
              EJ = E(3,N1) - E(3,I)
              EJJ = DABS(EJ)
              IF(EJJ.LT.0.1D - 10) GOTO 33
              SWS = 0.D0
              DO 43 J = 1,IJK
              SWS = SWS + W(I,J) * B(NN + 1,J,N1)
       43     CONTINUE
              SE = 0.D0
              DO 53 M = 4,NN
       53     SE = SE + E(M,N1) * B(NN - M + 3,I,N1)
              B(NN,I,N1) = (SWS - SE)/EJ
       33     CONTINUE
              IF(NW.EQ.3) GOTO 70
              DO 34 II = 1,JF
              I = N00(II)
```

```
            EI = E(2,N1) - E(2,I)
            EII = DABS(EI)
            IF(EI.NE.0.D0) GOTO 34
            EK = E(3,N1) - E(3,I)
            EKK = DABS(EK)
            IF(EK.NE.0.D0) GOTO 34
            B(NN,I,N1) = 0.D0
            EJ = E(4,N1) - E(4,I)
            EJJ = DABS(EJ)
            IF(EJJ.LT.0.1D - 10) GOTO 34
            SWS = 0.D0
            DO 44 J = 1,IJK
            SWS = SWS + W(I,J) * B(NN + 2,J,N1)
    44      CONTINUE
            SE = 0.D0
            DO 54 M = 5,NN
    54      SE = SE + E(M,N1) * B(NN - M + 4,I,N1)
            B(NN,I,N1) = (SWS - SE)/EJ
    34      CONTINUE
            IF(NW.EQ.4) GOTO 70
            DO 35 II = 1,JF
            I = N00(II)
            EI = E(2,N1) - E(2,I)
            EII = DABS(EI)
            IF(EI.NE.0.D0) GOTO 35
            EK = E(3,N1) - E(3,I)
            EKK = DABS(EK)
            IF(EK.NE.0.D0) GOTO 35
            EL = E(4,N1) - E(4,I)
            IF(EL.NE.0.D0) GOTO 35
            B(NN,I,N1) = 0.D0
            EJ = E(5,N1) - E(5,I)
            EJJ = DABS(EJ)
            IF(EJJ.LT.0.1D - 10) GOTO 35
```

```
          SWS = 0.D0
          DO 45 J = 1,IJK
          SWS = SWS + W(I,J) * B(NN + 3,J,N1)
45        CONTINUE
          SE = 0.D0
          DO 55 M = 6,NN
55        SE = SE + E(M,N1) * B(NN - M + 5,I,N1)
          B(NN,I,N1) = (SWS - SE)/EJ
35        CONTINUE
          IF(NW.EQ.5) GOTO 70
          DO 36 II = 1,JF
          I = N00(II)
          EI = E(2,N1) - E(2,I)
          EII = DABS(EI)
          IF(EI.NE.0.D0) GOTO 36
          EK = E(3,N1) - E(3,I)
          EKK = DABS(EK)
          IF(EK.NE.0.D0) GOTO 36
          EL = E(4,N1) - E(4,I)
          IF(EL.NE.0.D0) GOTO 36
          EM = E(5,N1) - E(5,I)
          IF(EM.NE.0.D0) GOTO 36
          B(NN,I,N1) = 0.D0
          EJ = E(6,N1) - E(6,I)
          EJJ = DABS(EJ)
          IF(EJJ.LT.0.1D - 10) GOTO 36
          SWS = 0.D0
          DO 46 J = 1,IJK
          SWS = SWS + W(I,J) * B(NN + 4,J,N1)
46        CONTINUE
          SE = 0.D0
          DO 56 M = 7,NN
56        SE = SE + E(M,N1) * B(NN - M + 6,I,N1)
          B(NN,I,N1) = (SWS - SE)/EJ
```

```
36      CONTINUE
70      CONTINUE
        IF(NN.EQ.NS) GOTO 999
        GOTO 777
999     CONTINUE
        IF(JF.NE.1) GOTO 789
        EN1 = 0.D0
        DO 567 I = 1,NS
567     EN1 = EN1 + E(I,N1)
        WRITE( * ,30) (E(I,N1),I = 1,NS)
        WRITE(2,30) (E(I,N1),I = 1,NS)
30      FORMAT(2X,'E(NS,N1) = ',3E20.12)
        EM1 = EE(N1)
        ED = DABS(EN1 − EM1)
        WRITE( * ,20) EN1,EM1,ED
        WRITE(2,20) EN1,EM1,ED
20      FORMAT(2X,'EN,EM,ED = ',3E20.12)
789     CONTINUE
        RETURN
        END

        SUBROUTINE SF2(NW,N1,N2)
        IMPLICIT DOUBLE PRECISION (A − H,O − Z)
        COMMON/A/EE(4)
        COMMON/B/E(10,4),B(10,4,4)
        COMMON/N/NS,IJK,JF
        JJJ = NW
        IF(NW.NE.1) GOTO 1
        CALL SJ2(1,JJJ,N1,N2)
        IF(JJJ.NE.0) GOTO 666
        IF(JJJ.EQ.0) GOTO 11
1       IF(NW.NE.2) GOTO 2
11      CALL SJ2(2,JJJ,N1,N2)
        IF(JJJ.NE.0) GOTO 666
        IF(JJJ.EQ.0) GOTO 22
```

第10章 递推与迭代

```
2       IF(NW.NE.3) GOTO 3
22      CALL SJ2(3,JJJ,N1,N2)
        IF(JJJ.NE.0) GOTO 666
        IF(JJJ.EQ.0) GOTO 33
3       IF(NW.NE.4) GOTO 4
33      CALL SJ2(4,JJJ,N1,N2)
        IF(JJJ.NE.0) GOTO 666
        IF(JJJ.EQ.0) GOTO 44
4       IF(NW.NE.5) GOTO 5
44      CALL SJ2(5,JJJ,N1,N2)
        IF(JJJ.NE.0) GOTO 666
        IF(JJJ.EQ.0) GOTO 55
5       IF(NW.NE.6) GOTO 666
55      CALL SJ2(6,JJJ,N1,N2)
        CALL SF1(6,N1)
        CALL SF1(6,N2)
666     CONTINUE
        IF(JF.NE.2) GOTO 977
        EN1 = 0.D0
        EN2 = 0.D0
        DO 23 I = 1,NS
        EN1 = EN1 + E(I,N1)
        EN2 = EN2 + E(I,N2)
23      CONTINUE
        WRITE(*,777) (E(I,N1),I = 1,NS)
        WRITE(2,777) (E(I,N1),I = 1,NS)
777     FORMAT(2X,'E(NS,N1) = ',3E20.12)
        WRITE(*,877) (E(I,N2),I = 1,NS)
        WRITE(2,877) (E(I,N2),I = 1,NS)
877     FORMAT(2X,'E(NS,N2) = ',3E20.12)
        EM1 = EE(N1)
        ED = DABS(EN1 - EM1)
        WRITE(*,20) EN1,EM1,ED
        WRITE(2,20) EN1,EM1,ED
```

```
20      FORMAT(2X,'EN1,EM,ED = ',3E20.12)
        EM2 = EE(N2)
        ED = DABS(EN2 - EM2)
        WRITE(*,21) EN2,EM2,ED
        WRITE(2,21) EN2,EM2,ED
21      FORMAT(2X,'EN2,EM,ED = ',3E20.12)
977     CONTINUE
        RETURN
        END

        SUBROUTINE SF3(NW,N1,N2,N3)
        IMPLICIT DOUBLE PRECISION (A-H,O-Z)
        COMMON/A/EE(4)
        COMMON/B/E(10,4),B(10,4,4)
        COMMON/N/NS,IJK,JF
        JJJ = NW
        IF(NW.NE.1) GOTO 1
        CALL SJ3(1,JJJ,N1,N2,N3)
        IF(JJJ.NE.0) GOTO 666
        IF(JJJ.EQ.0) GOTO 11
1       IF(NW.NE.2) GOTO 2
11      CALL SJ3(2,JJJ,N1,N2,N3)
        IF(JJJ.NE.0) GOTO 666
        IF(JJJ.EQ.0) GOTO 22
2       IF(NW.NE.3) GOTO 3
22      CALL SJ3(3,JJJ,N1,N2,N3)
        IF(JJJ.NE.0) GOTO 666
        IF(JJJ.EQ.0) GOTO 33
3       IF(NW.NE.4) GOTO 4
33      CALL SJ3(4,JJJ,N1,N2,N3)
        IF(JJJ.NE.0) GOTO 666
        IF(JJJ.EQ.0) GOTO 44
4       IF(NW.NE.5) GOTO 5
44      CALL SJ3(5,JJJ,N1,N2,N3)
        IF(JJJ.NE.0) GOTO 666
```

```
              IF(JJJ.EQ.0) GOTO 55
5             IF(NW.NE.6) GOTO 666
55            CALL SJ3(6,JJJ,N1,N2,N3)
              CALL SF1(6,N1)
              CALL SF1(6,N2)
              CALL SF1(6,N3)
666           CONTINUE
              IF(JF.NE.3) GOTO 677
              EN1 = 0.D0
              EN2 = 0.D0
              EN3 = 0.D0
              DO 823 I = 1,NS
              EN1 = EN1 + E(I,N1)
              EN2 = EN2 + E(I,N2)
              EN3 = EN3 + E(I,N3)
823           CONTINUE
              WRITE( * ,777) (E(I,N1),I = 1,NS)
              WRITE(2,777) (E(I,N1),I = 1,NS)
777           FORMAT(2X,'E(NS,N1) = ',3E20.12)
              WRITE( * ,877) (E(I,N2),I = 1,NS)
              WRITE(2,877) (E(I,N2),I = 1,NS)
877           FORMAT(2X,'E(NS,N2) = ',3E20.12)
              WRITE( * ,977) (E(I,N3),I = 1,NS)
              WRITE(2,977) (E(I,N3),I = 1,NS)
977           FORMAT(2X,'E(NS,N3) = ',3E20.12)
              EM1 = EE(N1)
              ED = DABS(EN1 - EM1)
              WRITE( * ,20) EN1,EM1,ED
              WRITE(2,20) EN1,EM1,ED
20            FORMAT(2X,'EN1,EM,ED = ',3E20.12)
              EM2 = EE(N2)
              ED = DABS(EN2 - EM2)
              WRITE( * ,21) EN2,EM2,ED
              WRITE(2,21) EN2,EM2,ED
```

```
21      FORMAT(2X,'EN2,EM,ED = ',3E20.12)
        EM3 = EE(N3)
        ED = DABS(EN3 - EM3)
        WRITE( * ,23) EN3,EM3,ED
        WRITE(2,23) EN3,EM3,ED
23      FORMAT(2X,'EN3,EM,ED = ',3E20.12)
677     CONTINUE
        RETURN
        END

        SUBROUTINE SF4(NW,N1,N2,N3,N4)
        IMPLICIT DOUBLE PRECISION (A - H,O - Z)
        COMMON/A/EE(4)
        COMMON/B/E(10,4),B(10,4,4)
        COMMON/N/NS,IJK,JF
        JJJ = NW
        IF(NW.NE.1) GOTO 1
        CALL SJ4(1,JJJ,N1,N2,N3,N4)
        IF(JJJ.NE.0) GOTO 666
        IF(JJJ.EQ.0) GOTO 11
1       IF(NW.NE.2) GOTO 2
11      CALL SJ4(2,JJJ,N1,N2,N3,N4)
        IF(JJJ.NE.0) GOTO 666
        IF(JJJ.EQ.0) GOTO 22
2       IF(NW.NE.3) GOTO 3
22      CALL SJ4(3,JJJ,N1,N2,N3,N4)
        IF(JJJ.NE.0) GOTO 666
        IF(JJJ.EQ.0) GOTO 33
3       IF(NW.NE.4) GOTO 4
33      CALL SJ4(4,JJJ,N1,N2,N3,N4)
        IF(JJJ.NE.0) GOTO 666
        IF(JJJ.EQ.0) GOTO 44
4       IF(NW.NE.5) GOTO 5
44      CALL SJ4(5,JJJ,N1,N2,N3,N4)
        IF(JJJ.NE.0) GOTO 666
```

```
            IF(JJJ.EQ.0) GOTO 55
5           IF(NW.NE.6) GOTO 666
55          CALL SJ4(6,JJJ,N1,N2,N3,N4)
            CALL SF1(6,N1)
            CALL SF1(6,N2)
            CALL SF1(6,N3)
            CALL SF1(6,N4)
666         CONTINUE
            IF(JF.NE.4) GOTO 677
            EN1 = 0.D0
            EN2 = 0.D0
            EN3 = 0.D0
            EN4 = 0.D0
            DO 823 I = 1,NS
            EN1 = EN1 + E(I,N1)
            EN2 = EN2 + E(I,N2)
            EN3 = EN3 + E(I,N3)
            EN4 = EN4 + E(I,N4)
823         CONTINUE
            WRITE( * ,777) (E(I,N1),I = 1,NS)
            WRITE(2,777) (E(I,N1),I = 1,NS)
777         FORMAT(2X,'E(NS,N1) = ',3E20.12)
            WRITE( * ,877) (E(I,N2),I = 1,NS)
            WRITE(2,877) (E(I,N2),I = 1,NS)
877         FORMAT(2X,'E(NS,N2) = ',3E20.12)
            WRITE( * ,977) (E(I,N3),I = 1,NS)
            WRITE(2,977) (E(I,N3),I = 1,NS)
977         FORMAT(2X,'E(NS,N3) = ',3E20.12)
            WRITE( * ,377) (E(I,N4),I = 1,NS)
            WRITE(2,377) (E(I,N4),I = 1,NS)
377         FORMAT(2X,'E(NS,N4) = ',3E20.12)
            EM1 = EE(N1)
            ED = DABS(EN1 - EM1)
            WRITE( * ,20) EN1,EM1,ED
```

```
        WRITE(2,20) EN1,EM1,ED
20      FORMAT(2X,'EN1,EM,ED = ',3E20.12)
        EM2 = EE(N2)
        ED = DABS(EN2 - EM2)
        WRITE( * ,21) EN2,EM2,ED
        WRITE(2,21) EN2,EM2,ED
21      FORMAT(2X,'EN2,EM,ED = ',3E20.12)
        EM3 = EE(N3)
        ED = DABS(EN3 - EM3)
        WRITE( * ,221) EN3,EM3,ED
        WRITE(2,221) EN3,EM3,ED
221     FORMAT(2X,'EN3,EM,ED = ',3E20.12)
        EM4 = EE(N4)
        ED = DABS(EN4 - EM4)
        WRITE( * ,23) EN4,EM4,ED
        WRITE(2,23) EN4,EM4,ED
23      FORMAT(2X,'EN4,EM,ED = ',3E20.12)
677     CONTINUE
        RETURN
        END

        SUBROUTINE SF5(NW,N1,N2,N3,N4,N5)
        IMPLICIT DOUBLE PRECISION (A - H,O - Z)
        COMMON/A/EE(4)
        COMMON/B/E(10,4),B(10,4,4)
        COMMON/N/NS,IJK,JF
        JJJ = NW
        IF(NW.NE.1) GOTO 1
        CALL SJ5(1,JJJ,N1,N2,N3,N4,N5)
        IF(JJJ.NE.0) GOTO 666
        IF(JJJ.EQ.0) GOTO 11
1       IF(NW.NE.2) GOTO 2
11      CALL SJ5(2,JJJ,N1,N2,N3,N4,N5)
        IF(JJJ.NE.0) GOTO 666
        IF(JJJ.EQ.0) GOTO 22
```

```
      2    IF(NW.NE.3) GOTO 3
     22    CALL SJ5(3,JJJ,N1,N2,N3,N4,N5)
           IF(JJJ.NE.0) GOTO 666
           IF(JJJ.EQ.0) GOTO 33
      3    IF(NW.NE.4) GOTO 4
     33    CALL SJ5(4,JJJ,N1,N2,N3,N4,N5)
           IF(JJJ.NE.0) GOTO 666
           IF(JJJ.EQ.0) GOTO 44
      4    IF(NW.NE.5) GOTO 5
     44    CALL SJ5(5,JJJ,N1,N2,N3,N4,N5)
           IF(JJJ.NE.0) GOTO 666
           IF(JJJ.EQ.0) GOTO 55
      5    IF(NW.NE.6) GOTO 666
     55    CALL SJ5(6,JJJ,N1,N2,N3,N4,N5)
           CALL SF1(6,N1)
           CALL SF1(6,N2)
           CALL SF1(6,N3)
           CALL SF1(6,N4)
           CALL SF1(6,N5)
    666    CONTINUE
           IF(JF.NE.5) GOTO 677
           EN1 = 0.D0
           EN2 = 0.D0
           EN3 = 0.D0
           EN4 = 0.D0
           EN5 = 0.D0
           DO 823 I = 1,NS
           EN1 = EN1 + E(I,N1)
           EN2 = EN2 + E(I,N2)
           EN3 = EN3 + E(I,N3)
           EN4 = EN4 + E(I,N4)
           EN5 = EN5 + E(I,N5)
    823    CONTINUE
           WRITE( * ,777) (E(I,N1),I = 1,NS)
```

```
          WRITE(2,777) (E(I,N1),I = 1,NS)
777       FORMAT(2X,'E(NS,N1) = ',3E20.12)
          WRITE( * ,877) (E(I,N2),I = 1,NS)
          WRITE(2,877) (E(I,N2),I = 1,NS)
877       FORMAT(2X,'E(NS,N2) = ',3E20.12)
          WRITE( * ,977) (E(I,N3),I = 1,NS)
          WRITE(2,977) (E(I,N3),I = 1,NS)
977       FORMAT(2X,'E(NS,N3) = ',3E20.12)
          WRITE( * ,477) (E(I,N4),I = 1,NS)
          WRITE(2,477) (E(I,N4),I = 1,NS)
477       FORMAT(2X,'E(NS,N4) = ',3E20.12)
          WRITE( * ,377) (E(I,N5),I = 1,NS)
          WRITE(2,377) (E(I,N5),I = 1,NS)
377       FORMAT(2X,'E(NS,N5) = ',3E20.12)
          EM1 = EE(N1)
          ED = DABS(EN1 - EM1)
          WRITE( * ,20) EN1,EM1,ED
          WRITE(2,20) EN1,EM1,ED
20        FORMAT(2X,'EN1,EM,ED = ',3E20.12)
          EM2 = EE(N2)
          ED = DABS(EN2 - EM2)
          WRITE( * ,21) EN2,EM2,ED
          WRITE(2,21) EN2,EM2,ED
21        FORMAT(2X,'EN2,EM,ED = ',3E20.12)
          EM3 = EE(N3)
          ED = DABS(EN3 - EM3)
          WRITE( * ,221) EN3,EM3,ED
          WRITE(2,221) EN3,EM3,ED
221       FORMAT(2X,'EN3,EM,ED = ',3E20.12)
          EM4 = EE(N4)
          ED = DABS(EN4 - EM4)
          WRITE( * ,23) EN4,EM4,ED
          WRITE(2,23) EN4,EM4,ED
23        FORMAT(2X,'EN4,EM,ED = ',3E20.12)
```

```
            EM5 = EE(N5)
            ED = DABS(EN5 - EM5)
            WRITE( * ,24) EN5,EM5,ED
            WRITE(2,24) EN5,EM5,ED
24          FORMAT(2X,'EN5,EM,ED = ',3E20.12)
677         CONTINUE
            RETURN
            END
            SUBROUTINE SF6(NW,N1,N2,N3,N4,N5,N6)
            IMPLICIT DOUBLE PRECISION (A - H,O - Z)
            COMMON/A/EE(4)
            COMMON/B/E(10,4),B(10,4,4)
            COMMON/N/NS,IJK,JF
            JJJ = NW
            IF(NW.NE.1) GOTO 1
            CALL SJ6(1,JJJ,N1,N2,N3,N4,N5,N6)
            IF(JJJ.NE.0) GOTO 666
            IF(JJJ.EQ.0) GOTO 11
1           IF(NW.NE.2) GOTO 2
11          CALL SJ6(2,JJJ,N1,N2,N3,N4,N5,N6)
            IF(JJJ.NE.0) GOTO 666
            IF(JJJ.EQ.0) GOTO 22
2           IF(NW.NE.3) GOTO 3
22          CALL SJ6(3,JJJ,N1,N2,N3,N4,N5,N6)
            IF(JJJ.NE.0) GOTO 666
            IF(JJJ.EQ.0) GOTO 33
3           IF(NW.NE.4) GOTO 4
33          CALL SJ6(4,JJJ,N1,N2,N3,N4,N5,N6)
            IF(JJJ.NE.0) GOTO 666
            IF(JJJ.EQ.0) GOTO 44
4           IF(NW.NE.5) GOTO 5
44          CALL SJ6(5,JJJ,N1,N2,N3,N4,N5,N6)
            IF(JJJ.NE.0) GOTO 666
            IF(JJJ.EQ.0) GOTO 55
```

```
5       IF(NW.NE.6) GOTO 666
55      CALL SJ6(6,JJJ,N1,N2,N3,N4,N5,N6)
        CALL SF1(6,N1)
        CALL SF1(6,N2)
        CALL SF1(6,N3)
        CALL SF1(6,N4)
        CALL SF1(6,N5)
        CALL SF1(6,N6)
666     CONTINUE
        IF(JF.NE.6) GOTO 677
        EN1 = 0.D0
        EN2 = 0.D0
        EN3 = 0.D0
        EN4 = 0.D0
        EN5 = 0.D0
        EN6 = 0.D0
        DO 823 I = 1,NS
        EN1 = EN1 + E(I,N1)
        EN2 = EN2 + E(I,N2)
        EN3 = EN3 + E(I,N3)
        EN4 = EN4 + E(I,N4)
        EN5 = EN5 + E(I,N5)
        EN6 = EN6 + E(I,N6)
823     CONTINUE
        WRITE( * ,777) (E(I,N1),I = 1,NS)
        WRITE(2,777) (E(I,N1),I = 1,NS)
777     FORMAT(2X,'E(NS,N1) = ',3E20.12)
        WRITE( * ,877) (E(I,N2),I = 1,NS)
        WRITE(2,877) (E(I,N2),I = 1,NS)
877     FORMAT(2X,'E(NS,N2) = ',3E20.12)
        WRITE( * ,977) (E(I,N3),I = 1,NS)
        WRITE(2,977) (E(I,N3),I = 1,NS)
977     FORMAT(2X,'E(NS,N3) = ',3E20.12)
        WRITE( * ,477) (E(I,N4),I = 1,NS)
```

第10章 递推与迭代

```
              WRITE(2,477) (E(I,N4),I = 1,NS)
      477     FORMAT(2X,'E(NS,N4) = ',3E20.12)
              WRITE( * ,377) (E(I,N5),I = 1,NS)
              WRITE(2,377) (E(I,N5),I = 1,NS)
      377     FORMAT(2X,'E(NS,N5) = ',3E20.12)
              WRITE( * ,277) (E(I,N6),I = 1,NS)
              WRITE(2,277) (E(I,N6),I = 1,NS)
      277     FORMAT(2X,'E(NS,N6) = ',3E20.12)
              EM1 = EE(N1)
              ED = DABS(EN1 - EM1)
              WRITE( * ,20) EN1,EM1,ED
              WRITE(2,20) EN1,EM1,ED
      20      FORMAT(2X,'EN1,EM,ED = ',3E20.12)
              EM2 = EE(N2)
              ED = DABS(EN2 - EM2)
              WRITE( * ,21) EN2,EM2,ED
              WRITE(2,21) EN2,EM2,ED
      21      FORMAT(2X,'EN2,EM,ED = ',3E20.12)
              EM3 = EE(N3)
              ED = DABS(EN3 - EM3)
              WRITE( * ,221) EN3,EM3,ED
              WRITE(2,221) EN3,EM3,ED
      221     FORMAT(2X,'EN3,EM,ED = ',3E20.12)
              EM4 = EE(N4)
              ED = DABS(EN4 - EM4)
              WRITE( * ,23) EN4,EM4,ED
              WRITE(2,23) EN4,EM4,ED
      23      FORMAT(2X,'EN4,EM,ED = ',3E20.12)
              EM5 = EE(N5)
              ED = DABS(EN5 - EM5)
              WRITE( * ,24) EN5,EM5,ED
              WRITE(2,24) EN5,EM5,ED
      24      FORMAT(2X,'EN5,EM,ED = ',3E20.12)
              EM6 = EE(N6)
```

```fortran
             ED = DABS(EN6 - EM6)
             WRITE(*,25) EN6,EM6,ED
             WRITE(2,25) EN6,EM6,ED
25           FORMAT(2X,'EN6,EM,ED = ',3E20.12)
677          CONTINUE
             RETURN
             END

             SUBROUTINE SJ2(NW,JJJ,N1,N2)
             IMPLICIT DOUBLE PRECISION (A - H,O - Z)
             EXTERNAL WWW
             COMMON/E/E0(4),W(4,4),WN(4,4)
             COMMON/B/E(10,4),B(10,4,4)
             JJJ = NW
             NW1 = NW + 1
             E(1,N1) = E0(N1)
             E(1,N2) = E0(N2)
             CALL SS2(NW,WWW,N1,N2,E1,E2)
             IF(E1.EQ.E2) JJJ = 0
             IF(E1.EQ.E2) GOTO 999
             IF(E1.NE.E2) CALL SF1(NW1,N1)
             IF(E1.NE.E2) CALL SF1(NW1,N2)
999          CONTINUE
             RETURN
             END

             SUBROUTINE SJ3(NW,JJJ,N1,N2,N3)
             IMPLICIT DOUBLE PRECISION (A - H,O - Z)
             EXTERNAL WWW
             COMMON/E/E0(4),W(4,4),WN(4,4)
             COMMON/B/E(10,4),B(10,4,4)
             JJJ = 1
             NW1 = NW + 1
             E(1,N1) = E0(N1)
             E(1,N2) = E0(N2)
             E(1,N3) = E0(N3)
```

```
      CALL SS3(NW,WWW,N1,N2,N3,E1,E2,E3)
      IF(E1.EQ.E2.AND.E2.EQ.E3) JJJ = 0
      IF(E1.EQ.E2.AND.E2.EQ.E3) GOTO 999
      IF(E1.EQ.E2.AND.E1.NE.E3) CALL SF2(NW1,N1,N2)
      IF(E1.EQ.E3.AND.E1.NE.E2) CALL SF2(NW1,N1,N3)
      IF(E2.EQ.E3.AND.E2.NE.E1) CALL SF2(NW1,N2,N3)
      IF(E1.NE.E2.AND.E1.NE.E3) CALL SF1(NW1,N1)
      IF(E2.NE.E1.AND.E2.NE.E3) CALL SF1(NW1,N2)
      IF(E3.NE.E1.AND.E3.NE.E2) CALL SF1(NW1,N3)
999   CONTINUE
      RETURN
      END

      SUBROUTINE SJ4(NW,JJJ,N1,N2,N3,N4)
      IMPLICIT DOUBLE PRECISION (A - H,O - Z)
      EXTERNAL WWW
      COMMON/E/E0(4),W(4,4),WN(4,4)
      COMMON/B/E(10,4),B(10,4,4)
      JJJ = 1
      NW1 = NW + 1
      E(1,N1) = E0(N1)
      E(1,N2) = E0(N2)
      E(1,N3) = E0(N3)
      E(1,N4) = E0(N4)
      CALL SS4(NW,WWW,N1,N2,N3,N4,E1,E2,E3,E4)
      IF(E1.EQ.E2.AND.E2.EQ.E3.AND.E3.EQ.E4) JJJ = 0
      IF(E1.EQ.E2.AND.E2.EQ.E3.AND.E3.EQ.E4) GOTO 999
      IF(E1.NE.E2.AND.E1.NE.E3.AND.E1.NE.E4)
     * CALL SF1(NW1,N1)
      IF(E2.NE.E1.AND.E2.NE.E3.AND.E2.NE.E4)
     * CALL SF1(NW1,N2)
      IF(E3.NE.E1.AND.E3.NE.E2.AND.E3.NE.E4)
     * CALL SF1(NW1,N3)
      IF(E4.NE.E1.AND.E4.NE.E2.AND.E4.NE.E3)
     * CALL SF1(NW1,N4)
```

```
      IF(E1.EQ.E2.AND.E1.NE.E3.AND.E1.NE.E4)
    * CALL SF2(NW1,N1,N2)
      IF(E1.EQ.E3.AND.E1.NE.E2.AND.E1.NE.E4)
    * CALL SF2(NW1,N1,N3)
      IF(E1.EQ.E4.AND.E1.NE.E2.AND.E1.NE.E3)
    * CALL SF2(NW1,N1,N4)
      IF(E2.EQ.E3.AND.E2.NE.E1.AND.E2.NE.E4)
    * CALL SF2(NW1,N2,N3)
      IF(E2.EQ.E4.AND.E2.NE.E1.AND.E2.NE.E3)
    * CALL SF2(NW1,N2,N4)
      IF(E3.EQ.E4.AND.E3.NE.E1.AND.E3.NE.E2)
    * CALL SF2(NW1,N3,N4)
      IF(E1.EQ.E2.AND.E2.EQ.E3.AND.E3.NE.E4)
    * CALL SF3(NW1,N1,N2,N3)
      IF(E1.EQ.E2.AND.E2.EQ.E4.AND.E3.NE.E4)
    * CALL SF3(NW1,N1,N2,N4)
      IF(E1.EQ.E3.AND.E3.EQ.E4.AND.E4.NE.E2)
    * CALL SF3(NW1,N1,N3,N4)
      IF(E2.EQ.E3.AND.E3.EQ.E4.AND.E4.NE.E1)
    * CALL SF3(NW1,N2,N3,N4)
999   CONTINUE
      RETURN
      END
      SUBROUTINE SJ5(NW,JJJ,N1,N2,N3,N4,N5)
      IMPLICIT DOUBLE PRECISION (A - H,O - Z)
      EXTERNAL WWW
      COMMON/E/E0(4),W(4,4),WN(4,4)
      COMMON/B/E(10,4),B(10,4,4)
      JJJ = 1
      NW1 = NW + 1
      E(1,N1) = E0(N1)
      E(1,N2) = E0(N2)
      E(1,N3) = E0(N3)
      E(1,N4) = E0(N4)
```

```
      E(1,N5) = E0(N5)
      CALL SS5(NW,WWW,N1,N2,N3,N4,N5,E1,E2,E3,E4,E5)
      IF(E1.EQ.E2.AND.E2.EQ.E3.AND.E3.EQ.E4.AND.
     * E4.EQ.E5) JJJ = 0
      IF(E1.EQ.E2.AND.E2.EQ.E3.AND.E3.EQ.E4.AND.
     * E4.EQ.E5) GOTO 999
      IF(E1.NE.E2.AND.E1.NE.E3.AND.E1.NE.E4.AND.
     * E1.NE.E5) CALL SF1(NW1,N1)
      IF(E2.NE.E1.AND.E2.NE.E3.AND.E2.NE.E4.AND.
     * E2.NE.E5) CALL SF1(NW1,N2)
      IF(E3.NE.E1.AND.E3.NE.E2.AND.E3.NE.E4.AND.
     * E3.NE.E5) CALL SF1(NW1,N3)
      IF(E4.NE.E1.AND.E4.NE.E2.AND.E4.NE.E3.AND.
     * E4.NE.E5) CALL SF1(NW1,N4)
      IF(E5.NE.E1.AND.E5.NE.E2.AND.E5.NE.E3.AND.
     * E5.NE.E4) CALL SF1(NW1,N5)
      IF(E1.EQ.E2.AND.E1.NE.E3.AND.E1.NE.E4.AND.
     * E1.NE.E5) CALL SF2(NW1,N1,N2)
      IF(E1.EQ.E3.AND.E1.NE.E2.AND.E1.NE.E4.AND.
     * E1.NE.E5) CALL SF2(NW1,N1,N3)
      IF(E1.EQ.E4.AND.E1.NE.E2.AND.E1.NE.E3.AND.
     * E1.NE.E5) CALL SF2(NW1,N1,N4)
      IF(E1.EQ.E5.AND.E1.NE.E2.AND.E1.NE.E3.AND.
     * E1.NE.E4) CALL SF2(NW1,N1,N5)
      IF(E2.EQ.E3.AND.E2.NE.E1.AND.E2.NE.E4.AND.
     * E2.NE.E5) CALL SF2(NW1,N2,N3)
      IF(E2.EQ.E4.AND.E2.NE.E1.AND.E2.NE.E3.AND.
     * E2.NE.E5) CALL SF2(NW1,N2,N4)
      IF(E2.EQ.E5.AND.E2.NE.E1.AND.E2.NE.E3.AND.
     * E2.NE.E4) CALL SF2(NW1,N2,N5)
      IF(E3.EQ.E4.AND.E3.NE.E1.AND.E3.NE.E2.AND.
     * E3.NE.E5) CALL SF2(NW1,N3,N4)
      IF(E3.EQ.E5.AND.E3.NE.E1.AND.E3.NE.E2.AND.
     * E3.NE.E4) CALL SF2(NW1,N3,N5)
```

```
      IF(E4.EQ.E5.AND.E4.NE.E1.AND.E4.NE.E2.AND.
     * E4.NE.E3) CALL SF2(NW1,N4,N5)
      IF(E1.EQ.E2.AND.E2.EQ.E3.AND.E3.NE.E4.AND.
     * E3.NE.E5) CALL SF3(NW1,N1,N2,N3)
      IF(E1.EQ.E2.AND.E2.EQ.E4.AND.E4.NE.E3.AND.
     * E4.NE.E5) CALL SF3(NW1,N1,N2,N4)
      IF(E1.EQ.E2.AND.E2.EQ.E5.AND.E5.NE.E3.AND.
     * E5.NE.E4) CALL SF3(NW1,N1,N2,N5)
      IF(E1.EQ.E3.AND.E3.EQ.E4.AND.E4.NE.E2.AND.
     * E4.NE.E5) CALL SF3(NW1,N1,N3,N4)
      IF(E1.EQ.E3.AND.E3.EQ.E5.AND.E5.NE.E2.AND.
     * E5.NE.E4) CALL SF3(NW1,N1,N3,N5)
      IF(E1.EQ.E4.AND.E4.EQ.E5.AND.E5.NE.E2.AND.
     * E5.NE.E3) CALL SF3(NW1,N1,N4,N5)
      IF(E2.EQ.E3.AND.E3.EQ.E4.AND.E4.NE.E1.AND.
     * E4.NE.E5) CALL SF3(NW1,N2,N3,N4)
      IF(E2.EQ.E3.AND.E3.EQ.E5.AND.E5.NE.E1.AND.
     * E5.NE.E4) CALL SF3(NW1,N2,N3,N5)
      IF(E2.EQ.E4.AND.E4.EQ.E5.AND.E5.NE.E1.AND.
     * E5.NE.E3) CALL SF3(NW1,N2,N4,N5)
      IF(E3.EQ.E4.AND.E4.EQ.E5.AND.E5.NE.E1.AND.
     * E5.NE.E2) CALL SF3(NW1,N3,N4,N5)
      IF(E1.EQ.E2.AND.E2.EQ.E3.AND.E3.EQ.E4.AND.
     * E4.NE.E5) CALL SF4(NW1,N1,N2,N3,N4)
      IF(E1.EQ.E2.AND.E2.EQ.E3.AND.E3.EQ.E5.AND.
     * E5.NE.E4) CALL SF4(NW1,N1,N2,N3,N5)
      IF(E1.EQ.E2.AND.E2.EQ.E4.AND.E4.EQ.E5.AND.
     * E5.NE.E3) CALL SF4(NW1,N1,N2,N4,N5)
      IF(E1.EQ.E3.AND.E3.EQ.E4.AND.E4.EQ.E5.AND.
     * E5.NE.E2) CALL SF4(NW1,N1,N3,N4,N5)
      IF(E2.EQ.E3.AND.E3.EQ.E4.AND.E4.EQ.E5.AND.
     * E5.NE.E1) CALL SF4(NW1,N2,N3,N4,N5)
  999 CONTINUE
      RETURN
```

```
      END
      SUBROUTINE SJ6(NW,JJJ,N1,N2,N3,N4,N5,N6)
      IMPLICIT DOUBLE PRECISION (A - H,O - Z)
      EXTERNAL WWW
      COMMON/E/E0(4),W(4,4),WN(4,4)
      COMMON/B/E(10,4),B(10,4,4)
      JJJ = 1
      NW1 = NW + 1
      E(1,N1) = E0(N1)
      E(1,N2) = E0(N2)
      E(1,N3) = E0(N3)
      E(1,N4) = E0(N4)
      E(1,N5) = E0(N5)
      E(1,N6) = E0(N6)
      CALL SS6(NW,WWW,N1,N2,N3,N4,N5,N6,E1,E2,
     * E3,E4,E5,E6)
      IF(E1.EQ.E2.AND.E2.EQ.E3.AND.E3.EQ.E4.AND.
     * E4.EQ.E5.AND.E5.EQ.E6) JJJ = 0
      IF(E1.EQ.E2.AND.E2.EQ.E3.AND.E3.EQ.E4.AND.
     * E4.EQ.E5.AND.E5.EQ.E6) GOTO 999
      IF(E1.NE.E2.AND.E1.NE.E3.AND.E1.NE.E4.AND.
     * E1.NE.E5.AND.E1.NE.E6) CALL SF1(NW1,N1)
      IF(E2.NE.E1.AND.E2.NE.E3.AND.E2.NE.E4.AND.
     * E2.NE.E5.AND.E2.NE.E6) CALL SF1(NW1,N2)
      IF(E3.NE.E1.AND.E3.NE.E2.AND.E3.NE.E4.AND.
     * E3.NE.E5.AND.E3.NE.E6) CALL SF1(NW1,N3)
      IF(E4.NE.E1.AND.E4.NE.E2.AND.E4.NE.E3.AND.
     * E4.NE.E5.AND.E4.NE.E6) CALL SF1(NW1,N4)
      IF(E5.NE.E1.AND.E5.NE.E2.AND.E5.NE.E3.AND.
     * E5.NE.E4.AND.E5.NE.E6) CALL SF1(NW1,N5)
      IF(E6.NE.E1.AND.E6.NE.E2.AND.E6.NE.E3.AND.
     * E6.NE.E4.AND.E6.NE.E5) CALL SF1(NW1,N6)
      IF(E1.EQ.E2.AND.E1.NE.E3.AND.E1.NE.E4.AND.
     * E1.NE.E5.AND.E1.NE.E6) CALL SF2(NW1,N1,N2)
```

```
      IF(E1.EQ.E3.AND.E1.NE.E2.AND.E1.NE.E4.AND.
    * E1.NE.E5.AND.E1.NE.E6) CALL SF2(NW1,N1,N3)
      IF(E1.EQ.E4.AND.E1.NE.E2.AND.E1.NE.E3.AND.
    * E1.NE.E5.AND.E1.NE.E6) CALL SF2(NW1,N1,N4)
      IF(E1.EQ.E5.AND.E1.NE.E2.AND.E1.NE.E3.AND.
    * E1.NE.E4.AND.E1.NE.E6) CALL SF2(NW1,N1,N5)
      IF(E1.EQ.E6.AND.E1.NE.E2.AND.E1.NE.E3.AND.
    * E1.NE.E4.AND.E1.NE.E5) CALL SF2(NW1,N1,N6)
      IF(E2.EQ.E3.AND.E2.NE.E1.AND.E2.NE.E4.AND.
    * E2.NE.E5.AND.E2.NE.E6) CALL SF2(NW1,N2,N3)
      IF(E2.EQ.E4.AND.E2.NE.E1.AND.E2.NE.E3.AND.
    * E2.NE.E5.AND.E2.NE.E6) CALL SF2(NW1,N2,N4)
      IF(E2.EQ.E5.AND.E2.NE.E1.AND.E2.NE.E3.AND.
    * E2.NE.E4.AND.E2.NE.E6) CALL SF2(NW1,N2,N5)
      IF(E2.EQ.E6.AND.E2.NE.E1.AND.E2.NE.E3.AND.
    * E2.NE.E4.AND.E2.NE.E5) CALL SF2(NW1,N2,N6)
      IF(E3.EQ.E4.AND.E3.NE.E1.AND.E3.NE.E2.AND.
    * E3.NE.E5.AND.E3.NE.E6) CALL SF2(NW1,N3,N4)
      IF(E3.EQ.E5.AND.E3.NE.E1.AND.E3.NE.E2.AND.
    * E3.NE.E4.AND.E3.NE.E6) CALL SF2(NW1,N3,N5)
      IF(E3.EQ.E6.AND.E3.NE.E1.AND.E3.NE.E2.AND.
    * E3.NE.E4.AND.E3.NE.E5) CALL SF2(NW1,N3,N6)
      IF(E4.EQ.E5.AND.E4.NE.E1.AND.E4.NE.E2.AND.
    * E4.NE.E3.AND.E4.NE.E6) CALL SF2(NW1,N4,N5)
      IF(E4.EQ.E6.AND.E4.NE.E1.AND.E4.NE.E2.AND.
    * E4.NE.E3.AND.E4.NE.E5) CALL SF2(NW1,N4,N6)
      IF(E5.EQ.E6.AND.E6.NE.E1.AND.E6.NE.E2.AND.
    * E6.NE.E3.AND.E6.NE.E4) CALL SF2(NW1,N5,N6)
      IF(E1.EQ.E2.AND.E2.EQ.E3.AND.E3.NE.E4.AND.
    * E3.NE.E5.AND.E3.NE.E6) CALL SF3(NW1,N1,N2,N3)
      IF(E1.EQ.E2.AND.E2.EQ.E4.AND.E3.NE.E4.AND.
    * E4.NE.E5.AND.E4.NE.E6) CALL SF3(NW1,N1,N2,N4)
      IF(E1.EQ.E2.AND.E2.EQ.E5.AND.E5.NE.E3.AND.
    * E5.NE.E4.AND.E5.NE.E6) CALL SF3(NW1,N1,N2,N5)
```

```
      IF(E1.EQ.E2.AND.E2.EQ.E6.AND.E6.NE.E3.AND.
*    E6.NE.E4.AND.E6.NE.E5) CALL SF3(NW1,N1,N2,N6)
      IF(E1.EQ.E3.AND.E3.EQ.E4.AND.E4.NE.E2.AND.
*    E4.NE.E5.AND.E4.NE.E6) CALL SF3(NW1,N1,N3,N4)
      IF(E1.EQ.E3.AND.E3.EQ.E5.AND.E5.NE.E2.AND.
*    E5.NE.E4.AND.E5.NE.E6) CALL SF3(NW1,N1,N3,N5)
      IF(E1.EQ.E3.AND.E3.EQ.E6.AND.E6.NE.E2.AND.
*    E6.NE.E4.AND.E6.NE.E5) CALL SF3(NW1,N1,N3,N6)
      IF(E1.EQ.E4.AND.E4.EQ.E5.AND.E5.NE.E2.AND.
*    E5.NE.E3.AND.E5.NE.E6) CALL SF3(NW1,N1,N4,N5)
      IF(E1.EQ.E4.AND.E4.EQ.E6.AND.E6.NE.E2.AND.
*    E6.NE.E3.AND.E6.NE.E5) CALL SF3(NW1,N1,N4,N6)
      IF(E1.EQ.E5.AND.E5.EQ.E6.AND.E6.NE.E2.AND.
*    E6.NE.E3.AND.E6.NE.E4) CALL SF3(NW1,N1,N5,N6)
      IF(E2.EQ.E3.AND.E3.EQ.E4.AND.E4.NE.E1.AND.
*    E4.NE.E5.AND.E4.NE.E6) CALL SF3(NW1,N2,N3,N4)
      IF(E2.EQ.E3.AND.E3.EQ.E5.AND.E5.NE.E1.AND.
*    E5.NE.E4.AND.E5.NE.E6) CALL SF3(NW1,N2,N3,N5)
      IF(E2.EQ.E3.AND.E3.EQ.E6.AND.E6.NE.E1.AND.
*    E6.NE.E4.AND.E6.NE.E5) CALL SF3(NW1,N2,N3,N6)
      IF(E2.EQ.E4.AND.E4.EQ.E5.AND.E5.NE.E1.AND.
*    E5.NE.E3.AND.E5.NE.E6) CALL SF3(NW1,N2,N4,N5)
      IF(E2.EQ.E4.AND.E4.EQ.E6.AND.E6.NE.E1.AND.
*    E6.NE.E3.AND.E6.NE.E5) CALL SF3(NW1,N2,N4,N6)
      IF(E2.EQ.E5.AND.E5.EQ.E6.AND.E6.NE.E1.AND.
*    E6.NE.E3.AND.E6.NE.E4) CALL SF3(NW1,N2,N5,N6)
      IF(E3.EQ.E4.AND.E4.EQ.E5.AND.E5.NE.E1.AND.
*    E5.NE.E2.AND.E5.NE.E6) CALL SF3(NW1,N3,N4,N5)
      IF(E3.EQ.E4.AND.E4.EQ.E6.AND.E6.NE.E1.AND.
*    E6.NE.E2.AND.E6.NE.E5) CALL SF3(NW1,N3,N4,N6)
      IF(E3.EQ.E5.AND.E5.EQ.E6.AND.E6.NE.E1.AND.
*    E6.NE.E2.AND.E6.NE.E4) CALL SF3(NW1,N3,N5,N6)
      IF(E4.EQ.E5.AND.E5.EQ.E6.AND.E6.NE.E1.AND.
*    E6.NE.E2.AND.E6.NE.E3) CALL SF3(NW1,N4,N5,N6)
```

```
      IF(E1.EQ.E2.AND.E2.EQ.E3.AND.E3.EQ.E4.AND. E4.
     * NE.E5.AND.E4.NE.E6) CALL SF4(NW1,N1,N2,N3,N4)
      IF(E1.EQ.E2.AND.E2.EQ.E3.AND.E3.EQ.E5.AND.E5.
     * NE.E4.AND.E5.NE.E6) CALL SF4(NW1,N1,N2,N3,N5)
      IF(E1.EQ.E2.AND.E2.EQ.E3.AND.E3.EQ.E6.AND.E6.
     * NE.E4.AND.E6.NE.E5) CALL SF4(NW1,N1,N2,N3,N6)
      IF(E1.EQ.E2.AND.E2.EQ.E4.AND.E4.EQ.E5.AND.E5.
     * NE.E3.AND.E5.NE.E6) CALL SF4(NW1,N1,N2,N4,N5)
      IF(E1.EQ.E2.AND.E2.EQ.E4.AND.E4.EQ.E6.AND.E6.
     * NE.E3.AND.E6.NE.E5) CALL SF4(NW1,N1,N2,N4,N6)
      IF(E1.EQ.E2.AND.E2.EQ.E5.AND.E5.EQ.E6.AND.E6.
     * NE.E3.AND.E6.NE.E4) CALL SF4(NW1,N1,N2,N5,N6)
      IF(E1.EQ.E3.AND.E3.EQ.E4.AND.E4.EQ.E5.AND.E5.
     * NE.E2.AND.E5.NE.E6) CALL SF4(NW1,N1,N3,N4,N5)
      IF(E1.EQ.E3.AND.E3.EQ.E4.AND.E4.EQ.E6.AND.E6.
     * NE.E2.AND.E6.NE.E5) CALL SF4(NW1,N1,N3,N4,N6)
      IF(E1.EQ.E3.AND.E3.EQ.E5.AND.E5.EQ.E6.AND.E6.
     * NE.E2.AND.E6.NE.E4) CALL SF4(NW1,N1,N3,N5,N6)
      IF(E2.EQ.E3.AND.E3.EQ.E4.AND.E4.EQ.E5.AND.E5.
     * NE.E1.AND.E5.NE.E6) CALL SF4(NW1,N2,N3,N4,N5)
      IF(E2.EQ.E3.AND.E3.EQ.E4.AND.E4.EQ.E6.AND.E6.
     * NE.E1.AND.E6.NE.E5) CALL SF4(NW1,N2,N3,N4,N6)
      IF(E2.EQ.E3.AND.E3.EQ.E5.AND.E5.EQ.E6.AND.E6.
     * NE.E1.AND.E6.NE.E4) CALL SF4(NW1,N2,N3,N5,N6)
      IF(E3.EQ.E4.AND.E4.EQ.E5.AND.E5.EQ.E6.AND.E6.
     * NE.E1.AND.E6.NE.E2) CALL SF4(NW1,N3,N4,N5,N6)
      IF(E1.EQ.E2.AND.E2.EQ.E3.AND.E3.EQ.E4.AND.E4.EQ.
     * E5.AND.E5.NE.E6) CALL SF5(NW1,N1,N2,N3,N4,N5)
      IF(E1.EQ.E2.AND.E2.EQ.E3.AND.E3.EQ.E4.AND.E4.EQ.
     * E6.AND.E6.NE.E5) CALL SF5(NW1,N1,N2,N3,N4,N6)
      IF(E1.EQ.E2.AND.E2.EQ.E3.AND.E3.EQ.E5.AND.E5.EQ.
     * E6.AND.E6.NE.E4) CALL SF5(NW1,N1,N2,N3,N5,N6)
      IF(E1.EQ.E2.AND.E2.EQ.E4.AND.E4.EQ.E5.AND.E5.EQ.
     * E6.AND.E6.NE.E3) CALL SF5(NW1,N1,N2,N4,N5,N6)
```

```
       IF(E1.EQ.E3.AND.E3.EQ.E4.AND.E4.EQ.E5.AND.E5.EQ.
      * E6.AND.E6.NE.E2) CALL SF5(NW1,N1,N3,N4,N5,N6)
       IF(E2.EQ.E3.AND.E3.EQ.E4.AND.E4.EQ.E5.AND.E5.
      * EQ.E6.AND.E6.NE.E1)
      * CALL SF5(NW1,N2,N3,N4,N5,N6)
  999  CONTINUE
       RETURN
       END

       SUBROUTINE HBC
       IMPLICIT DOUBLE PRECISION (A - H,O - Z)
       COMMON/E/E0(4),W(4,4),WN(4,4)
       COMMON/B/E(10,4),B(10,4,4)
       COMMON/N/NS,IJK,JF
       DO 1 I = 1,IJK
       DO 1 J = 1,IJK
       WN(I,J) = 0.D0
       DO 2 K = 1,IJK
       IF(B(1,K,I).EQ.0.D0) GOTO 2
       DO 22 L = 1,IJK
       IF(W(K,L).EQ.0.D0.OR.B(1,L,J).EQ.0.D0) GOTO 22
       WN(I,J) = WN(I,J) + B(1,K,I) * W(K,L) * B(1,L,J)
   22  CONTINUE
    2  CONTINUE
    1  CONTINUE
       DO 3 I = 1,IJK
       DO 3 J = 1,IJK
    3  W(I,J) = WN(I,J)
       RETURN
       END

       SUBROUTINE SS2(NW,WWW,N1,N2,E1,E2)
       IMPLICIT DOUBLE PRECISION (A - H,O - Z)
       EXTERNAL WWW
       DIMENSION A(2,2),EE(2),SS(2,2),BB(2),ZZ(2),N0(2)
       COMMON/N/NS,IJK,JF
```

```
      COMMON/E/E0(4),W(4,4),WN(4,4)
      COMMON/B/E(10,4),B(10,4,4)
      DO 77 J = 1,IJK
      DO 77 K = 1,IJK
      B(1,J,K) = 0.D0
      IF(J.EQ.K) B(1,J,K) = 1.D0
77    CONTINUE
      NW1 = NW + 1
      NM = 2
      N0(1) = N1
      N0(2) = N2
      DO 789 I = 1,NM
      DO 789 J = 1,NM
      II = N0(I)
      JJ = N0(J)
789   A(I,J) = WWW(NW,II,JJ)
      CALL JACOBI(NM,A,EE,SS,NT,BB,ZZ)
      E1 = EE(1)
      E2 = EE(2)
      DO 779 I = 1,NM
      II = N0(I)
      E(NW1,II) = EE(I)
      DO 769 J = 1,NM
      JJ = N0(J)
769   B(1,JJ,II) = SS(J,I)
779   CONTINUE
      CALL HBC
      RETURN
      END
      SUBROUTINE SS3(NW,WWW,N1,N2,N3,E1,E2,E3)
      IMPLICIT DOUBLE PRECISION (A - H,O - Z)
      EXTERNAL WWW
      DIMENSION A(3,3),EE(3),SS(3,3),BB(3),ZZ(3),N0(3)
      COMMON/N/NS,IJK,JF
```

```
      COMMON/E/E0(4),W(4,4),WN(4,4)
      COMMON/B/E(10,4),B(10,4,4)
      DO 77 J = 1,IJK
      DO 77 K = 1,IJK
      B(1,J,K) = 0.D0
      IF(J.EQ.K) B(1,J,K) = 1.D0
77    CONTINUE
      NW1 = NW + 1
      NM = 3
      N0(1) = N1
      N0(2) = N2
      N0(3) = N3
      DO 789 I = 1,NM
      DO 789 J = 1,NM
      II = N0(I)
      JJ = N0(J)
789   A(I,J) = WWW(NW,II,JJ)
      CALL JACOBI(NM,A,EE,SS,NT,BB,ZZ)
      E1 = EE(1)
      E2 = EE(2)
      E3 = EE(3)
      DO 779 I = 1,NM
      II = N0(I)
      E(NW1,II) = EE(I)
      DO 769 J = 1,NM
      JJ = N0(J)
769   B(1,JJ,II) = SS(J,I)
779   CONTINUE
      CALL HBC
      RETURN
      END
      SUBROUTINE SS4(NW,WWW,N1,N2,N3,N4,E1,E2,E3,E4)
      IMPLICIT DOUBLE PRECISION (A - H,O - Z)
      EXTERNAL WWW
```

```
      DIMENSION A(4,4),EE(4),SS(4,4),BB(4),ZZ(4),N0(4)
      COMMON/N/NS,IJK,JF
      COMMON/E/E0(4),W(4,4),WN(4,4)
      COMMON/B/E(10,4),B(10,4,4)
      DO 77 J = 1,IJK
      DO 77 K = 1,IJK
      B(1,J,K) = 0.D0
      IF(J.EQ.K) B(1,J,K) = 1.D0
77    CONTINUE
      NM = 4
      NW1 = NW + 1
      N0(1) = N1
      N0(2) = N2
      N0(3) = N3
      N0(4) = N4
      DO 789 I = 1,NM
      DO 789 J = 1,NM
      II = N0(I)
      JJ = N0(J)
789   A(I,J) = WWW(NW,II,JJ)
      CALL JACOBI(NM,A,EE,SS,NT,BB,ZZ)
      E1 = EE(1)
      E2 = EE(2)
      E3 = EE(3)
      E4 = EE(4)
      DO 779 I = 1,NM
      II = N0(I)
      E(NW1,II) = EE(I)
      DO 769 J = 1,NM
      JJ = N0(J)
769   B(1,JJ,II) = SS(J,I)
779   CONTINUE
      CALL HBC
      RETURN
```

```
            END
            SUBROUTINE SS5(NW,WWW,N1,N2,N3,N4,N5,
      *     E1,E2,E3,E4,E5)
            IMPLICIT DOUBLE PRECISION (A - H,O - Z)
            EXTERNAL WWW
            DIMENSION A(5,5),EE(5),SS(5,5),BB(5),ZZ(5),N0(5)
            COMMON/N/NS,IJK,JF
            COMMON/E/E0(4),W(4,4),WN(4,4)
            COMMON/B/E(10,4),B(10,4,4)
            DO 77 J = 1,IJK
            DO 77 K = 1,IJK
            B(1,J,K) = 0.D0
            IF(J.EQ.K) B(1,J,K) = 1.D0
77          CONTINUE
            NM = 5
            NW1 = NW + 1
            N0(1) = N1
            N0(2) = N2
            N0(3) = N3
            N0(4) = N4
            N0(5) = N5
            DO 789 I = 1,NM
            DO 789 J = 1,NM
            II = N0(I)
            JJ = N0(J)
789         A(I,J) = WWW(NW,II,JJ)
            CALL JACOBI(NM,A,EE,SS,NT,BB,ZZ)
            E1 = EE(1)
            E2 = EE(2)
            E3 = EE(3)
            E4 = EE(4)
            E5 = EE(5)
            DO 779 I = 1,NM
            II = N0(I)
```

```
          E(NW1,II) = EE(I)
          DO 769 J = 1,NM
          JJ = N0(J)
769       B(1,JJ,II) = SS(J,I)
779       CONTINUE
          CALL HBC
          RETURN
          END
          SUBROUTINE SS6(NW,WWW,N1,N2,N3,N4,N5,N6,
         *E1,E2,E3,E4,E5,E6)
          IMPLICIT DOUBLE PRECISION (A-H,O-Z)
          EXTERNAL WWW
          DIMENSION A(6,6),EE(6),SS(6,6),BB(6),ZZ(6),N0(6)
          COMMON/N/NS,IJK,JF
          COMMON/E/E0(4),W(4,4),WN(4,4)
          COMMON/B/E(10,4),B(10,4,4)
          DO 77 J = 1,IJK
          DO 77 K = 1,IJK
          B(1,J,K) = 0.D0
          IF(J.EQ.K) B(1,J,K) = 1.D0
77        CONTINUE
          NM = 6
          NW1 = NW + 1
          N0(1) = N1
          N0(2) = N2
          N0(3) = N3
          N0(4) = N4
          N0(5) = N5
          N0(6) = N6
          DO 789 I = 1,NM
          DO 789 J = 1,NM
          II = N0(I)
          JJ = N0(J)
789       A(I,J) = WWW(NW,II,JJ)
```

```
        CALL JACOBI(NM,A,EE,SS,NT,BB,ZZ)
        E1 = EE(1)
        E2 = EE(2)
        E3 = EE(3)
        E4 = EE(4)
        E5 = EE(5)
        E6 = EE(6)
        DO 779 I = 1,NM
        II = NO(I)
        E(NW1,II) = EE(I)
        DO 769 J = 1,NM
        JJ = NO(J)
769     B(1,JJ,II) = SS(J,I)
779     CONTINUE
        CALL HBC
        RETURN
        END

        DOUBLE PRECISION FUNCTION DWE(M,N)
        IMPLICIT DOUBLE PRECISION (A - H,O - Z)
        COMMON/E/E0(4),W(4,4),WN(4,4)
        COMMON/B/E(10,4),B(10,4,4)
        DWE = W(M,N)
        IF(M.EQ.N) DWE = W(M,N) - E(2,M)
        RETURN
        END

        DOUBLE PRECISION FUNCTION WWW(NW,M,N)
        IMPLICIT DOUBLE PRECISION (A - H,O - Z)
        COMMON/E/E0(4),W(4,4),WN(4,4)
        COMMON/B/E(10,4),B(10,4,4)
        COMMON/N/NS,IJK,JF
        EM = E0(M)
        EM1 = E(2,M)
        EM2 = E(3,M)
        EM3 = E(4,M)
```

```
              EM4 = E(5,M)
              IF(NW.NE.1) GOTO 901
              WWW = W(M,N)
              GOTO 999
       901    IF(NW.NE.2) GOTO 902
              WW2 = 0.D0
              DO 21 I1 = 1,IJK
              E1 = EM - E0(I1)
              IF(E1.EQ.0.D0) GOTO 21
              WW2 = WW2 + W(M,I1)*W(I1,N)/E1
       21     CONTINUE
              WWW = WW2
              GOTO 999
       902    IF(NW.NE.3) GOTO 903
              WW3 = 0.D0
              DO 31 I1 = 1,IJK
              E1 = EM - E0(I1)
              IF(E1.EQ.0.D0) GOTO 31
              S1 = W(M,I1)/E1
              IF(S1.EQ.0.D0) GOTO 31
              DO 32 I2 = 1,IJK
              E2 = EM - E0(I2)
              IF(E2.EQ.0.D0) GOTO 32
              S2 = DWE(I1,I2)*W(I2,N)/E2
              IF(S2.EQ.0.D0) GOTO 32
              WW3 = WW3 + S1*S2
       32     CONTINUE
       31     CONTINUE
              WWW = WW3
              GOTO 999
       903    IF(NW.NE.4) GOTO 904
              W41 = 0.D0
              W42 = 0.D0
              DO 41 I1 = 1,IJK
```

```
          E1 = EM - E0(I1)
          IF(E1.EQ.0.D0) GOTO 41
          S1 = W(M,I1)/E1
          IF(S1.EQ.0.D0) GOTO 41
          W41 = W41 - S1 * EM2 * W(I1,N)/E1
          DO 42 I2 = 1,IJK
          E2 = EM - E0(I2)
          IF(E2.EQ.0.D0) GOTO 42
          S2 = DWE(I1,I2)/E2
          IF(S2.EQ.0.D0) GOTO 42
          DO 43 I3 = 1,IJK
          E3 = EM - E0(I3)
          IF(E3.EQ.0.D0) GOTO 43
          S3 = DWE(I2,I3) * W(I3,N)/E3
          IF(S3.EQ.0.D0) GOTO 43
          W42 = W42 + S1 * S2 * S3
43        CONTINUE
42        CONTINUE
41        CONTINUE
          WWW = W41 + W42
          GOTO 999
904       IF(NW.NE.5) GOTO 905
          W51 = 0.D0
          W52 = 0.D0
          W53 = 0.D0
          W54 = 0.D0
          DO 51 I1 = 1,IJK
          E1 = EM - E0(I1)
          IF(E1.EQ.0.D0) GOTO 51
          S1 = W(M,I1)/E1
          IF(S1.EQ.0.D0) GOTO 51
          W51 = W51 - S1 * EM3 * W(I1,N)/E1
          DO 52 I2 = 1,IJK
          E2 = EM - E0(I2)
```

```
        IF(E2.EQ.0.D0) GOTO 52
        S2 = DWE(I1,I2)/E2
        IF(S2.EQ.0.D0) GOTO 52
        W52 = W52 - S1 * S2 * EM2/E1 * W(I2,N)
        W53 = W53 - S1 * S2 * EM2/E2 * W(I2,N)
        DO 53 I3 = 1,IJK
        E3 = EM - E0(I3)
        IF(E3.EQ.0.D0) GOTO 53
        S3 = DWE(I2,I3)/E3
        IF(S3.EQ.0.D0) GOTO 53
        DO 54 I4 = 1,IJK
        E4 = EM - E0(I4)
        IF(E4.EQ.0.D0) GOTO 54
        S4 = DWE(I3,I4) * W(I4,N)/E4
        IF(S4.EQ.0.D0) GOTO 54
        W54 = W54 + S1 * S2 * S3 * S4
54      CONTINUE
53      CONTINUE
52      CONTINUE
51      CONTINUE
        WWW = W51 + W52 + W53 + W54
        GOTO 999
905     IF(NW.NE.6) GOTO 999
        W61 = 0.D0
        W62 = 0.D0
        W63 = 0.D0
        W64 = 0.D0
        W65 = 0.D0
        W66 = 0.D0
        W67 = 0.D0
        W68 = 0.D0
        DO 61 I1 = 1,IJK
        E1 = EM - E0(I1)
        IF(E1.EQ.0.D0) GOTO 61
```

```
       S1 = W(M,I1)/E1
       IF(S1.EQ.0.D0) GOTO 61
       W61 = W61 - S1 * EM4 * W(I1,N)/E1
       W62 = W62 + S1 * EM2/E1 * EM2 * W(I1,N)/E1
       DO 62 I2 = 1,IJK
       E2 = EM - E0(I2)
       IF(E2.EQ.0.D0) GOTO 62
       S2 = DWE(I1,I2)/E2
       IF(S2.EQ.0.D0) GOTO 62
       W63 = W63 - S1 * EM3/E1 * S2 * W(I2,N)
       W64 = W64 - S1 * S2 * EM3/E2 * W(I2,N)
       DO 63 I3 = 1,IJK
       E3 = EM - E0(I3)
       IF(E3.EQ.0.D0) GOTO 63
       S3 = DWE(I2,I3)/E3
       IF(S3.EQ.0.D0) GOTO 63
       W65 = W65 - S1 * EM2/E2 * S2 * S3 * W(I3,N)
       W66 = W66 - S1 * EM2/E1 * S2 * S3 * W(I3,N)
       W67 = W67 - S1 * S2 * S3 * EM2/E3 * W(I3,N)
       DO 64 I4 = 1,IJK
       E4 = EM - E0(I4)
       IF(E4.EQ.0.D0) GOTO 64
       S4 = DWE(I3,I4)/E4
       IF(S4.EQ.0.D0) GOTO 64
       DO 65 I5 = 1,IJK
       E5 = EM - E0(I5)
       IF(E5.EQ.0.D0) GOTO 65
       S5 = DWE(I4,I5) * W(I5,N)/E5
       IF(S5.EQ.0.D0) GOTO 65
       W68 = W68 + S1 * S2 * S3 * S4 * S5
65     CONTINUE
64     CONTINUE
63     CONTINUE
62     CONTINUE
```

```
61      CONTINUE
        WWW = W61 + W62 + W63 + W64 + W65 + W66 + W67 + W68
999     CONTINUE
        RETURN
        END
```

使用说明

(1) 子程序语句

SUBROUTINE WYL

(2) 输入参数

NNN　　欲求解微扰级数。

IJK　　方程的阶数。

JF　　欲求解能级的简并度（JF ≤ 6）。

N1,N2,N3,N4,N5,N6　　欲求解能级的编号。

上述输入参数均为整变量。

(3) 所调用的子程序

JACOBI　　求解本征问题的雅可比程序。

10.3.2 应用举例

例题 10.1 已知非线性谐振子的哈密顿算符为

$$\hat{H} = -\frac{\hbar^2}{2\mu}\frac{d^2}{dx^2} + \frac{1}{2}\mu\omega^2 x^2 + \frac{\lambda}{2}\mu\omega^2 x^k$$

其中，λ 为一小量，k 为正整数，为简捷起见，设 $\mu = \omega = \hbar = 1$。取模型空间维数为 $M_p = 20$，利用 WRL 程序计算 $\hat{H}$ 的本征解。

解　利用 8.4 节给出的 x^k 阵元公式可算出 $\hat{W}$ 的阵元值，进而可利用微扰论的通用程序得到非线性谐振子的各级近似解。

当 $k = 1,2$ 时，经适当的变数变换，其 $\hat{H}$ 的本征方程可化成线谐振子的方程，从而也可以严格求解。将 $k = 1,2$ 时由递推公式计算的结果与严格解作比较，发现计算结果可收敛于严格解，这恰好是递推公式和计算方法的有效性的一个检验。

对计算精度的要求是，第 m 级与 $m-2$ 级近似能量的相对误差 $\Delta \leqslant 10^{-6}$，微扰修正最高算到 15 级。

表 10.1 列出了 $k = 1、2, \lambda = 0.1、0.5$ 的各态严格能量 E_n 与收敛时第 m 级近似能量 E_n^m 的值。由表 10.1 可见，当 $k = 1, \lambda = 0.1、0.5$ 时，前 5 个态的近似能量均在第 5 级时收敛到严格解；当 $k = 2, \lambda = 0.1$ 时，在第 7 级收敛到严格解；

而当 $k = 2, \lambda = 0.5$ 时,则需要作到第 14 级。

表 10.1 非线性谐振子的严格解 E_n 与近似解 E_n^m

k	λ	n	0	1	2	3	4
1	0.1	E_n	0.49875	1.49875	2.49875	3.49875	4.49875
		E_n^m	0.49875	1.49875	2.49875	3.49875	4.49875
		m	5	5	5	5	5
	0.5	E_n	0.46875	1.46875	2.46875	3.46875	4.46875
		E_n^m	0.46875	1.46875	2.46875	3.46875	4.46875
		m	5	5	5	5	5
2	0.1	E_n	0.5244044	1.573213	2.622022	3.670831	4.719640
		E_n^m	0.5244043	1.573213	2.622022	3.670831	4.719640
		m	7	7	7	7	7
	0.5	E_n	0.6123725	1.837117	3.061862	4.286607	5.511352
		E_n^m	0.6123726	1.837117	3.061863	4.286608	5.511352
		m	14	14	14	14	14

表 10.2 列出 M_p 从 5 到 30 的计算结果。由表 10.2 可以看到,随着 n 增大,要求 M_p 增大,这是由于 W 阵元的选择定则所要求的,在 $n \leqslant 4, m < 10$ 时,取 $M_p = 25$ 足够了。

表 10.2 $k = 2, \lambda = 1, 2$ 时非线性谐振子的近似解 E_n^m 与 M_p 的关系

M_p		$n = 0$	$n = 1$	$n = 2$	$n = 3$	$n = 4$
5	E_n^m	0.5244042	1.57321	2.622030	3.67678	
10	E_n^m	0.5244043	1.57321	2.622022	3.67083	4.719640
20	E_n^m	0.5244043	1.57321	2.622022	3.67083	4.719640
25	E_n^m	0.5244044	1.57321	2.622022	3.67083	4.719640
30	E_n^m	0.5244044	1.57321	2.622022	3.67083	4.719640
	E_n	0.5244044	1.57321	2.622022	3.67083	4.719640
M_p		$n = 5$	$n = 6$	$n = 7$	$n = 8$	$n = 9$
10	E_n^m	5.768449	6.81736	7.866233	8.94156	9.996291
20	E_n^m	5.768449	6.81725	7.866069	8.91486	9.963707
25	E_n^m	5.768449	6.81725	7.866069	8.91486	9.963684
30	E_n^m	5.768449	6.81725	7.866066	8.97487	9.963684
	E_n	5.768448	6.81725	7.866066	8.91487	9.963684

综上所述,将本节给出的无简并微扰公式的递推形式用于处理非线性谐振子,在微扰计算收敛的情况下,可以得到高级近似解,直至在给定的精度下得到与严格解一致的结果。

例题 10.2 已知无微扰的哈密顿算符 $\hat{H}_0$ 与微扰算符 $\hat{W}$ 的矩阵形式分别为

$$\hat{H}_0 = \begin{pmatrix} 1 & 0 & 0 & 0 \\ 0 & 1 & 0 & 0 \\ 0 & 0 & 1 & 0 \\ 0 & 0 & 0 & 4 \end{pmatrix}, \quad \hat{W} = \begin{pmatrix} 0 & 0 & 0.1 & 0.2 \\ 0 & 0.1 & 0 & 0.3 \\ 0.1 & 0 & 0 & 0 \\ 0.2 & 0.3 & 0 & 0.4 \end{pmatrix}$$

应用 WRL 程序对其进行数值计算到 6 级近似。

```
        PROGRAM TWRL
        IMPLICIT DOUBLE PRECISION (A – H, O – Z)
        COMMON/C/N00(6)
        COMMON/A/EE(4)
        COMMON/B/E(10,4), B(10,4,4)
        COMMON/N/NS, IJK, JF
        COMMON/D/N1, N2, N3, N4, N5, N6
        COMMON/E/E0(4), W(4,4), WN(4,4)
        OPEN(2, FILE = 'DT.DAT')
777     CONTINUE
        WRITE( * , 2)
2       FORMAT(2X, 'NNN, IJK = ?')
        READ( * , 3) NNN, IJK
3       FORMAT(2I5)
        IF(NNN.EQ.0.AND.IJK.EQ.0) GOTO 888
        WRITE(2,1) NNN, IJK
1       FORMAT(2X, 'NNN, IJK = ', 2I3)NS = NNN + 1
1111    CALL SEW
        IF(W(1,1).EQ.0.D0.AND.W(2,2).EQ.0.D0.AND.
     *  W(3,3).EQ.0.D0.AND.W(4,4).EQ.0.D0.AND.
     *  W(1,2).EQ.0.D0.AND.W(1,3).EQ.0.D0.AND.
     *  W(1,4).EQ.0.D0.AND.W(2,3).EQ.0.D0.
     *  AND.W(2,4).EQ.0.D0.AND.W(3,4).EQ.0.D0)
     *  GOTO 777
```

第10章 递推与迭代

```
2222    WRITE(*,4)
4       FORMAT(2X,'JF,N1,N2,N3,N4,N5,N6 = ?')
        READ(*,5) JF,N1,N2,N3,N4,N5,N6
5       FORMAT(7I5)
        IF(JF.EQ.0.OR.JF.GT.6) GOTO 1111
        WRITE(*,6) JF,N1,N2,N3,N4,N5,N6
        WRITE(2,6) JF,N1,N2,N3,N4,N5,N6
6       FORMAT(2X,'JF = ',I2,4X,'N1,N2,N3,N4,N5,N6 = ',6I5)
        DO 10 I = 1,NS
        DO 10 J = 1,IJK
        E(I,J) = 0.D0
        DO 11 K = 1,IJK
        B(I,J,K) = 0.D0
        IF(J.EQ.K.AND.I.EQ.1) B(I,J,K) = 1.D0
11      CONTINUE
10      CONTINUE
        N00(1) = N1
        N00(2) = N2
        N00(3) = N3
        N00(4) = N4
        N00(5) = N5
        N00(6) = N6
        CALL WRL
        GOTO 2222
888     CONTINUE
        STOP
        END
```

计算结果

```
NNN,IJK =     6    4
E0(4) =     1.0000000   1.0000000   1.0000000   4.0000000
W(4,4) =     .0000000    .0000000    .1000000    .2000000
W(4,4) =     .0000000    .1000000    .0000000    .3000000
W(4,4) =     .1000000    .0000000    .0000000    .0000000
W(4,4) =     .2000000    .3000000    .0000000    .4000000
```

E =	.893276434040E + 00	.106812366977E + 01
E =	.110000000000E + 01	.443859989619E + 01
JF = 3 N1,N2,N3,N4,N5,N6 = 1	2 3 0 0 0	
E(NS,N1) =	.100000000000E + 01	−.100000000000E + 00
E(NS,N1) =	−.666666666667E − 02	−.111111111111E − 03
E(NS,N1) =	.537037037037E − 04	.138888888889E − 05
E(NS,N1) =	−.879115226337E − 06	
E(NS,N2) =	.100000000000E + 01	.100000000000E + 00
E(NS,N2) =	−.366666666667E − 01	.488888888889E − 02
E(NS,N2) =	.203703703704E − 04	−.140895061728E − 03
E(NS,N2) =	.210889917695E − 04	
E(NS,N3) =	.100000000000E + 01	.100000000000E + 00
E(NS,N3) =	.000000000000E + 00	.000000000000E + 00
E(NS,N3) =	.000000000000E + 00	.000000000000E + 00
E(NS,N3) =	.000000000000E + 00	
EN1,ED =	.893276435700E + 00	.165940805541E − 08
EN2,ED =	.106812278652E + 01	.883245994121E − 06
EN3,ED =	.110000000000E + 01	.000000000000E + 00
JF = 1 N1,N2,N3,N4,N5,N6 = 4	0 0 0 0 0	
E(NS,N1) =	.400000000000E + 01	.400000000000E + 00
E(NS,N1) =	.433333333333E − 01	−.477777777778E − 02
E(NS,N1) =	−.740740740741E − 04	.139506172840E − 03
E(NS,N1) =	−.202098765432E − 04	
EN,ED =	.443860077778E + 01	.881586585955E − 06

上述结果表明,当计算到6级近似时,近似能量的误差小于10^{-6}。

例题 10.3 利用 WRL 程序计算氢原子的斯塔克(Stark)效应。

解 不顾及电子的自旋,为保证简并度 JF 不大于6,选处于 Z 方向强度为 B_0 的均匀外磁场中的氢原子的哈密顿为 $\hat{H}_0$,即

$$\hat{H}_0 = -\frac{\hbar^2}{2\mu}\nabla^2 - \frac{e^2}{r} - \frac{eB_0}{2\mu c}\hat{L}_z$$

$\hat{H}_0$ 满足的本征方程

$$\hat{H}_0|nlm\rangle = E_{nm}^0|nlm\rangle$$

的解与氢原子的解类似,只不过能量本征值的表达式稍有变化,应改为

$$E_{nm}^0 = -\frac{e^2}{2an^2} - Gm$$

式中

$$G = \frac{eB_0\hbar}{2\mu c} \text{ (eV)}$$

加上 Z 方向强度为 ε 的均匀电场作为微扰

$$\hat{W} = -e\varepsilon r\cos\theta \equiv Dr\cos\theta$$

微扰矩阵元

$$W_{nlm,n'l'm'} = Dr_{nl,n'l'}(\cos\theta)_{lm,l'm'}$$

$$D = -e\varepsilon \text{ (eV)}$$

其中,$(\cos\theta)_{lm,lnmn}$ 与 $r_{nl,n'l}$ 的表达式已在 8.5 节中给出。

取 $G = 0.1$ eV,$D = 0.001$ eV,将氢原子斯塔克效应的前 30 条能级的精确解 E_{N_0} 及微扰论结果的相对误差 ΔE_{N_0} 列于表 10.3。

表 10.3 氢原子斯塔克效应前 30 条能级的 ΔE_{N_0} 与 E_{N_0}
$G = 0.1$ eV $D = 0.001$ eV

N_0	n	l	m	ΔE_{N_0}	E_{N_0}
1	1	0	0	$-0.136057E02$	0.
2	2	0	0	$-0.340301E01$	$0.444089E-15$
3	2	1	-1	$-0.330143E01$	$0.444089E-15$
4	2	1	0	$-0.339984E01$	0.
5	2	1	1	$-0.350143E01$	$0.444056E-15$
6	3	0	0	$-0.151651E01$	$0.222045E-15$
7	3	1	-1	$-0.141413E01$	0.
8	3	1	0	$-0.150699E01$	0.
9	3	1	1	$-0.161413E01$	0.
10	3	2	-2	$-0.131175E01$	$0.222045E-15$
11	3	2	-1	$-0.140937E01$	$0.222045E-15$
12	3	2	0	$-0.151175E01$	0.
13	3	2	1	$-0.160937E01$	$0.222045E-15$
14	3	2	2	$-0.171175E01$	$0.222045E-15$
15	4	0	0	$-0.859919E00$	$0.153322E-12$

续表 10.3

N_0	n	l	m	ΔE_{N_0}	E_{N_0}
16	4	1	-1	-.0756745E00	0.748290E-13
17	4	1	0	-0.840867E00	0.148770E-12
18	4	1	1	-0.956745E00	0.748290E-13
19	4	2	-2	-0.653569E00	0.263123E-13
20	4	2	-1	-0.744044E00	0.736078E-13
21	4	2	0	-0.847223E00	0.162093E-13
22	4	2	1	-0.944044E00	0.736078E-13
23	4	2	2	-0.105357E01	0.264233E-13
24	4	3	-3	-0.550388E00	0.111022E-15
25	4	3	-2	-0.647218E00	0.264233E-13
26	4	3	-1	-0.750400E00	0.666134E-15
27	4	3	0	-0.853574E00	0.149880E-13
28	4	3	1	-0.950400E00	0.666134E-15
29	4	3	2	-0.104722E01	0.268674E-13
30	4	3	3	-0.115039E01	0.

上述结果表明,微扰论递推公式的计算结果能以任意精度逼近严格解。

进而还可以考察微扰项的大小对结果的影响,计算结果表明,随着微扰项的增大,计算误差将逐渐变大。

众所周知,氢原子基是原子物理中最常用的基底,我们在这个基下进行了微扰论的计算,所得结果与精确解完全一致,既表明了递推公式的正确性,也验证了通用程序的适用性。

10.4 最陡下降法

在变分法的基础上,1987 年肖斯洛斯基(Cioslowski)首先建立了无简并基态的最陡下降理论,后来,文根旺将其推广到激发态与简并态。我们曾将其应用到里坡根(Lipkin)二能级可解模型,计算结果表明,它也是量子理论近似计算的一个有力工具,具有较高的应用价值。与通常的变分法相比,它给出了选择试探波函数的一般原则,并且可以进行迭代计算,直至达到满意的精度为止。总之，最陡下降法克服了变分法的一个主要缺点，将变分法推进到更加实用的高度。

本节只介绍无简并的基态与激发态的最陡下降理论。

10.4.1 无简并基态的最陡下降理论

设量子体系的哈密顿算符可以写为

$$\hat{H} = \hat{H}_0 + \hat{W} \tag{1}$$

这里并不要求 $\hat{W}$ 为微扰项。$\hat{H}$ 满足的定态薛定谔方程为

$$\hat{H}|\Psi_i\rangle = E_i|\Psi_i\rangle$$

若 $\hat{H}_0$ 的解已知，且无简并，即

$$\hat{H}_0|\varphi_i\rangle = E_i^0|\varphi_i\rangle \tag{2}$$

假设 $E_i^0(i=1,2,3,\cdots)$ 已按从小到大次序排列。

初始试探波函数 $|\Psi_1\rangle^{(0)}$ 可有不同的选择，只要 $\{|\varphi_i\rangle\}$ 为一组正交归一完备的基底即可，故式(1)与式(2)的要求并不是必须的。为了计算基态的近似解，不妨用 $|\varphi_1\rangle$ 作为基态的初始试探波函数，即

$$|\Psi_1\rangle^{(0)} = |\varphi_1\rangle \tag{3}$$

能量一级近似为

$$E_1^{(1)} = {}^{(0)}\langle\Psi_1|\hat{H}|\Psi_1\rangle^{(0)} = \langle\varphi_1|\hat{H}|\varphi_1\rangle \tag{4}$$

引入

$$|\psi_1\rangle = \hat{q}_1 \hat{H}|\Psi_1\rangle^{(0)} \tag{5}$$

其中，$\hat{q}_1 = 1 - |\Psi_1\rangle^{(0)\,(0)}\langle\Psi_1|$ 为去 $|\Psi_1\rangle^{(0)}$ 态矢投影算符。由其定义可知，它的作用是将态矢投影到 $|\Psi_1\rangle^{(0)}$ 之外的空间，故在 $|\psi_1\rangle$ 中不含有 $|\Psi_1\rangle^{(0)}$ 的分量。

令波函数一级近似为

$$|\Psi_1\rangle^{(1)} = C[|\Psi_1\rangle^{(0)} + \alpha|\psi_1\rangle] \tag{6}$$

其中，α 为变分参数，C 为归一化常数。由归一化条件知

$$C = [1 + \alpha^2\langle\psi_1|\psi_1\rangle]^{-1/2} \tag{7}$$

为简单计，对任意算符 $\hat{F}$ 引入记号

$$\bar{F}_i = {}^{(0)}\langle\Psi_i|\hat{F}|\Psi_i\rangle^{(0)} \tag{8}$$

其中下标 i 表示操作是对第 i 个态进行的，当 $i=1$ 时为基态。经过简单的计算可知

$${}^{(0)}\langle\Psi_1|\hat{H}|\Psi_1\rangle^{(0)} = \bar{H}_1, \quad {}^{(0)}\langle\Psi_1|\hat{H}|\psi_1\rangle = \overline{H_1^2} - (\overline{H_1})^2$$

$$\langle\psi_1|\hat{H}|\Psi_1\rangle^{(0)} = \overline{H_1^2} - (\overline{H_1})^2, \quad \langle\psi_1|\psi_1\rangle = \overline{H_1^2} - (\overline{H_1})^2$$

$$\langle\psi_1|\hat{H}|\psi_1\rangle = \overline{H_1^3} - 2\overline{H_1^2}\overline{H_1} + (\overline{H_1})^3 \tag{9}$$

含变分参数 α 的能量二级近似为

$$E_1^{(2)}(\alpha) = {}^{(1)}\langle\Psi_1|\hat{H}|\Psi_1\rangle^{(1)} = \overline{H_1} + \langle\psi_1|\psi_1\rangle^{1/2} f(t) \tag{10}$$

其中

$$f(t) = (2t + bt^2)/(1 + t^2)$$
$$b = \langle\psi_1|\psi_1\rangle^{-3/2}[\langle\psi_1|\hat{H}|\psi_1\rangle - \langle\psi_1|\psi_1\rangle\overline{H_1}]$$
$$t = \alpha\langle\psi_1|\psi_1\rangle^{1/2} \tag{11}$$

式(10)给出了能量的二级近似与变分参数的关系,将其对变量 t 求偏导可知,当 $t = [b - (b^2+4)^{1/2}]/2$ 时,$f(t)$ 取极小值。此时,对应的变分参数 α 为

$$\alpha = \frac{1}{2}[b - (b^2+4)^{1/2}]\langle\psi_1|\psi_1\rangle^{1/2} \tag{12}$$

将其代入式(10)和(6),于是得到能量的二级近似和波函数的一级近似结果

$$E_1^{(2)} = \overline{H_1} - \langle\psi_1|\psi_1\rangle^{1/2}[(b^2+4)^{1/2} - b]/2$$
$$|\Psi_1\rangle^{(1)} = C[|\Psi_1\rangle^{(0)} + \alpha|\psi_1\rangle] \tag{13}$$

至此,由变分原理求出了基态能量的二级近似 $E_1^{(2)}$ 及波函数的一级近似 $|\Psi_1\rangle^{(1)}$。

然后,用已经求出的 $|\Psi_1\rangle^{(1)}$ 代替初始试探波函数 $|\Psi_1\rangle^{(0)}$ 重复上面步骤,继续做下去,直至 $E_1^{(n)}$ 与 $E_1^{(n+1)}$ 的相对误差满足给定的精度要求为止,就得到在相应精度之下基态的近似解 $\bar{E}_1$ 与 $|\Phi_1\rangle$。

需要特别指出的是,保证在迭代过程中近似能量本征值不断下降的条件

$$\langle\psi_1|\psi_1\rangle^{1/2}[(b^2+4)^{1/2} - b] \geq 0 \tag{14}$$

确实是成立的。如此做下去,原则上,在给定的精度下可以得到与严格解完全一致的结果。

10.4.2 无简并激发态的最陡下降理论

设第 $i(\neq 1)$ 个态的前 $k(=i-1)$ 个态 $|\Phi_j\rangle(j=1,2,\cdots k)$ 已由最陡下降理论求得,满足与前 k 个态正交的初始试探波函数应为

$$|\Psi_i\rangle^{(0)} = C_i[|\varphi_i\rangle - \sum_{j=1}^{k}|\Phi_j\rangle\langle\Phi_j|\varphi_i\rangle] \tag{15}$$

其中归一化常数

$$C_i = [1 - \sum_{j=1}^{k}\langle\Phi_j|\varphi_i\rangle^2]^{-1/2} \tag{16}$$

类似基态引入

$$|\psi_i\rangle = \hat{q}_i\hat{H}|\Psi_i\rangle^{(0)} \tag{17}$$

其中

$$\hat{q}_i = 1 - |\Psi_i\rangle^{(0)}{}^{(0)}\langle\Psi_i| - \sum_{j=1}^{k}|\Phi_j\rangle\langle\Phi_j| \tag{18}$$

此时

$$\langle\psi_i|\psi_i\rangle = \overline{H_i^2} - (\overline{H}_i)^2 - \sum_{j=1}^{k}{}^{(0)}\langle\Psi_i|\hat{H}|\Phi_j\rangle\langle\Phi_j|\hat{H}|\Psi_i\rangle^{(0)} \tag{19}$$

$$\langle\psi_i|\hat{H}|\psi_i\rangle = \overline{H_i^3} - 2\overline{H_i^2}\,\overline{H}_i - (\overline{H}_i)^3 - 2\sum_{j=1}^{k}{}^{(0)}\langle\Psi_i|\hat{H}^2|\Phi_j\rangle\langle\Phi_j|\hat{H}|\Psi_i\rangle^{(0)} +$$

$$2\overline{H}_i\sum_{j=1}^{k}{}^{(0)}\langle\Psi_i|\hat{H}|\Phi_j\rangle\langle\Phi_j|\hat{H}|\Psi_i\rangle^{(0)} +$$

$$\sum_{j=1}^{k}\sum_{l=1}^{k}{}^{(0)}\langle\Psi_i|\hat{H}|\Phi_j\rangle\langle\Phi_j|\hat{H}|\Phi_l\rangle\langle\Phi_l|\hat{H}|\Psi_i\rangle^{(0)} \tag{20}$$

对激发态而言，除了 $\hat{q}_i$ 及上述两个表达式与基态不同而外，其他公式在形式上与基态相同，重复类似的计算可由低到高逐个得到激发态的结果，直至任意激发态。

对非简谐振子和里坡根模型的计算结果表明，基态的计算结果可以所要求的精度逼近严格解；激发态的计算结果与严格解的相对误差随 n 的增加而变大。在计算高激发态时，要求其零级试探波函数与所有比其低的态正交，由于计算中用低激发态的近似解代替严格解，这样一来，必将把低激发态的计算误差带到高激发态，使得误差的积累影响了高激发态的近似程度。

综上所述，最陡下降理论应用于非简谐振子和里坡根模型的计算是成功的，说明该理论的主体思想是可行的。与微扰论的计算结果比较，由于该方案不必附加 $\hat{W}$ 作用小于 $\hat{H}_0$ 的限制条件，因此，在对基态进行近似计算时，最陡下降理论比微扰论具有更广泛的应用前景。

10.4.3 计算程序与例题

最陡下降法计算无简并态的子程序 ZDM

```
      SUBROUTINE ZDM(N,MM,NM,NEPS,HH,
     * BB,B0,B1,B2,C)
      IMPLICIT DOUBLE PRECISION (A-H,O-Z)
      DIMENSION HH(MM,MM),B0(MM),B1(MM),
     * B2(MM),BB(MM,MM),C(MM)
      DO 105 I = 1,MM
      B0(I) = 0.D0
```

```
            B1(I) = 0.D0
            B2(I) = 0.D0
            C(I) = 0.D0
            IF(I.EQ.N) B1(I) = 1.D0
            IF(I.EQ.N) B0(I) = 1.D0
105         CONTINUE
            N1 = N - 1
            MMM = 1
999         CONTINUE
            IF(N.EQ.1) GOTO 222
            S = 0.D0
            DO 97 K = 1,NM
97          S = S + B0(K) * B0(K)
            SS = 0.D0
            DO 99 J = 1,N1
            DO 99 K = 1,NM
            DO 99 L = 1,NM
99          SS = SS + B0(K) * BB(K,J) * BB(L,J) * B0(L)
            SSS = 0.D0
            DO 98 I = 1,N1
            DO 98 J = 1,N1
            DO 98 K = 1,NM
            DO 98 L = 1,NM
            DO 98 M = 1,NM
98          SSS = SSS + B0(K) * BB(K,I) * BB(L,J) * B0(L) * BB(M,I) *
           * BB(M,J)
            CC = DSQRT(S - 2.D0 * SS + SSS)
            DO 91 K = 1,NM
            D1 = 0.D0
            DO 92 J = 1,N1
            DO 92 L = 1,NM
92          D1 = D1 + BB(K,J) * BB(L,J) * B0(L)
            B1(K) = (B0(K) - D1)/CC
91          CONTINUE
```

```
222     CONTINUE
        S1 = 0.D0
        DO 10 K = 1,NM
10      S1 = S1 + B1(K) * B1(K)
        E1 = 0.D0
        DO 20 K = 1,NM
        DO 20 L = 1,NM
        E1 = E1 + B1(K) * HH(K,L) * B1(L)
20      CONTINUE
        E1 = E1/S1
        DO 30 K = 1,NM
        C(K) = 0.D0
        C1 = 0.D0
        DO 40 LL = 1,NM
40      C1 = C1 + HH(K,LL) * B1(LL)
        C2 = B1(K) * E1 * S1
        C3 = 0.D0
        DO 42 J = 1,N1
        IF(N.EQ.1) GOTO 43
        DO 42 LL = 1,NM
        DO 42 KK = 1,NM
42      C3 = C3 + BB(K,J) * BB(LL,J) * HH(LL,KK) * B1(KK)
43      C(K) = C(K) + C1 - C2 - C3
30      CONTINUE
        S2 = 0.D0
        S3 = 0.D0
        DO 60 K = 1,NM
        S2 = S2 + B1(K) * C(K)
        S3 = S3 + C(K) * C(K)
60      CONTINUE
        S4 = 0.D0
        S5 = 0.D0
        DO 70 K = 1,NM
        DO 70 L = 1,NM
```

```
              S4 = S4 + B1(K) * HH(K,L) * C(L)
              S5 = S5 + C(K) * HH(K,L) * C(L)
70            CONTINUE
              A1 = S2 * S5 - S3 * S4
              A2 = S1 * S5 - E1 * S1 * S3
              A3 = S1 * S4 - E1 * S1 * S2
              A = (- A2 + DSQRT(A2 * A2 - 4.D0 * A1 * A3))/2.D0/A1
              SA = S1 + 2.D0 * S2 * A + S3 * A * A
              E2 = (E1 * S1 + 2.D0 * S4 * A + S5 * A * A)/SA
              DO 80 K = 1,NM
              B2(K) = (B1(K) + A * C(K))/DSQRT(SA)
80            CONTINUE
              DO 90 K = 1,NM
              B1(K) = B2(K)
              B0(K) = B2(K)
90            CONTINUE
              IF(DABS((E2 - E1)/E2).LE.10.D0 * *(N - NEPS)) GOTO 888
              MMM = MMM + 1
              GOTO 999
888           CONTINUE
              WRITE( * ,7) N,MMM,E2
              WRITE(2,7) N,MMM,E2
7             FORMAT(2X,'N,MMM,E2 = ',I3,2X,I3,5X,E15.7)
              DO 11,K = 1,NM
11            BB(K,N) = B2(K)
              RETURN
              END
```

使用说明

(1) 子程序语句
SUBROUTINE ZDM(N,MM,NM,NEPS,HH,BB,B0,B1,B2,C)

(2) 哑元说明

N   整变量,输入参数,待求的能级编号。

MM   整变量,输入参数,最大模型空间维数,NM ≤ 30。

NM   整变量,输入参数,模型空间的截断维数。

NEPS　　　整变量,输入参数,迭代误差控制数,保证能量相对误差不大于 $10^{(N-NEPS)}$。

HH　　　输入参数,30×30个元素的二维双精度数组,存放哈密顿算符的阵元。

B0,B1,B2,C,BB　　　工作数组,30×30个元素二维双精度数组,BB存放前 N-1 个能级对应的波函数。

例题 10.4　已知非线性谐振子的哈密顿算符为

$$\hat{H} = -\frac{\hbar^2}{2\mu}\frac{d^2}{dx^2} + \frac{1}{2}\mu\omega^2 x^2 + Ax^k$$

其中,λ 为一小量,k 为正整数,为简捷起见,设 $\mu = \omega = \hbar = 1$。利用无简并态的最陡下降法计算 $\hat{H}$ 的本征解,考察 A、k、M_p 的不同取值对计算结果的影响。

```
         PROGRAM TZDM
         IMPLICIT DOUBLE PRECISION (A - H, O - Z)
         COMMON/LNFJ/ SLNF(164), SLNJ(164)
         DIMENSION HH(30,30), BB(30,30),
       * B0(30), B1(30), B2(30), C(30)
         OPEN(2, FILE = 'DT.DAT')
         MM = 30
         CALL SLNN
999      WRITE(*,1)
1        FORMAT(2X,'K,MP,NEPS,A = ?')
         READ(*,2) K, MP, NEPS, A
2        FORMAT(3I5, F15.7)
         IF(K.EQ.0) STOP
         WRITE(2,3) K, MP, NEPS, A
3        FORMAT(2X,'K,MP,NEPS = ',3I3,5X,'A = ',F15.7)
         DO 20 I = 1, MP
         DO 20 J = 1, MP
20       HH(I,J) = OH(I - 1, J - 1, K, A, 1.D0)
         DO 100 N = 1, 5
         CALL ZDM(N, MM, MP, NEPS, HH, BB, B0, B1, B2, C)
         IF(K.NE.1) GOTO 200
         EN = N - 1.D0 + 0.5D0 - 0.5 * A * A
         GOTO 300
```

```
200      IF(K.NE.2) GOTO 100
         EN = DSQRT(2.D0 * A + 1.D0) * (N - 1.D0 + 0.5D0)
300      WRITE(2,4) N,K,MP,EN
         WRITE( * ,4) N,K,MP,EN
4        FORMAT(2X,'N,K,MP = ',3I3,5X,'EN = ',E15.7)
100      CONTINUE
         GOTO 999
         STOP
         END

         DOUBLE PRECISION FUNCTION OH(M,N,K,AA,A0)
         IMPLICIT DOUBLE PRECISION (A - H,O - Z)
         OH = AA * OHO(M,N,K,A0)
         IF(M.EQ.N) OH = OH + M + 0.5D0
         RETURN
         END
```

主程序中用到计算线谐振子基下 x^k 阵元的函数子程序 OHO。对 $k = 1,2$ 的计算结果分别列于表 10.4 和表 10.5 中。

表 10.4 $k = 1$ 时的计算结果

A	M_p	$n = 0$	$n = 1$	$n = 2$	$n = 3$	$n = 4$
0.01	10	0.4995	1.4999	2.4999	3.4999	4.4999
	20	0.4995	1.4999	2.4999	3.4999	4.4999
	30	0.4995	1.4999	2.4999	3.4999	4.4999
	E_n	0.4995	1.4999	2.4999	3.4999	4.4999
0.1	10	0.4950	1.4950	2.4950	3.4950	4.4950
	20	0.4950	1.4950	2.4950	3.4950	4.4950
	30	0.4950	1.4950	2.4950	3.4950	4.4950
	E_n	0.4950	1.4950	2.4950	3.4950	4.4950
1.0	10	0.0000	1.0000	2.0000	3.0004	4.0068
	20	0.0000	1.0000	2.0000	3.0000	4.0000
	30	0.0000	1.0000	2.0000	3.0000	4.0000
	E_n	0.0000	1.0000	2.0000	3.0000	4.0000
5.0	10	- 10.23	- 7.477	- 4.571	- 1.479	1.830
	20	- 11.90	- 10.57	- 9.029	- 7.302	- 5.429
	30	- 11.99	- 10.99	- 9.969	- 8.877	- 7.678
	E_n	- 12.00	- 11.00	- 10.00	- 9.000	- 8.000

表 10.5　$k=2$ 时的计算结果

A	M_p	$n=0$	$n=1$	$n=2$	$n=3$	$n=4$
0.01	10	0.50497	1.5149	2.5248	3.5348	4.5447
	20	0.50497	1.5149	2.5248	3.5348	4.5447
	30	0.50497	1.5149	2.5248	3.5348	4.5447
	E_n	0.50497	1.5149	2.5248	3.5348	4.5447
0.1	10	0.54772	1.6431	2.7386	3.8340	4.9295
	20	0.54772	1.6431	2.7386	3.8340	4.9295
	30	0.54772	1.6431	2.7386	3.8340	4.9295
	E_n	0.54772	1.6431	2.7386	3.8340	4.9295
1.0	10	0.86603	2.5981	4.3335	6.0730	7.9266
	20	0.86602	2.5980	4.3301	6.0621	7.7942
	30	0.86602	2.5980	4.3301	6.0621	7.7942
	E_n	0.86602	2.5980	4.3301	6.0621	7.7942
5.0	10	1.67128	5.0671	9.0223	13.242	20.027
	20	1.65835	4.9754	8.3016	11.650	15.192
	30	1.65831	4.9749	8.2916	11.608	14.929
	E_n	1.65831	4.9749	8.2915	11.608	14.924

计算中取 NEPS = 15，E_n 为精确解，n 为能级量子数。

关于计算结果的讨论如下。

(1) 当 k 与 A 固定时，近似解与精确解的相对误差随 M_p 增大而减小，并且 M_p 增大时，近似能量减小，但不小于精确解。

(2) 当 M_p 固定时，迭代次数随 k 或 A 的增大而迅速增加，因为 k 或 A 增大时 $\hat{W}$ 的作用变强，$\hat{H}$ 的解会明显地偏离零级试探波函数，所以迭代次数增加。

(3) 当 k、A 与 M_p 固定时，计算结果与精确解的相对误差随 n 的增加而变大，在计算高激发态时，要求其零级试探波函数与所有比其低的态正交，由于计算中以低激发态的近似解替精确解，这样，必将低激发态的计算误差带到高激发态，使得误差的积累影响了高激发态的近似程度。

综上所述，最陡下降理论应用于非简谐振子的计算是成功的，说明该理论的主体思想是可行的，与微扰论的计算结果比较，该方案不必附加 $\hat{W}$ 作用小于 $\hat{H}_0$ 的限制条件，因此最陡下降理论比微扰论具有更广泛的应用前景。

10.5　透射系数的理论计算

前面讨论了求解束缚态的近似方法，本节讨论非束缚态问题。首先，导出一维任意多个阶梯势透射系数的递推计算公式,并将其推广应用到任意形状的位势,进而,利用它研究谐振隧穿现象及周期位的能带结构。

10.5.1 计算透射系数的递推公式

真空中质量为 m_1 能量为 E 的粒子从左方入射到如图 10.1 所示的 n 个一维阶梯位势上,其中,V_j、$d_j = x_j - x_{j-1}$ 与 m_j 分别为第 j 个位势的高度、宽度与有效质量,且 $m_1 = m_n$,$V_1 = V_n = 0$。

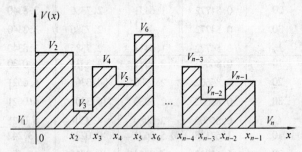

图 10.1 任意多个阶梯势

在 n 个区域内的波函数可以别写为

$$\varphi_1(x) = A_{1,1}e^{ik_1x} + A_{2,1}e^{-ik_1x} \tag{1}$$

$$\varphi_2(x) = A_{1,2}e^{ik_2x} + A_{2,2}e^{-ik_2x} \tag{2}$$

$$\vdots$$

$$\varphi_{n-2}(x) = A_{1,n-2}e^{ik_{n-2}x} + A_{2,n-2}e^{-ik_{n-2}x} \tag{3}$$

$$\varphi_{n-1}(x) = A_{1,n-1}e^{ik_{n-1}x} + A_{2,n-1}e^{-ik_{n-1}x} \tag{4}$$

$$\varphi_n(x) = A_{1,n}e^{ik_nx} \tag{5}$$

其中

$$k_j\hbar = \sqrt{2m_j(E - V_j)} \quad (j = 1,2,\cdots n) \tag{6}$$

显然,k_j 只能是实数或者纯虚数,而 $A_{1,j}$ 与 $A_{2,j}$ 分别为粒子在第 j 个区域的透射振幅与反射振幅。

在 x_j 界面处的连接条件应该写为

$$\begin{aligned} \psi_j(x_j) &= \psi_{j+1}(x_j) \\ m_{j+1}\psi'_j(x)\big|_{x=x_j} &= m_j\psi'_{j+1}(x)\big|_{x=x_j} \end{aligned} \tag{7}$$

利用式(4)、(5)与式(7),可以导出在 x_{n-1} 处的透射振幅 $A_{1,n-1}$ 与反射振幅 $A_{2,n-1}$ 分别为

$$A_{1,n-1} = \frac{1}{2}(1 + B_{n-1})e^{i(k_n - k_{n-1})x_{n-1}}A_{1,n}$$

$$A_{2,n-1} = \frac{1}{2}(1 - B_{n-1})e^{i(k_n + k_{n-1})x_{n-1}}A_{1,n} \tag{8}$$

其中

$$B_{n-1} = \frac{m_{n-1}k_n}{m_n k_{n-1}} \tag{9}$$

再利用式(3)、(4)与式(7),可以导出 $A_{1,n-2}$ 与 $A_{2,n-2}$ 的表达式,如此重复作下去,第 $j(j < n-1)$ 个界面处的透射与反射振幅为

$$A_{1,j} = \frac{1}{2}e^{-ik_j x_j}[e^{ik_{j+1}x_j}(1 + B_j)A_{1,j+1} + e^{-ik_{j+1}x_j}(1 - B_j)A_{2,j+1}]$$

$$A_{2,j} = \frac{1}{2}e^{ik_j x_j}[e^{ik_{j+1}x_j}(1 - B_j)A_{1,j+1} + e^{-ik_{j+1}x_j}(1 + B_j)A_{2,j+1}] \tag{10}$$

显然,式(10)具有明显的递推形式,从式(8)出发,反复利用式(10),直至求出 $A_{1,1}$ 与 $A_{2,1}$,从而得到反射系数 R 与透射系数 T 分别为

$$R = |A_{2,1}|^2 / |A_{1,1}|^2, \quad T = 1 - R \tag{11}$$

由于计算反射系数 R 时只用到 $|A_{2,1}|^2$ 与 $|A_{1,1}|^2$ 的比值,故未知的 $A_{1,n}$ 的存在不影响计算的进行。

以上公式适用于一维多阶梯位势,若在某区域内的位势不是常数,可将此区域再均分成若干个小区域,只要小区的个数足够大,就可以用该小区两端位势的平均值作为它的位势的近似值,于是仍可用上述递推公式进行计算,只不过总的阶梯位势的个数变多了而已。

10.5.2 计算一维阶梯势透射系数的程序

计算一维阶梯势透射系数的函数子程序 TSXS

```
      DOUBLE PRECISION FUNCTION TSXS(E)
      IMPLICIT DOUBLE PRECISION (A - H,O - Z)
      COMMON/A/ D(500),V(500),X(501),XM(502)
      COMMON/B/ DKR(502),DKI(502),AAR(2,501),AAI(2,501)
      COMMON/D/ V0,VN1
      COMMON/F/ N,EF,CCC
      N1 = N + 1
      N2 = N + 2
      DO 123 I = 1,N2
      CC = DSQRT(2.D0 * 9.1093897D0 * 1.602189D0 *
     * XM(I))/1.054589D0
      EI = E - V(I - 1)
```

```
              EN = E – VN1
              E0 = E – V0
              IF(I.NE.1) GOTO 111
              IF(E0.LT.0.D0) GOTO 112
              IF(E0.EQ.0.D0) GOTO 113
              DKR(I) = CC * DSQRT(E0)
              DKI(I) = 0.D0
              GOTO 123
       113    DKR(I) = 0.D0
              DKI(I) = 0.D0
              GOTO 123
       112    DKR(I) = 0.D0
              DKI(I) = CC * DSQRT(– E0)
              GOTO 123
       111    CONTINUE
              IF(I.NE.N2) GOTO 333
              IF(EN.LT.0.D0) GOTO 334
              IF(EN.EQ.0.D0) GOTO 335
              DKR(I) = CC * DSQRT(EN)
              DKI(I) = 0.D0
              GOTO 123
       335    DKR(I) = 0.D0
              DKI(I) = 0.D0
              GOTO 123
       334    DKR(I) = 0.D0
              DKI(I) = CC * DSQRT(– EN)
              GOTO 123
       333    CONTINUE
              IF(I.EQ.1.OR.I.EQ.N2) GOTO 123
              IF(EI.LT.0.D0) GOTO 222
              IF(EI.EQ.0.D0) GOTO 223
              DKR(I) = CC * DSQRT(EI)
              DKI(I) = 0.D0
              GOTO 123
```

```
223     DKR(I) = 0.D0
        DKI(I) = 0.D0
        GOTO 123
222     DKR(I) = 0.D0
        DKI(I) = CC * DSQRT(-EI)
123     CONTINUE
        CALL CDD(DKR(N2),DKI(N2),DKR(N1),
     *  DKI(N1),AR,AI,G)
        B0R = XM(N1)/XM(N2) * AR
        B0I = XM(N1)/XM(N2) * AI
        AAR(1,N1) = 1.D0 + B0R
        AAI(1,N1) = B0I
        AAR(2,N1) = 1.D0 - B0R
        AAI(2,N1) = -B0I
        M = N
        M1 = N1
999     CONTINUE
        CALL CDD(DKR(M1),DKI(M1),DKR(M),
     *  DKI(M),AR,AI,G)
        B1R = XM(M)/XM(M1) * AR
        B1I = XM(M)/XM(M1) * AI
        CR = -(X(M) - X(M1)) * DKI(M1)
        CI = (X(M) - X(M1)) * DKR(M1)
        CALL CEX(CR,CI,DR,DI)
        FR1 = 1.D0 + B1R
        FI1 = B1I
        CALL CPP(FR1,FI1,DR,DI,GR1,GI1)
        CALL CPP(GR1,GI1,AAR(1,M1),AAI(1,M1),P1R1,P1I1)
        FR2 = 1.D0 - B1R
        FI2 = -B1I
        CALL CPP(FR2,FI2,DR,DI,GR2,GI2)
        CALL CPP(GR2,GI2,AAR(1,M1),AAI(1,M1),P1R2,P1I2)
        CR = -(X(M1) - X(M)) * DKI(M1)
        CI = (X(M1) - X(M)) * DKR(M1)
```

```
        CALL CEX(CR,CI,DR,DI)
        CALL CPP(FR2,FI2,DR,DI,GR1,GI1)
        CALL CPP(GR1,GI1,AAR(2,M1),AAI(2,M1),P2R1,P2I1)
        CALL CPP(FR1,FI1,DR,DI,GR2,GI2)
        CALL CPP(GR2,GI2,AAR(2,M1),AAI(2,M1),P2R2,P2I2)
        AAR(1,M) = P1R1 + P2R1
        AAI(1,M) = P1I1 + P2I1
        AAR(2,M) = P1R2 + P2R2
        AAI(2,M) = P1I2 + P2I2
        IF(M.EQ.1) GOTO 888
        M = M - 1
        M1 = M1 - 1
        GOTO 999
888     CONTINUE
        R = CAB(AAR(2,1),AAI(2,1))**2/CAB(AAR(1,1),
       *AAI(1,1))**2
        TSXS = 1.D0 - R
        IF(T.LE.0.D0) T = 0.D0
        RETURN
        END
```

使用说明

(1) 子程序语句

DOUBLE PRECISION FUNCTION TSXS(E)

(2) 哑元说明

E　　实变量,输入参数,入射粒子的能量。

(3) 所调用的子程序

CPP(A,B,C,D,E,F), CDD(A,B,C,D,E,F,G), CEX(A,B,C,D), CAB(A,B)　　分别为计算复数乘法、除法、指数和绝对值的子程序。

设入射粒子是质量为 m_e 能量为 E 的电子,位势是由两种半导体材料 AlGaAs 和 GaAs 相间而形成的,则有

$$m_1 = m_n = m_e, \quad V_0 = V_n = 0.0 \text{ eV}$$

$$m_3 = m_5 = \cdots = m_{n-2} = 0.0657 m_e, \quad m_2 = m_4 = \cdots = m_{n-1} = 0.09014 m_e$$

$$V_2 = V_4 = \cdots = V_{n-1} = 0.29988 \text{ eV}, \quad V_3 = V_5 = \cdots = V_{n-2} = 0.0 \text{ eV}$$

$$d_2 = d_4 = \cdots = d_{n-1} = a, \quad d_3 = d_5 = \cdots = d_{n-2} = b$$

式中 a 与 b 分别为势垒和势阱的宽度。

计算一维位势透射系数的程序 TTSXS

```
        PROGRAM TTSXS
        IMPLICIT DOUBLE PRECISION (A - H, O - Z)
        COMMON/A/ D(500), V(500), X(501), XM(502)
        COMMON/B/ DKR(502), DKI(502), AAR(2,501), AAI(2,501)
        COMMON/C/ MN(101), H(101)
        COMMON/D/ V0, VN1
        COMMON/E/ NN, VB
        COMMON/F/ N, EF, CCC
        COMMON/G/ M(101), DM(103)
        COMMON/H/ TK
        OPEN(2, FILE = 'DT.DAT')
        OPEN(3, FILE = 'V.DAT')
        OPEN(6, FILE = 'DT1.DAT')
        ISX = 10**7
        DX = 0.3D0/ISX
        VB = 0.4D0
        WRITE(*,1)
1       FORMAT(2X, 'IJK, NN = ?')
        READ(*,2) IJK, NN
2       FORMAT(2I5)
        IF(IJK.EQ.0.AND.NN.EQ.0) STOP
        WRITE(*,3) IJK, NN
        WRITE(2,3) IJK, NN
3       FORMAT(2X, 'IJK, NN = ', 2I4)
        IF(IJK.NE.1) GOTO 111
        DO 4 I = 1, NN
        MN(I) = 1
        IF(I/2*2.EQ.I) D(I) = 10.D0
4       IF(I/2*2.NE.I) D(I) = 4.D0
        GOTO 222
111     DO 5 J = 1, NN
        WRITE(*,6) J
```

```
6       FORMAT(2X,'J = ',I3,2X,'MN(J),D(J) = ?')
        READ( * ,7) MN(J),D(J)
7       FORMAT(I5,F15.7)
5       CONTINUE
222     CONTINUE
        DO 8 J = 1,NN
        WRITE( * ,9) J,MN(J),D(J)
        WRITE(2,9) J,MN(J),D(J)
9       FORMAT(2X,'J = ',I3,2X,'MN(J) = ',I3,2X,'D(J) = ',E15.7)
8       CONTINUE
        CALL SDM
        CALL SXM
        VN1 = - VB
        CALL SV(IJK)
        JJJ = 1
333     E = DX * JJJ
        TT = TSXS(E)
        IF(TT.LT.0.1D0) JJJ = JJJ + 15
        IF(TT.GE.0.1D0) JJJ = JJJ + 1
        IF(JJJ.GT.ISX) STOP
        WRITE(6,10) E,TT
10      FORMAT(2X,2E20.10)
        GOTO 333
        STOP
        END
        DOUBLE PRECISION FUNCTION FF(IJK,I,XY)
        IMPLICIT DOUBLE PRECISION (A - H,O - Z)
        COMMON/A/ D(500),V(500),X(501),XM(502)
        COMMON/E/ NN,VB
        XX = XY
        Y = 0.3D0
        V0 = 0.6D0 * (1.555D0 * Y + 0.37D0 * Y * Y)
        IF(IJK.NE.1) GOTO 999
        IF(I/2 * 2.EQ.I) FF = 0.D0
```

```
            IF(I/2*2.NE.I) FF = V0
            RETURN
999         DD = 0.D0
            DO 10 II = 1,NN
10          DD = DD + D(II)
            H = VB/DD
            IF(I.EQ.I/2*2) GOTO 1
            FF = V0 - H*XX
            RETURN
1           FF = - H*XX
            RETURN
            END

            SUBROUTINE SDM
            IMPLICIT DOUBLE PRECISION (A - H,O - Z)
            COMMON/G/ M(101),DM(103)
            COMMON/E/ NN,VB
            Y = 0.3D0
            DM(1) = 0.0657D0
            DM(3) = 0.0657D0
            DM(2) = (1.D0 + 1.24D0*Y)*DM(3)
            DO 22 J = 4,NN + 1
            IF(J.EQ.J/2*2) DM(J) = DM(2)
            IF(J.NE.J/2*2) DM(J) = DM(3)
            DM(NN + 2) = DM(1)
22          CONTINUE
            DO 10 J = 1,NN + 2
        C   WRITE(*,1) DM(J)
            WRITE(2,1) DM(J)
1           FORMAT(2X,'DM = ',3F15.7)
10          CONTINUE
            RETURN
            END

            SUBROUTINE SXM
            IMPLICIT DOUBLE PRECISION (A - H,O - Z)
```

```
      COMMON/G/ M(101),DM(103)
      COMMON/A/ D(500),V(500),X(501),XM(502)
      COMMON/C/ MN(101),H(101)
      COMMON/E/ NN,VB
      COMMON/F/ N,EF,CCC
      DO 30 J = 1,NN
      WRITE(2,110) MN(J),D(J)
110   FORMAT(2X,'MN = ',I5,5X,'D(J) = ',F15.7)
30    CONTINUE
      DO 40 I = 1,NN
40    H(I) = D(I)/DBLE(FLOAT(MN(I)))
      N = 0
      DO 50 I = 1,NN
      N = N + MN(I)
50    CONTINUE
      WRITE(2,112) N
112   FORMAT(2X,'N = ',I3)
      N1 = N + 1
      N2 = N + 2
      M(1) = MN(1)
      DO 60 I = 2,NN
60    M(I) = M(I - 1) + MN(I)
      DO 70 I = 1,N2
      IF(I.EQ.1.OR.I.EQ.N + 2) XM(I) = DM(1)
      IF(I.GE.2.AND.I.LE.M(1) + 1) XM(I) = DM(2)
      DO 701 J = 1,NN - 1
      J1 = J + 1
      J2 = J + 2
      IF(I.GE.M(J) + 2.AND.I.LE.M(J1) + 1) XM(I) = DM(J2)
701   CONTINUE
      WRITE(2,113) I,XM(I)
113   FORMAT(2X,'I = ',I5,2X,'XM = ',E15.7)
70    CONTINUE
      DO 80 INN = 1,NN
```

```
      IF(INN.EQ.1) KM1 = 2
      IF(INN.NE.1) KM1 = M(INN - 1) + 2
      KM2 = M(INN) + 1
      DO 90 I = KM1,KM2
      X(I) = X(I - 1) + H(INN)
90    CONTINUE
80    CONTINUE
      RETURN
      END
      SUBROUTINE SV(IJK)
      IMPLICIT DOUBLE PRECISION (A - H,O - Z)
      COMMON/A/ D(500),V(500),X(501),XM(502)
      COMMON/C/ MN(101),H(101)
      COMMON/D/ V0,VN1
      COMMON/E/ NN,VB
      COMMON/F/ N,EF,CCC
      N1 = N + 1
      DO 99 J = 1000,1, - 10
      XX = - 0.001D0 * DBLE(FLOAT(J))
      VV = V0
      WRITE(3,115) XX,VV
99    CONTINUE
      NNN = 0
      DO 100 INN = 1,NN
      KM1 = NNN + 1
      KM2 = MN(INN) + NNN
      DO 200 I = KM1,KM2
      NNN = NNN + 1
      XI = X(I)
      XI1 = X(I + 1)
      V(I) = (FF(IJK,INN,XI) + FF(IJK,INN,XI1))/2.D0
      DO 300 J = 0,10
      XX = XI + (XI1 - XI) * 0.1D0 * DBLE(FLOAT(J))
      VV = V(I)
```

```
              WRITE(3,115) XX,VV
115           FORMAT(2X,2E15.7)
300           CONTINUE
200           CONTINUE
100           CONTINUE
              DO 98 J = 1,1000,10
              XX = X(N1) + 0.001D0 * DBLE(FLOAT(J))
              VV = VN1
              WRITE(3,115) XX,VV
98            CONTINUE
              RETURN
              END
```

使用说明

(1) 输入参数

IJK　　整变量,输入量,控制数,取 1 时为方势垒与方势阱相间的位势,且垒宽为 4 nm,阱宽为 10 nm。不取 1 时为任意形状的位势。

NN　　整变量,分区位势的个数,输入量,只能取奇数,且不大于 101。

MN　　一维整型数组,MN(J) 第 J 个区内的分点数,若无分点则取为 1,当 IJK 取 1 时自动形成,当 IJK 不取 1 时为输入量。

D　　一维双精度型数组,D(J) 第 J 个区内位势的宽度,当 IJK 取 1 时自动形成,当 IJK 不取 1 时为输入量。

ISX　　整变量,入射能量的分点数,需事先赋值。

(2) 调用的子程序

FF(IJK,I,XY)　　为双精度函数子程序,当 IJK 取 1 时,如果 I 为奇数其值为 0.3 eV,否则为 0。当 IJK 不取 1 时,程序是按加偏压 V_b 编制的,如果有另外的要求,需使用者自编。

10.5.3　计算结果与讨论

1. 谐振隧穿

下面讨论两个对称的方势垒夹一个方势阱的情况。

选 $n = 5, a = 4$ nm, $b = 10$ nm,位势的形状如图 10.2 所示。透射系数 T 随入射能量 E 变化的曲线绘在图 10.3 中。

从图 10.3 看出,当 $E < V_2 = V_4$ 时,有三个透射系数为 1 的峰值。更详细地计算,发现它们的精确位置在 $E_1 = 0.032441123$ eV, $E_2 = 0.12814683$ eV 与

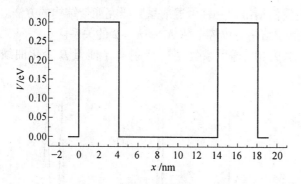

图 10.2 两对称方势垒夹一方势阱

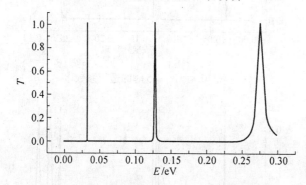

图 10.3 两对称方势垒夹一方势阱的透射系数

E_3 = 0.2765934 eV 处。从而表明此位势对具有这些能量的入射电子而言是完全透明的，换句话说，对具有这些能量的入射电子而言，形成此位势的半导体材料是隐身的，此即所谓谐振隧穿现象。博姆(Bohm)最早用 WKB 近似研究了这一现象，后来，科内(Knae)严格证明了它的存在。出现这一现象的原因在于阱内电子能量的量子化，当入射电子的能量恰好等于量子化能级时，则有谐振隧穿现象发生。此时对应的状态称之为准束缚态。从物理上看，在两对称方垒夹一方阱的情况下，当入射粒子的能量处于某一共振能量附近时，粒子将在两个势垒壁之间多次往复反射，从而使得粒子能在一段时间内处于势阱之内。或者说，在一段时间内粒子被束缚在势阱的某一个状态中，即此能级具有确定的寿命，有时也把这样的状态称之为亚稳态或者虚态。由于粒子在势阱中滞留的时间是有限的，所以相对束缚定态而言，准束缚态的寿命也是有限的。

2. 周期位与能带结构

周期位是由无穷多个相同的势垒和势阱相间构成的位势。在固体物理学中，晶体中的电子具有周期位，从而导致电子的能谱变成为由许多准连续的能级构成的能带。处理能带结构的理论有许多种，诸如准经典近似、局域密度泛函理论等。下面是我们给出的一种由透射系数研究能带结构的方法。

下面研究能带结构与位势个数 $N = n - 2$ 的关系。

取 $N = 5,7,9,101$,透射系数 T 随入射电子能量 E 变化曲线分别绘在图 10.4 ~ 10.7 中。

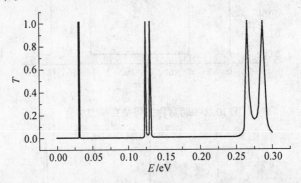

图 10.4 $N = 5$ 时的透射系数

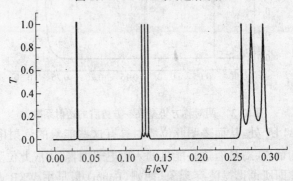

图 10.5 $N = 7$ 时的透射系数

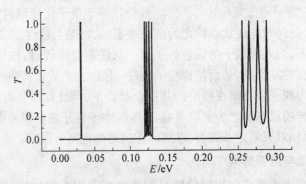

图 10.6 $N = 9$ 时的透射系数

从图 10.3 可以看到,曲线有 3 个 $T = 1$ 的峰值,根据谐振隧穿理论的解释,

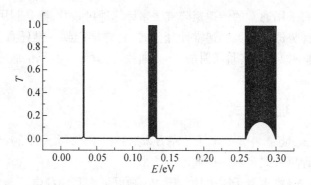

图 10.7 $N=101$ 时的透射系数

它们分别与体系的 3 个准束缚态能级相对应,且能量越高峰越宽。图 10.4～10.6 则显示出,当 N 增至 5、7、9 时,每个峰区又分别出现 2 个、3 个、4 个峰。特别是,当 $N=101$ 时(见图 10.7),3 个峰区各自对应 50 个峰。由于在如此狭小的能量范围之内出现 50 个峰,所以形成了一个黑色带,在这三个黑色带的底部,都存在一个馒头状的白色空间,它表明在这三个能量范围内透射系数不为零,而在其他能量区域中透射系数皆为零。实际上,从能带理论的角度来看,它构成 3 个子导带(黑线区),空白区为禁戒带。在每个子导带内峰的个数为 $(N-1)/2$。

在固体物理学中,能带理论可以成功地处理单一介质问题,且只对 $N \to \infty$ 时有效,而利用透射系数来解释能带理论可以针对任意的 N 来进行。换言之,后者可以更细微地了解能带结构的形成过程。

综上所述,本节研究了各种一维位势下透射系数的计算,结果表明:对观察者来说,微观粒子具有势垒隧穿效应,即微观粒子具有神奇的穿墙越壁的本领;共振隧穿是势垒隧穿的一种极限情况,在共振隧穿时,对入射粒子而言,当其具有共振能量时,所面对的材料是隐身的。上述结果不仅说明微观世界的奇妙,而且有巨大的潜在应用价值。

10.6 $I-V$ 曲线

前面已经给出了计算一维阶梯势透射系数的程序,利用它研究了谐振隧穿现象和能带理论。如果在由 AlGaAs 和 GaAs 相间构成的器件两端加上偏压 V_b,则有隧穿电流密度 I 形成,进而可以研究电流密度随偏压的变化曲线,此即所谓的 $I-V$ 曲线。$I-V$ 曲线的最大特点就是存在负阻效应。

在实验上,随着样品质量的改善,负阻现象不仅在低温下,而且在室温下也已被清晰地观察到,利用负阻效应制作高品质的共振隧穿晶体管,有可能实现集电极电流的双峰结构,使其具有十分诱人的前景。

这里没有采用通常的传递矩阵方法来计算透射系数,而是利用上一节导出的一维多阶梯势透射系数的递推计算公式,将它推广到一维任意形状位势,进而,可以计算一维异质多量子阱的 $I-V$ 曲线,为设计有实用价值的半导体器件提供理论依据。

10.6.1 理论公式

质量为 m_e 能量为 E 的电子从左方入射到图 10.2 所示的阶梯势上,透射系数 $T(E)$ 的计算公式和程序前面已经给出。

若在上述一维多量子阱上加偏压 V_b,则可算出其隧穿电流密度 $I(V_b, T)$,其计算公式为

$$I(V_b, T) = \frac{emk_BT}{2\pi^2\hbar^3}\int dE T(E)\ln\left\{\frac{1+\exp[(E_F-E)/k_BT]}{1+\exp[(E_F-E-V_b)/k_BT]}\right\}$$

其中,e 为单位电荷电量;k_B 为玻尔兹曼(Boltzmann)常数;$\hbar$ 为普朗克常数;T 为绝对温度;m、E_F 分别为发射极电子的有效质量与费米(Fermi)能。费米能量 E_F 与半导体材料的掺杂情况有关,E_F 的值从导带底算起。$T(E)$ 为加偏压 V_b 后的透射系数。加偏压后会改变位势的形状,以两垒夹一阱为例,加偏压后的位势绘在图 10.8 中。

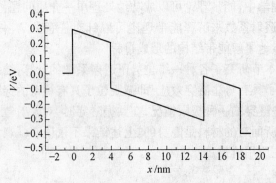

图 10.8　加偏压 $V_b = 0.4$ eV 后的两垒夹一阱

此时,各区皆为非常数势,不能直接使用上述的递推公式,但只要将非常数位势的区域再分成若干个小区域,若小区域的个数足够大,则可用该小区域两端位势的平均值作为它的位势的近似值,于是,仍可使用递推式计算 $T(E)$,只不过总的阶梯势的个数增加了而已。

10.6.2 计算程序

假设样品是由两种半导体材料 AlGaAs 和 GaAs 相间构成的,垒与阱的总个数为 3。两个垒宽皆为 4 nm,阱宽为 10 nm。两个势垒的分点数皆取为 20,势阱的

分点数取为 50。

计算 $I-V$ 曲线的程序 IVQX

```
      PROGRAM TIVQX
      IMPLICIT DOUBLE PRECISION (A - H, O - Z)
      COMMON/A/ D(500),V(500),X(501),XM(502)
      COMMON/B/ DKR(502),DKI(502),AAR(2,501),AAI(2,501)
      COMMON/C/ MN(101),H(101)
      COMMON/D/ V0,VN1
      COMMON/E/ NN,VB
      COMMON/F/ N,EF,CCC
      COMMON/G/ M(101),DM(103)
      COMMON/H/ TK
      OPEN(2,FILE = 'DT.DAT')
      OPEN(7,FILE = 'DT1.DAT')
      WRITE(*,555)
555   FORMAT(2X,'IE,EF,T(K) = ?')
      READ(*,666) IE,EF,TK
666   FORMAT(I5,2F15.7)
      CCC = 9.162260398D4 * TK
      EPS = 0.5D0 * 10.D0 ** (- IE)
      IJK = 2
      NN = 3
      EFF = EF
      SX = 0.1D0
      V0 = 0.D0
      MN(1) = 20
      MN(2) = 50
      MN(3) = 20
      D(1) = 4.D0
      D(2) = 10.D0
      D(3) = 4.D0
      WRITE(2,321) EPS,SX,EF,TK
321   FORMAT(2X,'EPS = ',E15.7,2X,'SX,EF,TK = ',3F15.7)
      WRITE(2,322) NN,MN(1),MN(2),MN(3)
```

```
322     FORMAT(2X,'NN = ',I4,2X,'NM(3) = ',3I5)
        WRITE(2,323) CCC,D(1),D(2),D(3)
323     FORMAT(2X,'CCC = ',E15.7,2X,'D(3) = ',3E15.7)
        CALL SDM
        CALL SXM
        DO 1000 JJJ = 1,100
        VB = 0.00400D0 * DBLE(FLOAT(JJJ))
        VN1 = - VB
        CALL SV(IJK)
        CALL ROMBG(1.0D - 30,SX,EPS,2048,NKK,S)
        IF(NKK.LT.0) STOP
        SJ = CCC * S
        WRITE( * ,551) NKK,VB,SJ
        WRITE(2,551) NKK,VB,SJ
551     FORMAT(2X,'NKK = ',I10,2X,'VB,SJ = ',2E15.7)
        WRITE(7,550) VB,SJ
550     FORMAT(2X,2E15.7)
1000    CONTINUE
        STOP
        END

        DOUBLE PRECISION FUNCTION F2(E)
        IMPLICIT DOUBLE PRECISION (A - H,O - Z)
        COMMON/F/ N,EF,CCC
        COMMON/E/ NN,VB
        COMMON/H/ TK
        XKBT = 8.617385687D - 5 * TK
        F2 = TSXS(E) * DLOG((1.D0 + DEXP((EF - E)/XKBT))/
       *   (1.D0 + DEXP((EF - E - VB)/XKBT)))
        RETURN
        END
```

使用说明

(1) 输入参数

IE 整变量,输入参数,龙贝格积分的误差控制数。

EF 双精度变量,输入参数,为以 eV 为单位的费米能量。

TK　　　双精度变量,输入参数,为以 K 为单位的温度。
(2) 调用的子程序
ROMBG　　龙贝格积分程序。
F2　　　龙贝格积分程序中调用的被积函数子程序。
其他子程序与计算透射系数用到的子程序 TSXS 相同。

10.6.3　计算结果

取 IE = 4,EF = 0.02,TK = 50,计算结果画在图 10.9。

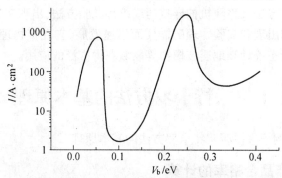

图 10.9　$I-V$ 曲线

对于确定的一个 E_F 而言,在样品上加一偏压后便有隧穿电流通过,当偏压正好使得势阱中的量子能级等于入射电子的能量时,谐振隧穿现象发生,出现隧穿电流的峰值,随偏压的进一步增大,隧穿电流反而减小,即出现负的动态电阻区间,称为负阻效应。当偏压再增大时,对应量子阱中更高的能级,有可能再次出现谐振隧穿现象,在 $I-V$ 曲线上会有第二个峰值的出现。隧穿电流的峰值与谷值之比称为峰谷比,峰谷比越大,说明器件的品质越好。

由图 10.9 可以看出,曲线有两个明显的峰值,两峰值附近的负阻效应十分明显。

进一步,如果考察费米能量 E_F 及温度 T 对 $I-V$ 曲线的影响,则发现随着 E_F 和 T 的升高负阻效应会逐渐变弱,再进一步,还可以考察不同位势对 $I-V$ 曲线的影响。

综上所述,由量子理论直接得到两个宏观量的关系,并且,更深入地计算给出的峰谷比与实验结果符合的相当好,这在量子理论中是不多见的。

第11章 蒙特卡罗方法

蒙特卡罗(Monte – Carlo)是摩纳哥的一个重要城市,以博彩业著称于世。概率论是博彩行业的数学基础,建立在概率论与数理统计基础上的这种方法由此得名。蒙特卡罗方法又称随机抽样技巧或统计试验方法,出现在20世纪40年代,随着计算机的出现和实验物理的需要而迅速发展,它在核物理、粒子输运、高维数学、非平衡态统计和地震波模拟等领域获得广泛的应用。

11.1 蒙特卡罗方法的基本原理

用下面三个例子来说明蒙特卡罗方法的基本原理。

11.1.1 产品合格率的计算

设某工厂生产了一批(共 N 件)产品,其合格率 P 为

$$P = M/N$$

其中,M 为合格产品的总件数。显然,为了确定准确的合格率必须对全部产品逐一进行检查,但是,当产品件数非常多且检查每件产品的花销比较大时,付出的代价将会相当大。为了解决这个问题,通常采取抽出 $\tilde{N} < N$ 件产品进行检查,然后确定这部分产品的合格率 $\tilde{P}$

$$\tilde{P} = \tilde{M}/\tilde{N}$$

其中,$\tilde{M}$ 为这 $\tilde{N}$ 件产品中合格产品的总件数。

例如,检查某一批产品,当被检查的产品长度界于 13.6 cm ~ 13.9 cm 时,被认为是合格产品,否则为次品。若分别取出 5 件、10 件、60 件、150 件、600 件、900 件、1 200 件和 1 800 件产品来检查,检查结果列于表 11.1 中。

表 11.1 产品的合格率

$\tilde{N}$	5	10	60	150	600	900	1 200	1 800
$\tilde{M}$	5	7	53	131	548	820	1 091	1 631
$\tilde{P}$	1.00	.700	.883	.873	.913	.911	.909	.906

由表 11.1 可以看出,随着抽样件数 $\tilde{N}$ 的增加,合格率 $\tilde{P}$ 趋向一个稳定值

0.9，由经验可知，$\tilde{N}$ 越大 $\tilde{P}$ 越接近准确值 P。

11.1.2 打靶游戏

选靶心为坐标原点，r 表示弹着点的位置，$g(r)$ 表示击中 r 处的得分（环）数，分布密度函数 $f(r)$ 表示弹着点分布，它显示射手的射击水平。积分

$$E[g(r)] = \langle g \rangle = \int_0^\infty g(r)f(r)\mathrm{d}r$$

则表示射手的射击成绩，它是随机变量 g 的数学期望值。

让射手做一次射击实验，假如共射击 N 次，弹着点依次为 $r_1, r_2, \cdots, r_N$，则其平均得分为

$$\bar{g}_N = \frac{1}{N}\sum_{n=1}^N g(r_n)$$

这就是该射手的射击成绩，换句话说，$\bar{g}_N$ 是积分 $\langle g \rangle$ 的一个近似值。显然，N 越大，精确度越高。

11.1.3 投针问题

如图 11.1 所示，在一个单位正方形内有一个内切圆，若将针投入正方形内，则针命中圆内的概率为

$$P = \frac{\pi R^2}{(2R)^2} = \frac{\pi}{4}$$

若投针 N 次，有 M 次命中圆内，则命中的概率为

$$P \approx M/N$$

于是，可以求出圆周率

$$\pi = 4P \approx 4M/N$$

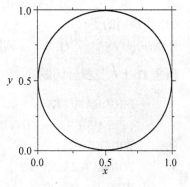

图 11.1 投针问题

当 N 越大时，上式的结果越精确。这样，通过大量的投针实验，统计命中圆内的次数，就可以获得圆周率 π 的近似值。

利用模拟投针计算 π 的近似值的子程序 TZ

```
    SUBROUTINE TZ(N,PI)
    DM = 0.0
    DO 10 I = 1,N
    A = 1.0 * I
    B = 1.0 * I
```

```
        CALL RANDOM(A)
        CALL RANDOM(B)
        C = (A - 0.5)**2 + (B - 0.5)**2
        IF(C.LE.0.25) DM = DM + 1.0
10      CONTINUE
        PI = 4.0*DM/(1.0*N)
        RETURN
        END
```

使用说明

(1) 子程序语句

SUBROUTINE TZ(N, PI)

(2) 哑元说明

N　　整变量,输入参数,投针数。
PI　　实变量,输出参数,π 的近似值。

(3) 所调用的子程序

RANDOM(A)　　产生 0 ~ 1 间随机数的程序,内部子程序。

例题 11.1　见投针问题。

```
        PROGRAM TTZ
        OPEN(2, FILE = 'DT.DAT')
888     WRITE(*,5)
5       FORMAT(2X, 'N = ?')
        READ(*,6) N
6       FORMAT(I7)
        IF(N.EQ.0) STOP
        CALL TZ(N, PI)
        WRITE(*,7) N, PI
        WRITE(2,7) N, PI
7       FORMAT(2X, 'N, PI = ', I7, 2X, E15.7)
        GOTO 888
        STOP
        END
```

计算结果

N, PI = 10　　　　　　.2400000E + 01

N, PI = 100   .3120000E + 01
N, PI = 1000   .3040000E + 01
N, PI = 10000   .3134000E + 01
N, PI = 100000   .3141760E + 01
N, PI = 1000000   .3141316E + 01

显然,随着投针次数的增加,算出的圆周率的数值越来越接近精确值。

11.2 随机变量抽样值的产生

因为蒙特卡罗方法是模拟随机过程的,所以需要用到各种分布的随机变量。在连续分布中,区间$(0,1)$中均匀分布函数是最简单的,也容易将其变换为各种分布,因此,一般先产生均匀分布随机变量的抽样值 $\xi_i(i = 1,2,3,\cdots)$,再通过变换或挑选等各类抽样方法产生其他分布随机变量的抽样值。通常把均匀分布随机变量的抽样值 $\xi_i(i = 1,2,3,\cdots)$ 称为随机数。一般的算法语言中都有产生随机数的标准程序,上节的投针问题中已经用到。

11.2.1 直接抽样方法

1. 离散随机变量抽样

设 $A_1, A_2, \cdots, A_s$ 为完备事件组,其出现的概率相应为 $P_1, P_2, \cdots, P_s$,且满足

$$\sum_{i=1}^{s} P_i = 1$$

而 ξ 为在$(0,1)$区间上均匀分布随机变量,我们的目的是借助随机变量 ξ 来模拟实验,要求实验的结果是事件 $A_i(i = 1,2,\cdots,s)$ 以相应的概率出现。

令

$$l_0 = 0, \quad l_r = \sum_{i=1}^{r} P_i \quad (r = 1,2,\cdots,s)$$

若随机变量 $\xi_i(i = 1,2,3,\cdots)$ 的第 j 个抽样值 ξ_j 满足不等式

$$l_{m-1} \leq \xi_j < l_m$$

则认为事件 A_m 在第 j 次试验中实现。显然,事件 A_m 出现的概率是

$$P_m = \int_{l_{m-1}}^{l_m} f(\xi) \mathrm{d}\xi = l_m - l_{m-1}$$

例题 11.2 设 γ 辐射源具有分离能谱 n_i,即能量为 E_i 的 γ 射线的源强为

$n_i(i=1,2,\cdots,s)$,给出 γ 光子初始能量的抽样方法。

解 设

$$l_0 = 0, \quad l_r = \left(\sum_{i=1}^{r} n_i\right) \Big/ \left(\sum_{i=1}^{s} n_i\right) \quad (r = 1,2,\cdots,s)$$

选取随机数 ξ_i,若 $l_{m-1} \leqslant \xi_i < l_m$,则在这次试验中源光子的初始能量为 E_m。

2. 连续随机变量抽样

具有分布函数 $F(x)$ 密度函数 $f(x)$ 的连续随机变量 x 的抽样方法为

$$x_i = F^{-1}(\xi_i)$$

或者

$$\int_{-\infty}^{x_i} f(x)\mathrm{d}x = \xi_i$$

例题 11.3 求服从指数分布

$$f(x) = \begin{cases} A\mathrm{e}^{-Ax} & (x > 0) \\ 0 & (x \leqslant 0) \end{cases}$$

的随机变量 x。

解 由

$$\int_{-\infty}^{x_i} f(x)\mathrm{d}x = 1 - \mathrm{e}^{-Ax_i} = \xi_i$$

知

$$x_i = -\frac{1}{A}\ln(1 - \xi_i)$$

11.2.2 挑选抽样

所谓挑选抽样就是对产生的随机变量进行挑选,即利用一定的检验条件进行补偿,方法灵活,计算简单,使用较多。

让我们从一个简单的情况出发,设 $f(x)$ 是定义在 $0 \leqslant x < 1$ 区间的随机变量的密度函数,且 $f(x)$ 的最大值为 L,如图 11.2 所示,则可以设计如下挑选抽样的方法。

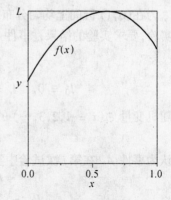

图 11.2 挑选抽样

从 $(0,1)$ 区间均匀分布随机数总体中选取随机数 ξ_1 和 ξ_2,通过判别不等式 $\xi_2 L < f(\xi_1)$ 是否成立,看随机点

$(\xi_1,\xi_2 L)$ 是否落在曲线 $f(x)$ 的下面。若判别式成立,则 $x-\xi_1$ 就是所选的值,否则,就再重复上面的过程。因为随机点肯定落在面积为 L 的矩形内,而只是当点落在曲线 $f(x)$ 下面抽样才成功。

11.3 蒙特卡罗方法计算积分

计算多重积分是蒙特卡罗方法的重要应用之一,因为任何一个积分都可以视为某个随机变量的期望值,所以可以用随机变量的算术平均值来近似。

11.3.1 蒙特卡罗方法计算积分

例如,计算积分

$$I = \int_0^1 f(x)\mathrm{d}x$$

选取密度分布函数

$$P(x) = \begin{cases} 1 & (1 \geq x \geq 0) \\ 0 & (1 < x, x < 0) \end{cases}$$

则

$$I = \int_0^1 f(x)P(x)\mathrm{d}x = E[f(x)]$$

即 I 是随机变量 $f(x)$ 的数学期望值。

从 $P(x)$ 抽取随机变量 x 的 N 个样本,即 $x_i(i=1,2,\cdots,N)$,则算术平均值

$$\bar{I} = \frac{1}{N}\sum_{i=1}^{N} f(x_i)$$

就是 I 的一个近似值。

对于一般的 S 重积分

$$I = \int_{V_S} G(V)\mathrm{d}V$$

其中,$V = V(x_1,x_2,\cdots,x_S)$ 表示 S 维空间的点,V_S 表示积分区域。计算上述多重积分的基本步骤如下。

首先,在所求解的区域上构造一个分布密度函数。

取 V_S 上任一概率密度函数 $f(V)$,它满足

$$f(V) \neq 0 \quad (V \in V_S, G(V) \neq 0)$$

$f(V)$ 最简单的选法是取 V_S 上的均匀分布,即

$$f(V) = \begin{cases} 1/V_S & (V \in V_S) \\ 0 & (V \notin V_S) \end{cases}$$

这里 V_S 也表示积分区域的体积。

令

$$g(V) = \begin{cases} G(V)/f(V) & (f(V) \neq 0) \\ 0 & (f(V) = 0) \end{cases}$$

则

$$I = \int_{V_S} g(V) f(V) dV = E[g(V)]$$

即 I 是随机变量 $g(V)$ 的数学期望值。

其次,将 $g(V)$ 的数学期望值用其算术平均值来代替。

从 $f(V)$ 抽取随机变量 V 的 N 个样本,则

$$\bar{g}_N = \frac{1}{N} \sum_{i=1}^{N} g(V_i)$$

就是积分 I 的近似值。

11.3.2 蒙特卡罗方法计算积分的程序

蒙特卡罗方法计算积分的子程序 RJ

```
        SUBROUTINE RJ(N,N1,Y,R)
        F = 0.0
        DO 1 I = 1,N1
1       F = F + FX(N,Y)
        R = F/FLOAT(N1)
        RETURN
        END
```

使用说明

(1) 子程序语句

SUBROUTINE RJ(N,N1,Y,R)

(2) 哑元说明

N   整变量,输入参数,积分重数。

N1   整变量,输入参数,充分大的正整数。

Y   实变量,输入参数,产生均匀分布随机数程序要求的初值。

R   实变量,输出参数,存放积分结果。

(3) 所调用的子程序

FX(N,X)　　计算被积函数的函数子程序,由使用者自编。

例题 11.4　计算多重积分

$$I = \int_0^1\int_0^1\cdots\int_0^1 \sum_{i=1}^{S} x_i^2 \mathrm{d}x_1\mathrm{d}x_2\cdots\mathrm{d}x_S$$

其中,$S = 2,3,\cdots,8$,计算中取 N1 = 1000000。

```
            PROGRAM TRJ
            OPEN(2,FILE = 'DT.DAT')
            N1 = 1000000
888         WRITE( * ,5)
5           FORMAT(2X,'N = ?')
            READ( * ,6) N
6           FORMAT(I5)
            IF(N.EQ.0) STOP
            CALL RJ(N,N1,Y,R)
            WRITE( * ,7) N,R
            WRITE(2,7) N,R
7           FORMAT(2X,'N = ',I2,2X,'I = ',E15.7)
            GOTO 888
            STOP
            END

            FUNCTION FX(N,Y)
            FX = 0.0
            DO 1 I = 1,N
            CALL RANDOM(Y)
1           FX = FX + Y * *2
            RETURN
            END
```

计算结果

S	近似积分值	精确积分值
2	.6660877E + 00	.6666667E + 00
3	.9991866E + 00	.1000000E + 01
4	.1333480E + 01	.1333334E + 01
5	.1666093E + 01	.1666667E + 01

6	.1998896E+01	.2000000E+01
7	.2334600E+01	.2333334E+01
8	.2667990E+01	.2666667E+01

第12章 快速傅里叶变换

对于一个物理现象或客观实体的描述，可以从不同的角度进行。通常，人们习惯于在时间域或空间域中做分析，这样做固然可以得到一些有用的结论，但若将傅里叶(Fourier)变换应用到物理问题中来，则提供了从另外一个角度观察和描述问题的方法，有时更能揭示出问题的实质，因此具有特别的实用价值。在量子力学中，两个连续谱(例如，坐标与动量)表象之间的变换就是傅里叶变换。此外，在线性系统、信息处理及实验数据的处理中，傅氏变换通常也是一个重要的分析工具。

1965年，库利(Cooley)和图基(Tukey)提出了快速傅里叶变换(FFT)算法，大大提高了工作效率，即将计算一个 N 点变换的工作量由 N^2 降低为 $N\log_2 N$，当 N 很大时，这种降低的效果是非常可观的。例如，将傅里叶变换用于卫星摄影的强化处理时，对 10 cm 见方的底片按间距 1 μm 分线时（$N = 10^8$），传统算法的工作量为 $N^2 = 10^{16}$（1亿亿），在每秒运算亿次的计算机上要算3年，而用FFT的工作量为 $N\log_2 N \approx 3*10^9$，只须 36 s 就可以解决问题，由此可见FFT的工作效率之高。

12.1 傅里叶变换

12.1.1 傅里叶正变换与逆变换

以谐波分析为例，一个波形的傅里叶变换就是把这个波形分解为许多不同频率的正弦波之和。设 $h(t)$ 是一个给定的波形，其傅里叶积分是

$$H(f) = \int_{-\infty}^{\infty} h(t)\exp(-\mathrm{i}2\pi ft)\mathrm{d}t \tag{1}$$

由上式定义的 $H(f)$ 称为 $h(t)$ 的傅里叶正变换，简称傅里叶变换(FT)。这里，t 是时间变量，f 是时间频率变量（表示单位时间内相位的变化）。在光学中，f 可表示单位长度内光场的明暗条纹数。

傅里叶变换的逆变换定义为

$$h(t) = \int_{-\infty}^{\infty} H(f)\exp(\mathrm{i}2\pi ft)\mathrm{d}f \qquad (2)$$

如果令 $\omega = 2\pi f$ 表示角频率,则 $h(t)$ 的傅里叶正变换与逆变换分别为

$$H(\omega) = \frac{1}{\sqrt{2\pi}} \int_{-\infty}^{\infty} h(t)\exp(-\mathrm{i}\omega t)\mathrm{d}t$$
$$h(t) = \frac{1}{\sqrt{2\pi}} \int_{-\infty}^{\infty} H(\omega)\exp(\mathrm{i}\omega t)\mathrm{d}\omega \qquad (3)$$

此即角频率域和时间域之间的傅里叶变换。

利用 $E = \hbar\omega$,式(3)也可以改写成能量域和时间域之间的傅里叶变换,即

$$H(E) = \frac{1}{\sqrt{2\pi\hbar}} \int_{-\infty}^{\infty} h(t)\exp\left(-\frac{\mathrm{i}}{\hbar}Et\right)\mathrm{d}t$$
$$h(t) = \frac{1}{\sqrt{2\pi\hbar}} \int_{-\infty}^{\infty} H(E)\exp\left(\frac{\mathrm{i}}{\hbar}Et\right)\mathrm{d}E \qquad (4)$$

一个以坐标 x 为自变量的波函数 $\Psi(x)$ 可以向动量 p 的本征函数 $\varphi_p(x) = \frac{1}{\sqrt{2\pi\hbar}}\exp\left(\frac{\mathrm{i}}{\hbar}px\right)$ 做展开,即

$$\Psi(x) = \int_{-\infty}^{\infty} \Phi(p)\varphi_p(x)\mathrm{d}p = \frac{1}{\sqrt{2\pi\hbar}} \int_{-\infty}^{\infty} \Phi(p)\exp\left(\frac{\mathrm{i}}{\hbar}px\right)\mathrm{d}p \qquad (5)$$

其展开系数 $\Phi(p)$ 就是 $\Psi(x)$ 在动量表象下的表示,具体形式为

$$\Phi(p) = \int_{-\infty}^{\infty} \varphi_p^*(x)\Psi(x)\mathrm{d}x = \frac{1}{\sqrt{2\pi\hbar}} \int_{-\infty}^{\infty} \Psi(x)\exp\left(-\frac{\mathrm{i}}{\hbar}px\right)\mathrm{d}x \qquad (6)$$

由 $\Psi(x)$ 求出 $\Phi(p)$ 的过程也是傅里叶变换的过程,此即动量域和坐标域之间的傅里叶变换。

例题 12.1 求 $h(t) = \begin{cases} A & (|t| \leq T_0) \\ 0 & (|t| > T_0) \end{cases}$ 的傅里叶变换。

解

$$H(f) = \int_{-T_0}^{T_0} A\exp(-\mathrm{i}2\pi ft)\mathrm{d}t = \frac{A\sin(2\pi fT_0)}{\pi T}$$

例题 12.2 求 $h(t) = A\cos(2\pi f_0 t)$ 的傅里叶变换。

解

$$H(f) = \int_{-\infty}^{\infty} A\cos(2\pi f_0 t)\exp(-i2\pi ft)dt =$$

$$\frac{A}{2}\int_{-\infty}^{\infty}[\exp(i2\pi f_0 t) + \exp(-i2\pi f_0 t)]\exp(-i2\pi ft)dt =$$

$$\frac{A}{2}\int_{-\infty}^{\infty}\{\exp[-i2\pi(f-f_0)t] + \exp[-i2\pi(f+f_0)t]\}dt =$$

$$\frac{A}{2}[\delta(f-f_0) + \delta(f+f_0)]$$

12.1.2 离散傅里叶变换

为了在计算机上实现傅里叶变换,需要对傅里叶变换做离散化处理。离散傅里叶变换(DFT)是连续傅里叶变换的特殊情况,它可以视为波形经过抽样后的傅里叶变换。

设函数 $f(x)$ 在区间 $0 \leqslant x \leqslant 2\pi$ 上 N 个等分点 $2\pi l/N$ ($l = 0,1,\cdots,N-1$) 处的值已知,用已知周期为 2π 的函数 $\exp(ikx)$ 的线性组合做 $f(x)$ 在此区间上的三角插值函数,即

$$f(x) = \sum_{k=0}^{N-1} F_k \exp(ikx) \tag{7}$$

并要求在每一个分点 $2\pi l/N$ 上都满足

$$f(2\pi l/N) = \sum_{k=0}^{N-1} F_k \exp(i2\pi kl/N) \tag{8}$$

F_k 即为离散傅里叶变换在 k 点处的值, F_k 一般为复数。

矢量 $(1,\exp(ik2\pi/N),\cdots,\exp[ik2\pi(N-1)/N])$ 具有如下的性质

$$\sum_{k=0}^{N-1} \exp(ijk2\pi/N)\exp(-ilk2\pi/N) = 0 \quad (l \neq j) \tag{9}$$

$$\sum_{k=0}^{N-1} \exp(ik2\pi/N)\exp(-ik2\pi/N) = N \tag{10}$$

式(10)显然是成立的,为证明式(9)的正确性,记

$$A_j = \sum_{k=0}^{N-1} \exp[i(j-l)k2\pi/N] \tag{11}$$

显然,式(11)为一等比级数,首项为1,公比为 $\exp[-i(j-l)2\pi/N]$,故有

$$A_j = \frac{1 - \{\exp[-i(j-l)2\pi/N]\}^N}{1 - \exp[-i(j-l)2\pi/N]} = 0$$

于是,式(9)得证。

为了求出 F_k,用 $\exp(-ijl2\pi/N)$ 乘以式(8)两端,并对 l 求和,即

$$\sum_{l=0}^{N-1} f(2\pi l/N) \exp(-ijl2\pi/N) = \sum_{l=0}^{N-1} \exp(-ijl2\pi/N) \sum_{k=0}^{N-1} F_k \exp(ikl2\pi/N) =$$

$$\sum_{k=0}^{N-1} F_k \left\{ \sum_{l=0}^{N-1} \exp[i(k-j)l2\pi/N] \right\} = \sum_{k=0}^{N-1} F_k N \delta_{kj} = NF_j$$

于是有

$$F_k = \frac{1}{N} \sum_{l=0}^{N-1} f(2l\pi/N) \exp(-ikl2\pi/N) \qquad (12)$$

由式(12)求 F_k,称之为 $f(x)$ 的离散傅里叶变换。

离散傅里叶变换的子程序 DFT

```
        SUBROUTINE DFT(N)
        IMPLICIT DOUBLE PRECISION(A-H,O-Z)
        COMMON/FK/PI2,FKR(5000),FKI(5000)
        DO 10 K = 0,N-1
        FKR(K+1) = 0.D0
        FKI(K+1) = 0.D0
        DO 20 L = 0,N-1
        CALL CEX(0.D0,-K*L*PI2/N,C,D)
        RR = FR(L*PI2/N)/N
        RI = FI(L*PI2/N)/N
        CALL CPP(RR,RI,C,D,E,F)
        FKR(K+1) = FKR(K+1) + E
        FKI(K+1) = FKI(K+1) + F
20      CONTINUE
10      CONTINUE
        RETURN
        END
```

使用说明

(1) 子程序语句

SUBROUTINE DFT

(2) 哑元说明

N　　整变量,输入参数,变换的点数。

(3) 公用块 FK

FKR,FKI　　5000 个元素的一维双精度数组,输入变量,分别为求出的系数的实部与虚部。

(4) 所调用的子程序

CPP(RR,RI,C,D,E,F),CEX(A,B,C,D)　计算复数乘法与 e 指数的子程序。

FR(X),FI(X)　分别为计算函数 $f(x)$ 的实部与虚部的函数子程序,由使用者自编。

例题 12.3　求 $f(x) = \sin(x)$ 的离散傅里叶变换。

```
        PROGRAM TDFT
        IMPLICIT DOUBLE PRECISION(A - H,O - Z)
        COMMON/FK/PI2,FKR(5000),FKI(5000)
        OPEN(2,FILE = 'DT.DAT')
        PI2 = 2.D0 * 3.14159265D0
        WRITE( * ,1)
1       FORMAT(2X,'N = ?')
        READ( * ,2) N
2       FORMAT(I4)
        WRITE(2,3) N
3       FORMAT(2X,'N = ',I4)
        CALL DFT(N)
        DO 10 K = 0,N - 1
        WRITE( * ,5) K,FKR(K + 1),FKI(K + 1)
        WRITE(2,5) K,FKR(K + 1),FKI(K + 1)
5       FORMAT(2X,'K = ',I4,2X,'FKR,FKI = ',2E15.7)
10      CONTINUE
        STOP
        END

        DOUBLE PRECISION FUNCTION FR(X)
        IMPLICIT DOUBLE PRECISION(A - H,O - Z)
        FR = DSIN(X)
        RETURN
        END

        DOUBLE PRECISION FUNCTION FI(X)
        IMPLICIT DOUBLE PRECISION(A - H,O - Z)
        FI = 0.D0 * X
        RETURN
        END
```

计算结果

N = 10

K =	0	FKR, FKI =	.3589792E – 09	.0000000E + 00
K =	1	FKR, FKI =	.3589793E – 09	– .5000000E + 00
K =	2	FKR, FKI =	.3589794E – 09	.1611917E – 09
K =	3	FKR, FKI =	.3589793E – 09	.2608137E – 09
K =	4	FKR, FKI =	.3589792E – 09	.3912207E – 09
K =	5	FKR, FKI =	.3589793E – 09	.5831975E – 09
K =	6	FKR, FKI =	.3589792E – 09	.9128481E – 09
K =	7	FKR, FKI =	.3589790E – 09	.1626452E – 08
K =	8	FKR, FKI =	.3589788E – 09	.4058863E – 08
K =	9	FKR, FKI =	– .1758999E – 07	.5000000E + 00

计算结果表明,在给定的精度下,只有 $F_1 = -i/2$, $F_9 = i/2$,其余的 F_k 皆为零,由式(8)可知,在第 l 个分点处函数值满足

$$f(2\pi l/10) = \sum_{k=0}^{10-1} F_k \exp(i2\pi kl/10) =$$

$$F_1 \exp(i2l\pi/10) + F_9 \exp(i9 \times 2l\pi/10) =$$

$$-\frac{i}{2}\exp(i2l\pi/10) + \frac{i}{2}\exp(i10 \times 2l\pi/10 - i2l\pi/10) =$$

$$-\frac{i}{2}\exp(i2l\pi/10) + \frac{i}{2}\exp(-i2l\pi/10) = \sin(2l\pi/10)$$

上式正是正弦函数向复的 e 指数函数展开的结果。

12.2 快速傅里叶变换

快速傅里叶变换的思想是,注意到 F_k 的表达式中 $\exp(-ikl2\pi/N)$ 的周期性,就会发现这 N 个 F_k 中表面上有 N^2 个不同的项,而实际上只有 N 个是不同的,即,$1, \exp[-i2\pi/N], \exp[-i4\pi/N], \cdots, \exp[-i(N-1)2\pi/N]$ 是互不相同的。把 F_k 中的各项先按 $\exp(-ik2\pi/N)$ 归类,合并同类项,即把同类项中的 $f(2\pi l/N)$ 先加起来再与 $\exp(-ikl2\pi/N)$ 相乘,就减少了许多工作量,特别是,当 $N = 2^k$ 时,操作次数可减少到 $N\log_2 N$,大大提高了傅里叶变换的速度,故称之为快速傅里叶变换。

12.2.1 快速傅里叶变换

设 $N = 2^k$,k 是正整数,令 $W = \exp(-i2\pi/N)$,则 $W^N = 1$,若记

$$f_l = f(2\pi l/N)/N$$

则上节中式(10)可简写为

$$F_j = \sum_{l=0}^{N-1} f_l W^{jl} \quad (j = 0,1,\cdots,N-1) \tag{1}$$

下面以 j 取奇数与偶数分别进行讨论之。

1. j 为偶数 $2j_1$

$$F_{2j_1} = \sum_{l=0}^{N/2-1} f_l W^{2j_1 l} + \sum_{l=N/2}^{N-1} f_l W^{2j_1 l} = \sum_{l=0}^{N/2-1} f_l W^{2j_1 l} +$$

$$\sum_{l'=0}^{N/2-1} f_{l'+N/2} W^{2j_1(l'+N/2)} = \sum_{l=0}^{N/2-1} (f_l + f_{l+N/2})(W^2)^{j_1 l} \tag{2}$$

其中,用到

$$W^{2j_1(l'+N/2)} = W^{2j_1 l' + N} = W^{2j_1 l'}$$

与式(1)比较,知道这组编号的 F_j(即 $F_0, F_2, \cdots, F_{N-2}$)正好是 $f_l + f_{l+N/2}$ 这 $N/2$ 个数据的离散傅里叶变换。

2. j 为奇数 $2j_1 + 1$

$$F_{2j_1+1} = \sum_{l=0}^{N/2-1} f_l W^{2j_1 l + l} + \sum_{l=N/2}^{N-1} f_l W^{2j_1 l + l} =$$

$$\sum_{l=0}^{N/2-1} f_l W^{2j_1 l + l} + \sum_{l'=0}^{N/2-1} f_{l'+N/2} W^{2j_1(l'+N/2)+(l'+N/2)} =$$

$$\sum_{l=0}^{N/2-1} f_l W^l (W^2)^{j_1 l} + f_{l+N/2} W^{j_1 N} W^{N/2} W^l (W^2)^{j_1 l} =$$

$$\sum_{l=0}^{N/2-1} (f_l - f_{l+N/2}) W^l (W^2)^{j_1 l} \tag{3}$$

其中用到了

$$W^{N/2} = -1, \quad W^{j_1 N} = 1$$

由式(3)可知,奇数编号的 F_j(即 $F_1, F_3, \cdots, F_{N-1}$)也正好是 $N/2$ 个数据 $W^l(f_l - f_{l+N/2})$ 的离散傅里叶变换。

于是,N 个数据的傅里叶变换式(1),可以分成两个 $N/2$ 个数据的傅里叶变换式(2)与(3)。用式(1)求 F_j 需要 N^2 次操作,而用式(2)与(3)求 F_j 却只要 $2(N/2)^2 = N^2/2$ 次操作,工作量减少了一半,当然,还要进行 N 次关于 $f_l + f_{l+N/2}$ 及 $W^l(f_l - f_{l+N/2})$ 的操作。这就是分成奇偶求 F_j 的好处。而且,只要 $N = 2^k$,就还可以对式(2)与(3)各再分一次奇偶,工作量又可减少一半,如此下去,一直到 F_j 的表达式中只有一项为止,这时,离散傅里叶变换就完成了。

12.2.2 快速傅里叶变换程序

快速傅里叶变换子程序 TFFT

```
      SUBROUTINE
    * TFFT(IPA,X1,X2,N,Y1,Y2,SIGN,NUM,IG,L,K1,K2)
      DIMENSION X1(N,2),X2(N,2),IG(IPA),Y1(N),
    * Y2(N),L(N,2)
      AG = 2.0*3.14159265/FLOAT(N)
      IF(NUM.EQ.0) GOTO 4
      DO 5 I = 1,N
      Y1(I) = X1(I,2)
    5 Y2(I) = X2(I,2)
    4 MM = NUM
    6 ME = 0
      K1 = 1
      K2 = 2
      DO 7 K = 1,IPA
      IG(K) = N/2**K
      IGK = IG(K)
      IAS = IGK
      M2 = (2**K) - 1
      IP = 2**(K-1)
      LA = -IP
      DO 8 I = 1,IAS
      LA = LA + IP
      MX = -IGK*2
      DO 8 M = ME,M2,2
      MX = MX + IGK*2
      IPX = I + MX
      IPM = IPX + IGK
      WRITE(2,30) M,IPX,IPM
   30 FORMAT(2X,'M,IPX,IPM = ',3I6)
      AGP = FLOAT(LA)*AG
      BB1 = COS(AGP)
```

```
        BB2 = SIGN * SIN(AGP)
        X1(IPX,K2) = X1(IPX,K1) + X1(IPM,K1)
        X2(IPX,K2) = X2(IPX,K1) + X2(IPM,K1)
        AA1 = X1(IPX,K1) - X1(IPM,K1)
        AA2 = X2(IPX,K1) - X2(IPM,K1)
        X1(IPM,K2) = BB1 * AA1 - BB2 * AA2
        X2(IPM,K2) = BB2 * AA1 + BB1 * AA2
8       CONTINUE
        K3 = K2
        K2 = K1
        K1 = K3
7       CONTINUE
        NP = 2
        NG = IPA
        DO 9 I = 1,N
9       L(I,1) = I - 1
        N1 = 1
        N2 = 2
        LEN = N * NP
        NGM = NG - 1
        DO 10 M1 = 1,NGM
        N3 = N2
        N2 = N1
        N1 = N3
        LEN = LEN/NP
        J1 = LEN/NP
        I = 0
        IX = NP * * (M1 - 1)
        DO 11 I1 = 1,IX
        DO 11 J = 1,NP
        DO 11 K = 1,J1
        I = I + 1
        KK = (I1 - 1) * LEN + J + (K - 1) * NP
        L(I,N1) = L(KK,N2)
```

```
11      CONTINUE
10      CONTINUE
        IF(MM.EQ.0) GOTO 12
        DO 13 I = 1,N
        J = L(I,N1) + 1
        X1(I,K2) = Y1(I)
        X2(I,K2) = Y2(I)
        Y1(I) = X1(J,K1)
        Y2(I) = X2(J,K1)
        X1(I,1) = X1(I,K2)
13      X2(I,1) = X2(I,K2)
        MM = 0
        GOTO 6
12      DO 14 I = 1,N
        J = L(I,N1) + 1
        X1(I,K2) = X1(J,K1)
        X2(I,K2) = X2(J,K1)
14      CONTINUE
        IF(SIGN.LT.0.0) RETURN
        XN = FLOAT(N)
        DO 15 I = 1,N
        Y1(I) = Y1(I)/XN
        Y2(I) = Y2(I)/XN
        X1(I,K2) = X1(I,K2)/XN
15      X2(I,K2) = X2(I,K2)/XN
        RETURN
        END
```

使用说明

(1) 子程序语句
SUBROUTINE FFT(IPA,X1,X2,N,Y1,Y2,SIGN,NUM,IG,L,K1,K2)

(2) 哑元说明

N　　　　整变量,输入参数,变换的采样点数。

IPA　　　整变量,输入参数,变换的采样点数 $N = 2^{IPA}$ 的指数。

K1,K2　　整变量,输出参数,控制信息。

X1　　2×N 个元素的二维实数组,输入参数。做正变换时,X1(I,1) 存放需要变换的第一个复数序列的实部。若仅对一个复数序列进行变换时,其实部值也存放其中。X1(I,2) 存放需要变换的第二个复数序列的实部。做逆变换时,相应存放 F 的实部。它也是输出参数,X1(I,K2) 存放变换结果的实部。

X2　　2×N 个元素的二维实数组,输入参数。做正变换时,X2(I,1) 存放需要变换的第一个复数序列的虚部。若仅对一个复数序列进行变换时,其虚部值也存放其中。X2(I,2) 存放需要变换的第二个复数序列的虚部。做逆变换时,相应存放 F 的虚部。它也是输出参数,X2(I,K2) 存放变换结果的虚部。

Y1,Y2　　N 个元素的一维实数组,输出参数。当同时对两个复数序列进行变换时,分别存放第一个复数序列变换结果的实部和虚部值。若只变换一个复数序列,它们不存放结果值。

SIGN　　实变量,输入参数,控制参数。做正变换时,取 -1.0,做逆变换时,取 1.0。

NUM　　整变量,输入参数,控制参数。当仅对一个复数序列进行变换时,取 0,当同时对两个复数序列进行变换时,取 1。

IG　　IPA 个元素的一维整数组,工作数组。

L　　2×N 个元素的二维整数组,工作数组。

例题 12.4　对半正弦函数和半三角脉冲函数进行傅里叶变换,并与其精确解比较。半正弦函数为

$$x(t) = \begin{cases} A\sin(f\pi t) & (0 \leqslant t \leqslant T) \\ 0 & (t < 0, t > T) \end{cases}$$

半三角脉冲函数为

$$x(t) = \begin{cases} A(1 - t/T) & (0 \leqslant t \leqslant T) \\ 0 & (t < 0, t > T) \end{cases}$$

解　在采样点取 $N = 512$ 的情况下,选 $A = 1.0, T = 512.0, \Delta t = 0.01, \Delta f = 1.0/5.12$。

两种情况下的精确解的模式分别为

$$|F_1| = \frac{2AT}{\pi} \left| \frac{\cos(fT\pi)}{1 - 4f^2T^2} \right|$$

$$|F_2| = \frac{AT}{2} \left| \frac{1}{fT\pi} \left[1 - \frac{1}{fT\pi}\sin(2\pi fT) + \left(\frac{1}{fT\pi}\sin(fT\pi)\right)^2 \right]^{1/2} \right|$$

```
PROGRAM TFFT
PARAMETER (N = 512, IPA = 9)
DIMENSION X1(N,2), X2(N,2), IG(IPA), Y1(N),
```

```
     *     Y2(N),L(N,2)
           DIMENSION A(N),B(N)
           OPEN(2,FILE = 'DT.DAT')
           IJK = 1
           PI = 3.14159265
           AA = 1.0
           DT = 0.01
           T = FLOAT(N) * DT
           DF = 1.0/(FLOAT(N) * DT)
           IF(IJK.NE.1) GOTO 12
           DO 2 I = 1,N
           J = I - 1
           X2(I,2) = 0.
           E = PI * DF * DT * FLOAT(J)
           X1(I,1) = AA * SIN(E)
           AW = 2.0 * T * AA/PI
           EE = 1.0 - (2.0 * FLOAT(J) * T * DF) ** 2
           A(I) = AW * COS(E)/EE
           B(I) = ABS(A(I))
     2     CONTINUE
           GOTO 13
     12    IJK = IJK + 1
           X1(1,1) = AA
           X1(1,2) = 0.
           B(1) = AA * T/2.0
           DO 3 I = 2,N
           J = I - 1
           X1(I,2) = 0.
           X1(I,1) = AA * (1.0 - FLOAT(J) * DT/T)
           E = PI * FLOAT(J) * DF * T
           EE = 1.0 - SIN(2.0 * E)/E + (SIN(E)/E) ** 2
     3     B(I) = AA * T/2.0 * ABS(SQRT(EE)/E)
     13    SIGN = - 1.0
           NUM = 0
```

```
              CALL FFT(IPA,X1,X2,N,Y1,Y2,SIGN,NUM,IG,L,K1,K2)
              DO 33 I = 1,N
              X1(I,1) = X1(I,K2) * DT
              X2(I,1) = X2(I,K2) * DT
              Y1(I) = X1(I,1) * *2 + X2(I,1) * *2
              Y2(I) = SQRT(Y1(I))
        33    CONTINUE
              DO 44 I = 1,12
              WRITE( * ,7) I,Y2(I),B(I)
              WRITE(2,7) I,Y2(I),B(I)
        7     FORMAT(2X,I4,2X,'Y,A = ',2E15.7)
        44    CONTINUE
              IF(IJK.EQ.1) GOTO 12
              STOP
              END
```

计算结果

半正弦函数的傅里叶变换的近似值与精确值的模分别记为 $\tilde{F}_1(k)$ 和 $F_1(k)$,半三角脉冲函数的傅里叶变换的近似值与精确值的模分别记为 $\tilde{F}_2(k)$ 和 $F_2(k)$,其中 $k = 1,2,\cdots,12$。计算结果分别列在表 12.1 与表 12.2 中。

表 12.1 半正弦函数的傅里叶变换

k	$\tilde{F}_1(k)$	$F_1(k)$
1	.3259483E + 01	.3259493E + 01
2	.1086508E + 01	.1086477E + 01
3	.2173098E + 00	.2172832E + 00
4	.9313864E − 01	.9311260E − 01
5	.5174821E − 01	.5172241E − 01
6	.3293442E − 01	.3290868E − 01
7	.2280389E − 01	.2277821E − 01
8	.1672560E − 01	.1669993E − 01
9	.1279255E − 01	.1276693E − 01
10	.1010154E − 01	.1007593E − 01
11	.8179394E − 02	.8153783E − 02
12	.6758680E − 02	.6733068E − 02

表 12.2　半三角脉冲函数的傅里叶变换

k	$\tilde{F}_2(k)$	$F_2(k)$
1	.2565000E + 01	.2560000E + 01
2	.8148783E + 00	.8148733E + 00
3	.4074469E + 00	.4074366E + 00
4	.2716398E + 00	.2716244E + 00
5	.2037388E + 00	.2037183E + 00
6	.1630002E + 00	.1629747E + 00
7	.1358429E + 00	.1358122E + 00
8	.1164462E + 00	.1164105E + 00
9	.1019001E + 00	.1018592E + 00
10	.9058750E − 01	.9054147E − 01
11	.8153848E − 01	.8148733E − 01
12	.7413565E − 01	.7407939E − 01

程序一览表

1. ABC   FORTRAN 程序示例 1
2. ABD   FORTRAN 程序示例 2
3. ABE   FORTRAN 程序示例 3
4. DX   数组元素中的最大数与最小数及其相应编号
5. PX   将数组元素按从小到大或从大到小重新排序
6. QH   数组元素求之和与平均值
7. JZCF   矩阵乘法运算
8. JC   阶乘 $n!$ 与双阶乘 $n!!$
9. PL   排列 A_n^k
10. ZH   组合 C_n^k
11. CPP   两复数的积 $(a+ib)(c+id)$
12. CDD   两复数的商 $\dfrac{a+ib}{c+id}$
13. CEX   复数的 e 指数 e^{a+ib}
14. CAB   复数的模 $|a+ib|$
15. CSQ   复数的平方根 $\sqrt{a+ib}$
16. CCLN   复数的对数 $\ln(a+ib)$
17. CCT   复数的三角函数 $\sin(a+ib), \cos(a+ib), \tan(a+ib)$
18. GAMMA   伽马函数
19. BATA   贝塔函数
20. HE   厄米多项式 $H_n(x)$
21. PLMX   连带勒让德多项式 $P_l^m(x)$
22. ALNLX   连带拉盖尔多项式 $L_n^l(x)$ 与 $L_n^{l+1/2}(x)$
23. DJN   贝塞尔函数 $J_n(x)$ 与 $J_{n+1/2}(x)$
24. XJN   球贝塞尔函数 $j_n(x)$
25. XNN   球纽曼函数 $n_n(x)$
26. S3J   3j 符号
27. S6J   6j 符号
28. S9J   9j 符号

29.	JYQH	验证求和公式
30.	JYDT	验证递推公式
31.	JYZJ	验证正交与归一化条件
32.	PR2	实系数一元二次方程
33.	PR3	实系数一元三次方程
34.	PR4	实系数一元四次方程
35.	DDF1	简单迭代法
36.	DDF2	简单迭代法的推广
37.	ZTF	作图法
38.	ROOT1	二分法
39.	ROOT2	弦截法
40.	GSL	高斯消去法解线性代数方程组
41.	EXAMP	高斯消去法求行列式的值
42.	JA	雅可比迭代法解线性代数方程组
43.	GA	高斯-赛得尔迭代法解线性代数方程组
44.	SOR	超松弛迭代法
45.	CROUT	克洛特方法解线性代数方程组
46.	TRID	追赶法解三对角线性代数方程组
47.	IVSNC	高斯-约当法求矩阵的逆
48.	LAGR	拉格朗日多项式插值
49.	WF	一阶二点、一阶三点和二阶三点数值微分
50.	NEWT3	牛顿三次插值
51.	HMT	厄米插值
52.	EZSNH	指数函数曲线拟合
53.	DXSNH	m 次代数多项式曲线拟合
54.	OLA0	欧拉法解常微分方程初值问题
55.	RK	4级4阶龙格-库塔法解微分方程初值问题
56.	RK1	龙格-库塔法解一阶常微分方程初值问题
57.	XINSF	辛算法
58.	CWB0	解简单常微分方程的边值问题
59.	CWB	解一般二阶微分方程的边值问题
60.	YXY	等距分点有限元法
61.	SIMP	等矩节点辛普生数值积分
62.	SIMPSN	变步长辛普生数值积分

程序一览表

63. ROMBG	龙贝格数值积分
64. SIMPS2	变步长辛普生二重数值积分
65. OHO	线谐振子基下 $\langle m|x^k|n\rangle$ 的计算
66. PHO	球谐振子基下 $\langle n_1 l_1 m_1|r^k|n_2 l_2 m_2\rangle$ 的计算
67. HA	类氢离子基下 $\langle n_1 l_1 m_1|r^k|n_2 l_2 m_2\rangle$ 的计算
68. YLM	球谐函数基下 $\langle l_1 m_1|\cos\theta|l_2 m_2\rangle$ 的计算
69. PIN	有奇点的主值积分
70. POWER	乘幂法求绝对值最大的本征值及相应本征矢
71. JACOBI	雅可比法求实对称矩阵全部本征解
72. TRED2	豪塞豪德变换化实对称矩阵为对称三角形矩阵
73. TQL2	QL方法求对称三对角矩阵的全部本征解
74. YXCF	有限差分法
75. WRL	微扰论的递推形式
76. ZDM	最陡下降法
77. TSXS	透射系数的递推计算
78. IVQX	电流 – 电压曲线
79. TZ	蒙特卡罗方法计算 π 值
80. RJ	蒙特卡罗方法计算多重积分
81. DFT	离散傅里叶变换
82. FFT	快速傅里叶变换

参考文献

[1] 宫野. 计算物理[M]. 大连:大连理工大学出版社,1987.

[2] 况蕙孙,蒋伯诚,张树发. 计算物理引论[M]. 长沙:湖南科学技术出版社,1987.

[3] 张开明,顾昌鑫. 计算物理学[M]. 上海:复旦大学出版社,1987.

[4] 黄明游,梁振珊. 计算方法[M]. 长春:吉林大学出版社,1994.

[5] 邓建中,葛仁杰,程玉兴. 计算方法[M]. 西安:西安交通大学出版社,1985.

[6] 刘德贵,费景高,等. FORTRAN算法汇编[M]. 北京:国防工业出版社,1980.

[7] 井孝功,赵永芳. 量子力学[M]. 哈尔滨:哈尔滨工业大学出版社,2009.

[8] 赵国权,井孝功,等. Wigner公式的递推形式和数值计算[J]. 吉林大学自然科学学报,1992(特刊):28-32.

[9] 井孝功,赵国权,姚玉洁. 无简并微扰公式的递推形式在Lipkin模型中的应用[J]. 大学物理,1993(12):30-31.

[10] 井孝功,赵国权. Lipkin模型下最陡下降法的理论计算[J]. 原子与分子物理学报,1993(10):2921-2927.

[11] 刘曼芬,赵国权,井孝功. 无退化微扰公式递推形式在非简谐振子近似计算中的应用[J]. 吉林大学自然科学学报,1994(1):67-71.

[12] 井孝功,赵国权,姚玉洁. 无简并微扰论公式的研究[J]. 原子与分子物理学报,1994(11):211-216.

[13] 井孝功,赵国权,等. 简并微扰论的递推形式[J]. 吉林大学自然科学学报,1994(2):65-69.

[14] 井孝功,陈庶,赵国权. 非简谐振子的最陡下降理论计算[J]. 吉林大学自然科学学报,1994(2):51-54.

[15] 吴连坳,井孝功,丁惠明. 径向薛定谔方程的有限差分解法[J]. 吉林大学自然科学学报,1994(3):67-70.

[16] 吴连坳,井孝功,吴兆颜. Schrödinger方程的辛结构与量子力学的辛算法[J]. 计算物理,1995(12):127-130.

[17] 赵国权,曾国模,等. 特殊函数的级数表达式在矩阵元计算中的应用[J].

大学物理,1995 (14):12-13.
[18] 赵国权,井孝功,等. 简并微扰论递推公式的一个应用实例[J]. 大学物理,1996 (15): 1-3.
[19] 赵永芳,井孝功,等. 圆柱方势阱的解在人造原子理论中的应用[J]. 大学物理,1997 (16): 13-15.
[20] 井孝功,赵永芳,等. 圆柱形人造原子的能级结构及几率密度分布[J]. 原子与分子物理学报,1999 (16): 391-396.
[21] 赵永芳,井孝功. 利用透射系数研究周期势的能带结构[J]. 大学物理,2000 (19): 4-6.
[22] 井孝功,赵永芳. 一维位势透系数的计算与谐振遂穿现象的研究[J]. 计算物理,2000 (16):649-654.
[23] 赵永芳,井孝功,康秀杰. 两电子人造分子的能级结构[J]. 原子与分子物理学报,2001 (18): 7-9.
[24] 井孝功,赵永芳. 递推与迭代在量子力学近似计算中的应用[J]. 大学物理,2001 (20): 11-14.
[25] 井孝功,张玉军,赵永芳. 氢原子基下径向矩阵元的递推关系[J]. 原子与分子物理学报,2001 (18): 445-446.
[26] 井孝功,赵永芳,千正男. 常用基底下径向矩阵元的递推关系[J]. 大学物理,2003 (22): 3-4.
[27] 井孝功,赵永芳,康秀杰. 人造氦分子能谱的近似计算[J]. 原子与分子物理学报,2003 (20): 78-80.
[28] 井孝功,陈硕,赵永芳. 方形势与势解的关系[J]. 大学物理,2004 (22): 18-20.
[29] 井孝功,张国华,赵永芳. 一维多量子阱的能级[J]. 大学物理,2005 (24): 7-9.
[30] 井孝功,苏春艳,赵永芳. 无穷级数求和的一种量子力学解法[J]. 大学物理,2005 (24): 5-8.
[31] BIN YANG, JIE ZHANG YONGFAN ZHAO XIAOGONG JING. The theoretical research on $I-V$ curve in Multi-quantum of semiconductors[J]. International Journal of modern physics C, Vol. 17, No.4(2006),561-570.
[32] 井孝功,赵永芳. 量子力学[M]. 哈尔滨:哈尔滨工业大学出版社,2009.
[33] 井孝功,张井波. 高等量子力学导论[M]. 哈尔滨:哈尔滨工业大学出版社,2006.

哈尔滨工业大学出版社

部分物理学图书目录

1. 量子物理学中的常用算法与程序　　　　　井孝功等
2. 高等量子力学导论　　　　　　　　　　　井孝功等
3. 高等量子力学习题解答　　　　　　　　　井孝功等
4. 量子力学（修订版）　　　　　　　　　　井孝功等
5. 量子力学习题解答（修订版）　　　　　　井孝功等
6. 非线性光学原理　　　　　　　　　　　　李淳飞
7. 光学（第2版）　　　　　　　　　　　　郑植仁
8. 光学习题课教程（第2版）　　　　　　　郑植仁
9. 现代光测力学技术　　　　　　　　　　　王开福
10. 大学物理实验　　　　　　　　　　　　耿完桢
11. 计算物理学　　　　　　　　　　　　　陈锺贤
12. 物理实验　　　　　　　　　　　　　　金恩培